⟨개정판⟩
전 략 적
가치투자

〈개정판〉

전략적 가치투자

신진오 · 이상민 지음

STRATEGIC VALUE INVESTING

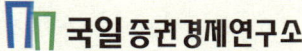
국일 증권경제연구소

추천사

저는 아주 기본과 본질에 충실한 사고방식을 가지려고 합니다.
다만, 어리석은 실수를 피하려고 노력할 뿐입니다.

―찰리 멍거―

I'm a very blocking and tackling kind of a thinker.
I just try and avoid being stupid.

―Charlie Munger―

　누구나 투자를 해야 하는 세상이다. 저성장과 각자도생의 불확실성은 현명한 투자를 통한 부의 증식을 어느 때보다 더 필요로 하는 세상으로 만들었다. 그러나 처음 투자의 세계에 발을 디딘 사람들은 대체로 낯선 언어와 다양한 스펙트럼, 그리고 때로는 폭력적이라고 느껴지는 변동성으로 인해 '공포와 탐욕'의 세상에서 길을 잃게 된다. 많은 투자 경험을 한 사람들조차도 빠르게 색깔이 변하는 시장에서 방향을 잃어버리는 건 흔한 모습이기도 하다.

상황을 더욱 나쁘게 만드는 건 의식하든 의식하지 않든 '투자'와 '투기'가 같은 공간에 존재하는 서로 다른 이야기라는 점이다. 스스로 투자라고 생각했던 행위가 사실은 투기에 지나지 않았다는 것을, 시간이 지나면서 비용을 지불하고 깨닫는 일이 생기곤 한다. 이런 경험을 겪고 나면 투자자들의 의식 세계는 투자와 투기를 구분하기 어려운 회색빛 영역에 놓이게 되기도 한다. 사실 누구나 한 번쯤은 그런 경험을 한다.

무엇이 투자와 투기를 구분하는가? 가치투자의 아버지로 일컬어지는 벤저민 그레이엄은 "투자는 철저한 분석에 근거해서 원금의 안전과 만족스러운 수익을 얻을 수 있어야 한다. 이러한 기준을 충족시키지 못하는 일은 모두 투기이다"라고 말을 하였다. 그렇다면 일반 투자자들은 어떻게 철저한 분석을 할 수 있을까? 전설로 떠난 피터 린치가 "개인 투자자들은 전문적인 펀드매니저를 이길 수 있는 유리한 위치에 있다"라고 강조한 말을 기억하면, 더더욱 투기가 아닌 투자의 길을 선택하고 싶은 게 우리의 합리적인 선택일 것이다.

따라서 현명한 사람들은 올바른 투자의 언어와 사고를 우선적으로 익히고 싶어한다. 그리고 이러한 노력은 이미 성공하여 시장에서 합리성을 인정받은 거인들의 방식을 익히는 것으로 자연스럽게 연결된다. 거인의 어깨에 올라서서 멀리 볼 수 있는 것은 과학자만이 할 수 있는 일이 아니다. 오마하의 현인인 워런 버핏도 "나의 투자는 가치투자를 강조한 벤저민 그레이엄과 위대한 기업에 대한 투자를 강조한 필립 피셔에게서 영감을 받았다"는 점을 반복하여 언급하였다. 일반 투자자들은 거인들의 언어와 사고방식을 배워야 한다. 그렇다면 어떻게 시작하는 게 좋을까?

『전략적 가치투자』는 오랜 금융시장의 경험을 가진 ValueTimer 고(故) 신진오 회장님이 2009년 발간한 책이다. 당시는 전 세계가 전년도에 발생한 리먼 사태로 1929년 이후 처음으로 대공황(Great Depression)이 재현될 거라는 공포에 질렸을 때이기도 하다. 다행히 각국 정부 특히 미국 정부와 연준의 적극적인 노력으로 금융시장은 우려보다는 빠르게 안정을 찾게 되었다. 이 과정에서 경제 시스템으로 풍부한 유동성이 공급되어, 위험자산에 대한 투자를 늘리는 투자자들도 늘기 시작하였다.

따라서 과거보다 투기가 아닌 투자로 접근하는 현명한 투자자들 역시 늘어나게 되면서, 이들이 참고할 만한 자료에 대한 수요가 증가하게 되었다. 당시에도 참그할 만한 좋은 책들이 많았지만 그중에서도 『전략적 가치투자』는 한국 투자자가 직접 자산배분과 종목선정 방식, 그리고 대가들의 투자 철학에 대하여 비교적 깊게, 그리고 친절하게 배울 수 있는 흔치 않은 책이었다. 따라서 진지하게 투자를 접근하는 이에게 이 책이 관심을 받게 된 것은 자연스러운 일이었다. 시간이 흘러 절판된 이후에도 책에 대한 관심은 사라지지 않았고 중고 거래에서 상상하기 어려운 프리미엄에 거래되기도 하였다.

안타깝게 일찍 작고하신, 신진오 회장님을 만난 것은 책이 발간되고 나서 몇 년 후였던 것으로 기억한다. 첫 만남에서부터 소탈한 모습으로 투자에 대한 자신의 철학과 삶에 대한 생각을 후배에게 스스럼없이 이야기해주시는 인간적인 모습을 지금도 기억한다. 이것은 고인을 아는 대부분의 사람들이 공통적으로 추억하는 그분의 매력이기도 하였다. 항상 후배들에게 따스하게 진심으로 대하셨고, 동시에 사람들과 함께 투자 아이디어를 고민하고 발전시키는 데 노력을 경주하셨던 기억이 있다.

  절판되었던 그분의 책이 Pluto Research 이상민 대표의 노력으로 새롭게 개정되어 발간된다는 소식은 그래서 너무나 기쁜 일이었고, 한편으로는 고인에 대한 생각에 가슴이 잠시 먹먹한 느낌이 들기도 하였다. 개인적으로 소장하고 있던 구판을 다시 찾아보니, 잊고 있던 고인의 소탈한 서명이 있었다. "이기봉님 멋진 부자 되세요." 꽤 많은 시간이 흘렀지만, 멋진 사람이 되었는지는 모르겠다. 그러나 그분의 생각은 내 안에 녹아들어, 투자에 많은 도움이 되었다고 생각한다.

  결국 투자는 수많은 점들을 연결하는 이야기이기도 하다. 어떤 점들을 연결할 것인가는 투자자들이 개별적으로 선택해야 하는 몫이기에 투자의 스토리는 서로 다르다. 그러나 좋은 점들을 연결하는 것이 좋은 투자로 연결될 것이라는 점에는 대체로 동의할 것이다. 신진오 회장님의 새롭게 개정된 『전략적 가치투자』는 현명한 투자자들이 선택하기에 역시 좋은 점이 될 것이라 믿는다. 투자에 대하여 진지하게 접근하고자 하는 열망을 가진 모든 분들에게 기쁜 마음으로 이 책을 추천한다.

퀀티브인베스트먼트 대표
이기봉

업계의 대선배이신 고(故) 신진오 회장님이 원저자인 이 책의 추천사를 쓰게 되어 큰 영광이라 생각합니다. 제가 주식 펀드매니저로 활동을 시작한 시기는 신 회장님이 일선에서 물러나신 후인지라 그분을 직접 뵌 적은 없습니다만, 저서나 기고문을 통해 그분이 가치투자자였던 것은 잘 알고 있습니다. 하지만 이 책은 가치투자자가 썼지만 일반적으로 생각하는 가치투자 책과는 구성과 내용이 많이 다릅니다.

우리가 서점에서 접할 수 있는 주식투자 관련 서적들은 대부분 '어떤 주식에 투자해야 하는가?'에 대해 다루고 있습니다. 가치투자 서적이라면 저평가된 기업의 주식을, 성장투자 서적이라면 높은 성장이 예상되는 기업의 주식을 어떻게 골라내고 평가할 것인지에 책 대부분의 내용을 할애합니다. 그러나 이 책은 자산배분을 어떻게 가져갈 것인지, 예를 들면 주식과 현금의 비율을 어떻게 가져갈 것인지와 같은 내용을 먼저 다루고 이후에 다양한 투자 스타일을 소개한다는 점에서 다른 투자 서적과는 많이 다른 형식을 취하고 있습니다.

어느 정도 주식투자 경력이 쌓인 분들이라면 이미 체감하셨겠지만 어떤 주식에 투자하는지도 중요하지만 그보다 더 중요한 건 자산을 꾸준히 늘려나갈 수 있는 지속성입니다. 시장이 좋을 때 왕창 벌고 시장이 나쁠 때 큰 손실을 입는다면 장기적인 성과가 좋을 가능성은 높지 않기 때문입니다. 이러한 지속성을 만들어주는 것이 투자전략이라 생각하시면 될 것 같은데, 아직 시행착오를 경험하지 않은 투자자들에게 전략적 접근에 대한 개념을 소개한다는 점에서 이 책의 의미는 작지 않다고 생각합니다.

짧지 않은 투자 경력을 통해 제가 깨닫게 된 사실 중 하나는 주식투자에는 왕도가 없다는 것입니다. 투자자의 성향은 개인별로 워낙 다르기 때문에 본인에게 잘 맞는 자산배분과 투자에 대한 스타일은 다를 수밖에 없습니다. 가치투자가 맞는 사람이 모멘텀투자를 시도한다면 성과는 둘째치고 많은 스트레스에 시달릴 가능성이 높고, 반대로 모멘텀투자가 맞는 사람이 가치투자를 시도한다면 지루함 때문에 투자에 대한 흥미 자체를 잃을 가능성이 높습니다. 그래서 본인에게 맞는 방법론을 찾는 것이 정말 중요한데 이 책은 '나에게 맞는 방법론'을 찾는 데 많은 도움이 되리라 생각됩니다.

참고로 저는 투자 경력이 30년에 가까워지지만 지금도 더 좋은 방법론이 있지 않을까 많은 고민을 하고 있고, 이와 관련된 내용을 놓고 개정판의 저자인 이상민 군과 많은 얘기를 나누기도 했습니다. 저는 이 책에서 다루는 여러 방법론 중 몇 가지를 선택해 혼합 적용하는 방법론을 취하고 있습니다만, 가장 잘 맞는 방법론을 찾았는가에 대해 아직도 의문을 가지고 있습니다. 그만큼 투자자 각각에게 잘 맞는 투자방법을 찾는 것은 어렵습니다. 이 책 한 권으로 그 궁금증이 다 해소되지는 않겠지만 주식시장이라는 치열한 경쟁터에 뛰어든 이상, 수익을 위해서는 계속 노력을 기울여야 합니다. 전문적으로 투자 업무에 종사하는 펀드매니저들이 존경하는 (그리고 이 책에서도 다루고 있는) 피터 린치도 이렇게 말하지 않았습니까. "공부하지 않고 주식을 사는 것은 카드를 보지 않고 포커게임을 하는 것과 같다."

펀드매니저로 근무하면서 가장 어려운 일 중 하나는 '고객에게 나의 투자 아이디어를 어떻게 설명해야 하는가?'였습니다. 이 책 역시 집필 과정에서 그와 같은 고민이 많았을 것 같습니다. 특히 기본 입문서 성격을 가진 책에서 방대한 내용들을 다루다 보니 재미보다는 원론적인 서술에 무게를 둘 수밖에 없는 부분이 눈에 많이 들어오기도 합니다. 그래서 입문자에게는 내용이 어렵거나 심심하게 느껴질 수도 있을 것입니다. 하지만 소중한 나의 자산을 지키고 수익을 얻기 위해서 항상 노력하시기 바랍니다. 부는 거저 주어지지 않습니다.

전 한국투자밸류자산운용 자산운용본부장
전 블래쉬자산운용 부사장 COO

배준범

개정판이라는 게 참 묘합니다. 세월이 흐르면 책에도 개정이 필요해지지만, 저자 자신도 달라지기 때문에 '개정'이라기보다 그냥 새로운 책이 되기 쉽습니다. 개정판이 필요할 만큼 중요함에도 정작 독자들은 전혀 다른, 새로운 책을 받아들게 되는 게 일반적이죠. 이 책의 상황은 말할 필요도 없죠. 그래서 사실 저는 크게 기대하지 않았었습니다.

부탁받은 추천사를 위해 원고를 펼쳐들었을 때 나름 감동했습니다. 이 명저의 '뜻'을 이어받겠다는, 개정판 저자 이상민 대표의 애정과 노력이 느껴졌기 때문입니다. 이 대표에게 전화해서 세타투자를 원저자께서 후기에서 언급하셨던 것이 맞는지를 물어봤을 정도입니다.

이 명저의 훌륭한 투자 가르침을, 바뀐 환경에 맞게 가다듬어 고인께서 살아계셨다면 하셨을 만한 정성 어린 작업으로 재탄생시켜준 이 대표께 감사하는 마음입니다. 혼란의 시기를 겪고 있는 투자자들에게 큰 도움이 될 것이라 확신합니다.

DB금융투자 리서치센터장

이병건

★

영향을 미친다는 건, 누군가의 프레임을 보고 그에 따라 행동하는 이가 늘어날 때 완성된다. 고(故) 신진오 회장님의 『전략적 가치투자』가 그러하다. 그리고 가치 있는 책은 시간이 흘러도 사라지지 않고, 새롭게 해석되며 고전이라 이름 지어진다. 저자 이상민은 자신만의 해석으로 이 책을 고전으로 완성했다. 하나의 답으로 문제를 해결할 수 있는 시대는 끝났고, 이 책은 다양한 질문에 답하기 위한 방법론을 제시한다. 이제 각자의 질문에 대한 답을 찾아보자.

전 LS증권 리서치센터장
윤지호

개정판 서문

본서의 원저자인 고(故) 신진오 회장을 처음 만나게 된 것은 2011년이었다. 대학교를 다니며 투자 동아리를 처음 결성했을 무렵이었다. 동아리원들과 함께 투자 공부를 하기 위해 여기저기에 자문을 구하고 다녔는데, 고인은 이메일을 보낸 생면부지의 대학생에게 가르침을 주기 위해 흔쾌히 서울에서 대구에 소재한 경북대학교로 내려왔다. 그것이 고인과의 첫 만남이었다.

그렇게 나는 투자 업계에 진출했고 그 후로도 고인과 인연을 이어갔다. 그러던 중 고인은 2022년 타계하셨다. 나는 고인의 운구를 모신 것을 아직까지도 영광으로 생각한다.

고인이 남긴 명저『전략적 가치투자』는 한때 절판이 되었지만, 여전히 많은 투자자들이 입문단계에서 찾는 도서다. 고인의 사모님께 도서의 내용을 활용해도 될지 여쭙는 과정에서, '세월이 많이 지났으니 새로이 책을 써보는 것은 어떻겠냐'는 말씀을 받았다.

이 책의 개정판이 세상에 나온 이유다.

처음에는 원전의 텍스트를 온전히 담되, 데이터를 업데이트하고 주석을 달아 발간하는 방향으로 계획하였다. 벤저민 그레이엄(Benjamin Graham, 1894~1976) 사후 그의 저서 『현명한 투자자(The Intelligent Investor)』의 제이슨 츠바이크(Jason Zweig) 개정판이 그런 방식으로 나왔던 전례가 있기 때문이다. 그러다 생각을 바꾸어 아예 새로운 내용을 다수 추가하기로 했다.

2015년 일본의 대표적인 게임사 스퀘어에닉스(Square-Enix)는 1997년 발매한 자사의 대표작 「파이널판타지 7」을 리메이크하기로 결정했다. 그렇게 「파이널판타지 7 리메이크」 프로젝트의 총책임자(디렉터)로 노무라 테츠야(野村 哲也, 1970~)가 선정되었는데, 20년 전 원작 제작 당시엔 막내 사원으로 있었던 사람이다. 이때 노무라 테츠야는 다음과 같이 언급했다. "1997년 나왔던 원작을 그대로 유지하는 것은 문제가 있습니다. 자칫하면 그래픽만 달라진 1997년 게임이 될 수 있습니다."

『전략적 가치투자』라는 책도 그러하다. 어찌 보면 「파이널판타지 7」을 만들 당시 신입사원이었다가 리메이크 제작의 총책임자가 된 노무라 테츠야의 입장과, 『전략적 가치투자』를 대학생 때 처음 접했다가 개정판을 집필하게 된 나의 입장에는 비슷한 면이 있다. 기존 작품에 대해 누구보다 큰 동경을 품고 있는 사람이지만 그 작품의 일정 요소를 부정하고 더 나은 무언가로 발전시켜야 한다는 점이다. 때문에 나는 노무라 테츠야의 해당 발언에 많은 공감을 하게 되었다.

구판이 발간된 지 15년이 지났고, 그동안 주식시장은 서브프라임모기지와 코로나라는 큰 파고들을 넘어왔다. 이런 격변의 시기를 거치면서 시장이 과거와 달라졌다는 인식도 널리 퍼지게 되었다.

그렇기에 독자들은 이 책의 개정판에서 그동안 달라진 점을 확인할 뿐만 아니라, 발전된 투자 아이디어들을 만나길 원할 것이라 예상해볼 수 있다. 구판에는 언급되었으나 현재는 사용하기 힘든 전략들도 분명히 있을 것이다. 이런 점들을 짚고 넘어가지 않으면 절판된 중고 책을 재출간하는 것이나 다를 바 없다.

개정 작업을 진행하면서 많은 난관이 있던 것도 사실이다. 원전의 내용이 방대했기에 새로운 내용을 덧붙이는 형식으로 수정할 경우 도서의 분량이 너무 많이 늘어난다는 현실적 문제가 있었다. 이에 업데이트가 필요한 부분은 아예 새로이 저술하는 형식을 취했다. 다만 '주식투자의 이해'와 같은 부분은 원전의 내용을 그대로 싣는 것으로도 충분하다고 판단했기에 그대로 수록하였다.

또한 추가 원고를 쓰는 것보다, 무엇을 줄이거나 생략할지를 고민하느라 가장 많은 시간을 보냈다. 원전의 내용 중에서도 실적이 부진하거나, 독자들이 이해하기 어렵고 현실에서 적용하기 힘들 것이라 생각되는 투자전략은 과감히 생략하여 분량을 압축하였다. 이를테면 '추세-정률 전환법'은 다소 난해한 부분이 있어 삭제하였으며 '차익거래'는 개인투자자가 현실적으로 채택하기 힘든 방법론이라 삭제했다.

이 책은 크게 베타투자전략, 알파투자전략, 세타투자전략 세 파트로 나뉜다.

우선 '베타투자전략'이란 시장 리스크를 방어하거나, 시장의 흐름에 따라 수익을 극대화시키는 투자방법론을 가리킨다. 베타투자전략의 내용은 상당 부분 개정되었다. 세월이 흐르며 퀀트(Quant, 시장 데이터를 수학과 통계학으로 분석해 투자하는 투자자 혹은 그러한 투자방법)가 대중화되었고, 모멘텀투자와 같은 것들이 세상에 등장했기 때문이다. 또한 서브프라임모기지 사태 이후 코스피는 장기간 박스권에 갇혀 있었다. 이러한 내용들을 추가적으로 다룬다. 개인투자자뿐 아니라 절대수익 펀드, 위탁 운용역 등이 참조해도 도움이 될 내용이다.

'알파투자전략'이란 같은 테마 내에서 더 우량한 기업을 선별하는, 종목 선정 방법론이다. 구판에서는 '가치투자전략'이라고 표현했지만, 개정판에서는 결국 가치투자전략이 주가의 첫 번째 요소(α)라 할 수 있는 개별 기업 요인을 분석한다는 점에서 알파투자전략이라 명명했다.

'세타투자전략'은 인생 주기에 따른 투자전략으로 구판에서 자세히 다루지 않은 내용이다. 투자자의 생애 소득, 초기자본, 인플레이션, 노후자금, 기대수명을 종합적으로 고려한 투자전략으로, 개인투자자라면 채용하진 않더라도 그 내용을 꼭 숙지해 둘 필요가 있는 전략이다.

중간중간 나오는 '심화' 코너는 개정판에서 새롭게 들어간 부분이다. 이는 구판에 아예 없던 내용으로, 내가 계량분석 연구원 생활을 하면서 느꼈던 인사이트와 기억할 만하다고 여긴 아이디어들을 총체적으로 정리한 것이다.

베타·알파·세타투자전략 중 본인에게 적절한 투자전략을 잘 조합하여, 자신만의 포트폴리오 전략을 구성하는 것이 『전략적 가치투자』의 목적이다. 무협지 『사조영웅전』에는 노사 홍칠공이 어떤 요리를 맛보고 "재료의 조합에 따라 맛이 달라지는 요리다"라고 평을 하는 장면이 있다. 자신에게 맞는 투자전략을 찾아 이를 조합하는 작업이 딱 이와 같다. 같은 전략이라도 어떤 전략들과 조합되는지에 따라 전혀 다른 결과를 내기 때문이다.

이 책의 제목이 『전략적 가치투자』라고 하여 독자들에게 가치투자를 강요할 생각은 없다. 그보다는 다양한 투자전략을 데이터로 검증하며 해당 전략이 어떤 투자자에게 맞고 어떤 투자자에게 불리한지를 짚어, 독자들이 자신만의 투자전략을 완성시키는 데 기여하도록 집중할 뿐이다. 최종적인 결과가 모멘텀투자 형태가 되었건, CTA(Commodity Trading Advisor) 형태가 되었건, 가치투자 형태가 되었건 이 모든 과정은 '전략적 가치투자' 내에 있다. 이는 구판에서부터 강조된 바이다.

고인은 생전에 자신의 지식을 체계화하여 정리하고 이를 나누는 데 있어서 대가를 주장하지 않았다. 많은 투자자가 그 뜻을 기리고 고인을 기억해주기를 바란다. 그리고 이 책의 내용이 계승되고 발전되어, 궁극적으로는 한국 자본시장의 발전에 기여하기를 바랄 뿐이다.

끝으로 이 책의 원저자인 고(故) 신진오 대표님과 책이 나오기까지 도움을 주신 고인의 사모님과 국일증권경제연구소 편집장님을 비롯한 직원 일동, 그리고 책을 쓰는 데 자문과 도움을 주신 주식회사 핀토 이성민 대표님, 추천사를 기꺼이 수락해 주신 이병건 DB투자증권 리서치센터장님, 이기봉 퀀티브투자자문 대표님, 윤지호 전 LS증권 리서치센터장님, 배준범 한국밸류자산운용 전 본부장님께 감사의 인사를 전한다.

2024. 12.

저자 이상민

SUMMARY

이 책은 『전략적 가치투자』의 개정판으로, 데이터와 투자 이론을 최신 버전으로 업데이트하였고 시간이 지남에 따라 효용을 잃은 투자전략은 삭제하였다.

이 책에서 다룰 투자방법론은 시장의 흐름에 따라 리스크를 방어하고 수익을 극대화시키는 베타투자전략, 개별 기업 요인을 분석해 투자하는 알파투자전략(가치투자전략), 생애 소득, 기대수명 등 투자자의 인생 주기를 고려해 투자하는 세타투자전략 세 가지로 정리할 수 있다.

구판 서문

　개인의 재산 형성과 관리, 즉 '재테크(財-Tech)'란 용어가 일상생활에서 보통명사로 자리 잡게 된 지도 꽤 오래되었다. 돈이 많다고 해서 무조건 행복한 것은 아니지만, 돈을 잘 관리하는 일은 너무 집착하지만 않는다면 행복하게 살아가는 데 도움이 된다.

　학교를 다니면서 배움의 과정을 거치는 이유는 나중에 사회활동을 하는 데 필요한 기본 능력을 배양하는 데 있다고 할 수 있다. 그런데 오늘날의 교육 현장에서는 미적분이나 화학 주기율표와 같이 어렵고 복잡하면서도 그다지 활용도가 높지 않은 지식을 가르치는 반면, 살아가는 데 필요한 지식은 전혀 가르치지 않고 있는 것이 현실이다. 자동차 운전, 간단한 의약 조치, 음식 만들기, 세탁하기, 집수리, 부부간의 대화, 자식 키우기 등은 실제 생활에서 매우 중요함에도 불구하고 학교에서 제대로 배우지 못하고 있다. 그중에서도 돈을 제대로 벌고 잘 쓰고 관리하는 소위 '재테크' 방법에 대해서는 학교에서 단 한 시간도 배운 바가 없다.

　상황이 이렇게 된 데에는 돈에 관심 가지는 것 자체를 '배금주의

(Mammonism)'라며 곱지 않게 바라보는 세간의 인식이 한몫했을 것이다. 또 '부자들은 정당하지 않은 방법으로 축재했을 것'이라는 부자에 대한 막연한 비호감적인 태도도 일조했다고 본다. 그리고 학생을 가르치는 선생님이나 교과서를 저술하는 학자들 역시 재테크 분야의 전문가가 아니기에, 그런 것들을 학생에게 가르칠 만한 여건이 못 된다는 한계가 있기도 하다.

그럼에도 불구하고 대부분의 사람들은 직장인으로서 또는 사업가로서 돈을 벌며 살아간다. 그리고 그렇게 번 돈으로 소비를 하거나 저축을 해 재산을 쌓는다. 결국 우리 사회 구성원이라면 누구든지 재테크와 무관할 수 없는 셈이다. 그러니 돈을 관리하는 방법을 모른다는 것은 살아가는 데 필요한 능력이 부족하다는 얘기일 뿐, 마치 인격이 고매한 사람인 양 자랑으로 삼을 일이 전혀 아니다. 심하게 말하면 글자를 모르는 '문맹'처럼 부끄러운 일이고, 자동차 면허가 없는 사람이 운전을 하는 것처럼 무모하고 위험한 일이다.

그동안 사회에 진출하는 새내기 사회인들에게 부여되는 가장 큰 과제는 '내 집 장만'이었다. 그래서인지 재테크에 관한 논의들은 대부분 '어떻게 하면 하루빨리 집을 장만할 수 있는지'에 집중되어 있었다.

한국 땅에서 부자가 되는 이들의 성공 스토리 또한 부동산 가격 상승과 깊은 관계가 있었다. 한국은 고도성장 과정에서 상당한 인플레이션이 수반됐기 때문에, 물가 상승을 극복하는 실물자산의 대명사인 부동산은 부자가 되기에 매우 유리한 투자 대상이었다. 거기에 '베이비붐 세대'가 성장하며 인구가 증가하고, 핵가족화가 이뤄져 주택 수요가 상승하자 한국 부동산은 수십 년 동안 폭발적인 상승세를 지속하는 극단적인 움직임을 보여왔다.

이 과정에서 부동산으로 돈을 번 사람들 대부분은 부동산의 경제적 가치를 잘 분석하고 자신의 자금 능력을 고려해 '합리적이고 이성적인 투자'를 진행했다기보다는, 뒷감당을 고려하지 않고 일단 남보다 먼저 부동산을 확보하겠다는 일념으로, 소위 '묻지마투기'를 했던 것이 사실이다. 얼마 되지 않는 월급을 받기 위해 밤낮없이 고생하는 가장보다는 은행 빚을 얻어서라도 무모하게 아파트 투기에 뛰어들어 한 방에 재산을 늘린 복부인이 재산 형성에 결정적 기여를 한 셈이다. 복잡한 경제 지식을 모르더라도 배짱을 부리며 크게 저지른 사람이 승자가 되어왔다.

하지만 이런 상황도 한국이 선진국으로 진입하면서 바뀌고 있다. 경제성장률은 감소했고, 물가 상승률과 금리도 과거에 비해 상당히 낮아졌다. 특히 인구증가율은 현저히 줄어든 반면, 의료 기술의 발달로 노년층은 급격히 늘어나고 있다. 젊은 세대가 더 이상 증가하지 않는 상태에서 노년층은 꾸준히 증가하게 되므로 젊은 세대가 노년층을 부양하기가 어려워졌다. 그리고 국민연금을 비롯한 정부 차원의 사회보장제도는 선진국 수준에 미달하기 때문에, 현재의 노년층은 물론 언젠가 노년층으로 진입할 젊은 세대들마저 스스로 노후대책을 마련하지 않을 수 없게 되었다.

즉 재테크의 무게중심이 젊은 세대의 내 집 장만에서 노년층의 노후대책으로 이동한 것이다. 노년층은 직장 또는 사업에서 은퇴해 노동 소득원이 없는 계층이다. 과거 고도성장기에는 퇴직금을 은행 계좌에 넣어놓고 높은 이자를 받거나, 퇴직금으로 부동산을 구매해 월세를 받으며 먹고살 수 있었다. 그러나 한국의 경제가 성숙기 다다른 현재는 모두 불가능한 방법이 되었다.

이런 상황에서 은퇴하기 전과 비슷한 소득을 확보할 수 있는 가장 효과적인 방법은 유망한 사업에 투자하는 것이다. 나이가 들어서 자신이 직접 사업을 경영하기는 어렵지만, 유망한 사업에 투자함으로써 마치 직접 사업을 하는 것과 유사한 효과를 도모할 수 있다. 다시 말해 주식투자는 사업 전문가에게 나의 사업을 대신 맡기는 '대리 사업' 또는 '대리 경영'인 셈이다.

마침 증권시장에는 각종 유망한 사업을 성공적으로 영위하고 있는 훌륭한 기업들이 상장되어 있다. 유망한 몇 개의 기업에 적절하게 투자하면 기업의 유능한 임직원들이 혼신의 힘을 다해 주주로서 회사의 주인인 당신의 재산을 늘려준다. 당신을 대신해서 아프리카 오지에 냉장고를 팔러 가기도 하고 몽골에 휴대폰을 팔러 가기도 한다. 난로를 팔기 위해 알래스카를 누비기도 하고 옷을 팔기 위해 아마존 유역을 헤매기도 한다. 정말 불철주야 혼신의 힘을 다해 전 세계 구석구석을 누비고 있다. 가끔은 어느 누구도 감히 상상하지도 못한 신기술을 개발하여, 예상치 못한 선물을 주기도 한다. 당신은 그들이 얼마나 잘하고 있는지 가끔 확인하고 칭찬해주면 그만이다. 그러면 그들이 그토록 노력해서 벌어온 돈을 당신에게 꼬박꼬박 가져다주게 되어있다.

주식투자는 특히 다수의 기업을 입맛대로 소유할 수 있다는 점이 매력적이다. 예를 들어 당신이 현재 한국을 대표하는 삼성전자, 현대자동차, SK텔레콤, 포스코, 한국전력, 국민은행 등 몇 개의 종목에 투자했다고 가정해보자. 그러면 당신은 삼성그룹, 현대그룹, SK그룹의 회장보다도 더 안정적이고 훌륭한 사업구조를 가진 재벌 회장이라 할 수 있다. 각 재벌 회장들을 거느리고 있는 왕(王)회장이 된 셈이다. 이 얼마나 든든하며 신나는 일인가?

주식투자란 이처럼 사업을 경영하는 마인드에서부터 출발해야 한다. 이제부터 당신은 재벌 회장 행세를 하면 된다. 종목별 주식 보유량을 조절하면서 자신의 사업구조를 변화시키거나, 교체 매매를 통하여 더욱 유망한 사업을 추가하거나, 기존 사업 중에서 시원찮은 일부를 정리할 수 있다. 정말 재벌 회장과 같은 시각으로 투자를 하면 세상에서 가장 경쟁력 있는 사업을 경영하는 왕회장이 되어있다. 그러면 물이 위에서 아래로 흐르듯이, 자연스럽게 투자 수익률이 높아진다.

그런 의미에서 주식투자는 우리의 노후를 책임지기에 가장 유리한 재테크 대상이라고 할 수 있다. 주식투자를 통하여 간접적으로 사업을 영위함으로써 노후 연금을 스스로 확보하게 되는 것이다.

다만 간혹 부동산 투기로 성공한 자신의 과거 경험을 주식투자에서도 똑같이 적용하려는 사람들이 보인다. 주식투자 또한 투기적으로 접근하는 게 바람직하다고 여기는 것이다.

시중에는 재테크나 주식투자에 대한 많은 서적이 출간되어 있지만, 어떤 약삭빠르고 특별한 기법을 통하여 단기간에 일확천금을 확보할 수 있다는 식의 한탕주의가 인기를 끌고 있다. '나는 1년에 얼마를 벌었다', '급등주 발굴 기법', '초단타 매매 기법' 등 시중에 출간되어 있는 수많은 주식투자 관련 서적들을 보면, 주식투자를 사업이라기보다는 카지노 게임과 같은 도박처럼 여기는 듯하다.

개중에는 마치 프로게이머처럼 이런 종류의 게임에 남다른 재능이 있어서 한탕주의식 투자를 잘하는 사람도 있을 수 있다. 하지만 그런 사람의 수는 5%에도 못 미친다. 당연히 모든 사람이 프로가 될 수는 없는 노릇이며, 그 프로들마저 성공 확률은 50%를 넘기 힘들다.

거기에 모든 투자를 한 번으로 끝내는 사람은 거의 없다. 성공 확률 50%인 도박을 두 번 연속으로 할 경우 끝까지 성공할 확률은 25%로 줄어든다. 이처럼 횟수를 더할수록 성공 확률은 점차 제로로 수렴해간다. 그러므로 어쩌다가 운이 좋아서 한두 번은 성공할 수도 있겠지만, 반복적으로 도박을 지속할 경우에는 대부분의 경우 모든 재산을 탕진하면서 끝나게 된다.

이러니 보통의 사람들에게 도박과 같은 방법으로 주식투자를 권장하는 것은 결코 바람직하지 못하다. 주식투자에 아픈 추억을 가지고 있는 사람들 대부분은 주식투자를 일종의 도박으로 생각하고 접근한 사람들이다. 그 결과 한때 대한민국에는 가까운 사람들이 주식투자를 하겠다고 하면 도시락을 싸들고 쫓아다니면서 말리는 사회적인 편견이 조성되기도 했다.

주식투자란 인생을 망치는 도박 같은 게 아니며, 야비한 방법으로 남의 돈을 등치는 사기 행위도 아니다. 주식투자란 실제로 존재하는 유망한 사업의 대가들을 본인의 사업 팀장으로 영입하는 멋진 일이다. 각 분야의 전문가들이 놀라운 사업 수완으로 벌어들인 수익을, 나누어 갖기만 하면 되는 아주 신나는 일이다. 이렇게 주식투자에 대한 시각을 긍정적으로 정돈했다면 이제부터는 아주 편안하고 행복한 투자 과정을 진행할 수 있다.

이 책에서 설명할 주식투자의 목표가 되는 포인트들을 간단하게 살펴보자. 첫 번째는 여러 기업의 가치를 분석한 뒤 우량주로 구성된 포트폴리오를 작성하여, 시장 평균 성장치를 나타내는 종합주가지수보다 유리한 결과를 내는 것이다. 물론 이를 위해서는 각 기업의 가치를 분석할 수 있는 능력이 필요하다.

포트폴리오, 즉 투자 종목을 다수로 구성하는 이유는 단일 기업 투자에서 발생하는 고유의 위험을 통제하기 위해서다. 아무리 우량한 기업이라도 리스크가 발생할 확률이 있고, 아무리 깊이 있게 분석하여도 포착되지 않는 리스크가 있다. 투자 종목을 가급적 여러 방향으로 분산하다 보면 이처럼 도저히 파악할 수 없는 리스크는 거의 헷징(Hedging, 위험을 피하고 손실을 줄이는 것)할 수 있다.

한번 우량주로 구성된 포트폴리오도 가만히 보유하고 있는 것보다는, 그때그때 종목별 보유 비중을 적절하게 조절하는 것이 월등히 좋은 결과를 가져온다. 이때 종목별 비중을 조절하는 행위는 '종목별 리스크'와 '기대수익률'을 관리한다고도 표현한다.

이 책에서는 이러한 포트폴리오 관리 전략을 '가치투자전략(개정판에서는 알파투자전략)'이라 부르기로 한다.

두 번째는 시기에 따라 적절하게 주식투자 규모를 조절함으로써, 어떠한 상황에서도 큰 손해를 입지 않으면서 만족할 만한 투자 수익을 확보하는 것이다. 아무리 우량주로 구성된 포트폴리오라고 할지라도 시장 전체에 영향을 끼치는 리스크가 발생했을 때는 소용이 없다. 한국의 IMF 외환위기 사태나 1930년대 세계 대공황처럼 경제 시스템이 통째로 흔들리는 상황이 닥쳤을 때는, 각 분야의 다양한 종목에 분산투자를 해놨어도 손실을 피할 수 없다는 얘기다.

그러므로 포트폴리오를 꾸려 투자에 진입했더라도 시장 리스크를 관리할 수 있는 방안을 준비해두는 것이 현명하다. 특히 가치투자를 하는 이들은 개별 기업의 분석에만 초점을 맞추기 때문에 시장 변화를 무시하거나 일부러 대책을 준비하지 않는 경향이 있다. 이 책에서는 투자 규모를 공격적으로 확대해야 하거나 보수적으로 축소해야 하는 여러 가지 사례를 연구하게 된다. 이를 통해 시장 리스크를 관리하는 능력을 확보할 수 있다.

이처럼 시장 리스크를 관리하며 투자를 진행할 땐 종합주가지수나 전문가들이 운용해주는 펀드에 투자하는 편이 효율적이다. 펀드란 특정 테마를 주제로 수많은 종목을 묶어둔 투자 상품으로, 펀드에 투자하면 직접 다양한 종목을 분석해 포트폴리오를 구성하는 수고로움 없이도 다양한 종목에 투자한 것과 같은 효과를 낼 수 있기 때문이다.

이 책에서는 이러한 주식투자 규모 조절 전략을 '베타(β)투자전략'이라고 부르기로 한다.

세 번째는 상기 두 가지 전략을 긴밀하게 연계하여 결과를 얻는 것이다. 두 전략은 서로 상반되거나 독립적으로 운용해야 하는 투자방법론이 아니라는 점을 명심할 필요가 있다.

가장 바람직한 투자방법은 가치투자전략에 근거하여 우량주로 구성된 포트폴리오에 투자하되, 베타투자전략에 근거하여 투자 규모를 조절하는 것이다. 만일 당신이 개별 기업의 가치와 시장 리스크를 동시에 분석할 자신이 없거나 시간이 부족하다면, 가치투자전략은 통째로 우량주 펀드 투자로 대체하고 본인은 베타투자전략만 수행한다는 대안이 있다.

2009. 2.
저자 신진오

SUMMARY

재테크의 중점 과제는 젊은 세대의 내 집 장만에서 노년층의 노후대책으로 무게중심이 이동되었다. 주식투자야말로 우리의 노후를 책임지기에 가장 유리한 재테크 대상이라고 할 수 있다.
이 책에서는 우량주를 선별하고 다수의 종목에 동시에 투자하는 포트폴리오 관리 전략인 '가치투자전략(개정판에서는 알파투자전략)'과 전체 시장 상황에 따라 주식투자 규모를 조절하는 '베타투자전략'을 소개한다.

차례

CONTENTS

추천사 | 005 |
개정판 서문 | 014 |
구판 서문 | 020 |

Chapter 1. 주식투자의 이해

1-1 투자자가 해야 할 일들 | 036 |
1-2 거시경제 지표와 투자 시기 | 043 |
1-3 기본적 분석과 기술적 분석 | 048 |
1-4 주가는 어떻게 형성되는가? | 055 |
1-5 민감도를 산정하는 베타계수 | 059 |
1-6 종목 선택보다 간편한 비중 조절 | 063 |

Chapter 2 베타투자전략

2-1 베타투자전략에 들어가며	070
2-2 매입보유법 : 무조건 들고 있기	075
2-3 정률투자법 : 주식과 채권의 비중 통일	080
심화① 전진분석이란 무엇인가?	086
2-4 변율투자법 : 매입보유법과 정반대 포지션	092
2-5 추세투자법 : 상승장 먹고 하락장 피하기	097
심화② 추세투자법 vs 비추세투자법	102
2-6 정률-추세투자법 : 전략 분산의 이점	106
2-7 정억투자법 : 보유 주식 평가액을 일정하게	110
2-8 증액투자법 : 원금 보장이 필요할 때	116
2-9 투자중단법 : 전략에 어긋나면 매도	120
2-10 스텝다운 : 내려갈수록 계단식 비중 증가	125
2-11 정액적립식 : 월급 쪼개 투자하기	131
2-12 졸대모멘텀 전략 : 추세의 힘 파악	136
2-13 점증적립식 : 주가 변동에 따라 적립금 조절	143
2-14 피라미딩 : 포지션을 늘려가는 추세추종 투자	148
2-15 허지거래 : 시장 하락에 보험 들기	152
2-16 자산배분 : 미국채 투자로 리스크 완화	156
2-17 적립식 피라미딩 : 투자방법의 합성	161
2-18 레버리지 투자 : 투자금을 늘려 전략 분산	164
2-19 투자전략의 비교 및 응용	167

Chapter 3. 알파투자전략

3-1 알파투자전략에 들어가며	184
3-2 가치투자 : 낮으면 매수 높으면 매도	188
심화③ 가치투자는 죽었는가?	194
3-3 모멘텀투자 : 오르면 매수 떨어지면 매도	202
3-4 퀄리티투자 : 뛰어난 사업성과 재무구조	210
3-5 배당투자 : 확실하고 안정적인 자산 증식	215
3-6 저변동성 투자 : 리스크 감소를 통한 수익 증대	224
3-7 성장투자 : 전도유망한 기업에 투자	227
3-8 포트폴리오 : 계란을 한 바구니에 담지 말라	231
심화④ 집중 투자 vs 분산투자, 최적의 종목 수는?	236
3-9 분산투자 : 개별 종목의 리스크 상쇄	241
3-10 분산매매 : 주식 종목간 정률투자법	245
3-11 코어&새틀라이트 : 리스크 있는 투자는 작은 시드로	249
3-12 시가총액 가중 : 시가총액이 높을수록 비중 배분	253
3-13 지표 가중 : 이동평균에 따라 매매하기	263
3-14 동일 비중 : 종목별 보유 비중을 동일하게	268
3-15 모멘텀 가중 : 상승하는 종목 비중 늘리기	272
3-16 가중계수 : 제곱하여 비중 산정	279
3-17 가치 가중 : 내재가치가 높은 종목에 집중 투자	288
3-18 종목의 정태적 합성과 동태적 합성	296
3-19 가치 가중② : 내재가치 기준의 우량기업 선별	306

Chapter 4 세타투자전략

- 4-1 세타투자전략에 들어가며 | 314 |
- 4-2 우리의 노후에는 얼마가 필요할까? | 319 |
- 4-3 소득 상승률과 투자 시나리오 | 326 |
- 4-4 빚투는 일리 있는 투자방법이다? | 332 |
- 4-5 삼성전자는 구원의 방주인가? | 339 |
- 4-6 실전 세타투자전략 | 345 |

Chapter 5 전략적 가치투자

- 5-1 전략적 가치투자에 들어가며 | 360 |
- 5-2 전략① : 동일 비중+정률투자법 | 363 |
- 5-3 전략② : 동일 비중+정률투자법+헤지거래 | 366 |
- 5-4 전략③ : 가치 가중+정률투자법 | 370 |
- 5-5 전략④ : 가치 가중+정률투자법+헤지거래 | 372 |
- 5-6 전략⑤ : 모멘텀 가중+절대모멘텀+미국 주식 | 376 |
- 5-7 전략⑥ : 가치 가중+절대모멘텀+세타투자전략 | 380 |
- 5-8 전략⑦ : 정률 7:3+코어&새틀라이트+세타투자전략 | 386 |

마치며 | 396 |

CHAPTER 1
주식투자의 이해

1-1 투자자가 해야 할 일들

여유자금이 있어서 주식투자를 해보고 싶지만, 언론이나 주변에서는 '주식투자를 하다가 많은 손실을 보았다'는 이야기가 들려온다. 때문에 주식투자를 고려해봤지만 자신이 없어 등을 돌리는 이들이 많다. 조금 더 이익을 내보려고 하다가 예금 이자는커녕 오히려 뜻하지 않은 손실이 발생한다면 이중으로 손해인 셈이다. 그렇게 잘 참고 있다가도 주변의 잘 아는 사람이 주식 또는 펀드에 투자해 큰돈을 벌었다는 소식을 접하면 은근히 배가 아프고 지금이라도 동참하고 싶은 것이 인지상정이다.

처음에는 매우 조심스럽게 여러 사람에게 자문도 구하면서, 아주 작은 규모의 투자를 시작한다. 하지만 얼떨결에 약간의 투자 수익이 발생하면 '돈 버는 일이 이렇게 쉽구나' 하며 마치 새로운 세상을 발견한 것처럼 들뜨기 마련이다.

더 높은 투자 수익을 내기 위해 지나치게 용감해지면서 자신도 모르게 점차 투자 금액이 커진다. 그러다 투자 손실의 쓰라린 경험을 맛보게 된다. 잃어버린 손실 금액을 만회하기 위해 대출까지 동원해보지만, 좀처럼 회복이 안 되고 부채만 늘어간다. 그러다 '역시 주식투자는 생각한 것만큼 만만치 않다'는 결론에 다다르면, 손실에도 불구하고 모든 투자를 정리하고는 '다시는 주식투자를 하지 않겠다'고 다짐한다.

위와 같은 시나리오는 사전에 준비를 하지 않은 채 투자를 시작한, 대부분의 개인투자자들의 투자 경험이다. 예금이자보다 나은 수익을 기대하는 소박한 욕심에서 출발하여, 점차 일확천금을 기대하다가, 마지막에는 원금만이라도 건지고자 하는 절박한 상태로 바뀌게 된다.

냉정하게 준비를 하는 대신 마음속에 탐욕(Greed)만 가득하여 투자를 저질러놓고는, 때로는 공포(Fear)에 질려 포기하는 것이 주식투자이다. 이를 두고 워런 버핏(Warren Buffet, 1930~)은 "남들이 탐욕을 부릴 때 두려워하고, 공포를 느낄 때 욕심을 내라"고 조언한다. 그러나 보통 사람들이 워런 버핏처럼 고도의 투자 철학으로 정신을 무장할 수는 없는 일이다. 보통 사람들에게는 워런 버핏과 같은 투자 경험이 없기 때문이다. 그러므로 주식투자에 있어서 '심리를 다스리는 방법'으로 해결 방안을 찾으려는 시도는 쉬운 일이 아니다.

보통 사람이 주식투자에 성공하기 위한 준비는 소홀히 한 채 오로지 자신의 심리에 따라 움직였는데도 성공한다면 오히려 이상한 일이다. 그것은 실력이 아니라 전적으로 운에 의한 결과라 할 수 있다. 운이란 자주 찾아올 확률이 적다는 것이 문제다. 이러한 이들 또한 결국 길어지는 투자 속에서 밑천을 드러내게 된다.

주식 투자는 전망이 밝고 우량한 기업의 동업자가 되는 행위이다. 그러므로 투자자가 아무리 손해 보려고 해도 원론적으로는 손해 보기 어려운 일이다. 그런데도 대부분의 개인투자자들이 자주 손해를 보는 이유는 무엇일까? 가장 큰 이유는 '전망이 밝고 우량한 기업'이 어떤 기업인지 분석할 능력이 부족하기 때문이다.

그렇다고 해서 모든 개인투자자들이 이러한 분석 능력을 갖출 수도 없는 노릇이다. 그런 이유로 소위 전문가들이 대신하여 잘 투자해주는 '펀드(Fund)'라는 것이 등장했다. 그런데 전문가들이 운용해준다고 해서 또 결코 손해 보지 않는 것은 아니다. 개인투자자들은 결국 또 가입하고자 하는 펀드가 우량한지를 분석해야만 하게 됐다. 개별 기업도 분석하기 어려운 마당에 펀드를 분석하는 것은 더더욱 어려운 일이다.

이제부터 일반 개인도 손쉽게 주식투자를 성공적으로 하는 방법을 알아보도록 하자. 본격적인 출발에 앞서 알아두어야 할 사항들이 있다. 바로 '주식투자자로서 우리는 무엇을 분석해야 하는가?' 하는 점이다.

첫 번째는 '지금이 주식투자를 하기 적절한 시기인가?(경제 분석, Top Down Approach)' 하는 점이다. 금리, 환율, 물가, 실업률 등 거시경제 지표로 볼 때, 부동산 같은 다른 자산에 투자하는 것보다 주식투자가 유리한지를 판단하는 것이다. 이러한 거시경제 지표는 기업의 실적에 직접적인 영향을 미치는 요인인 동시에 증권시장의 투자 환경이기도 하기에 주식시장의 향방을 예측하기 위한 좋은 재료가 된다.

거시경제 지표가 증권시장에 우호적인 경우, 비록 내가 투자한 기업의 실적이 별로 좋지 않더라도 주식투자를 통해 이익을 얻을 확률이 높아지게 된다. 그러므로 주식 투자의 성공 확률을 높이려면 가장 먼저 거시경제 지표를 살펴보고 전망하는 작업이 필요하다. 그런데 이러한 거시경제 지표들은 서로간에 매우 복잡한 상호작용을 하고 있어, 전문가들조차도 해석에 이견이 많다.

그렇기에 이 부분은 경제학 분야 박사학위를 가진 이들 또는 경제연구소 연구위원 수준의 경제 전문가(Economist)들의 영역이다. 따라서 개인이 거시경제 지표를 참고로 하여 주식투자를 할지 말지를 독단적으로 결정하는 것은 불가능하거나 무의미하다. 최근 들어 개인투자자들이 FOMC 발표를 실시간으로 보며 기준금리 전망 점도표를 분석하는 낯선 풍경이 보이곤 하는데, 일반인이 이를 해석하고 판단하기는 현실적으로 어렵다는 점을 강조하고 싶다.

두 번째는 '어떤 종목을 매수해야 하는가?(종목 선정, Bottom Up Approach)' 하는 점이다. 주식시장의 분위기가 아무리 좋아도 내가 투자한 종목만 하락한다면 낭패이다. 따라서 투자를 할 땐 많이 오를만한 종목을 고르는 것 역시 중요하다. 아니면 주식시장의 분위기가 나빠지더라도 덜 하락할 만한 종목을 고르는 게 유리하다. 극단적으로 IMF 외환위기 때처럼 많은 기업이 무더기로 도산을 하는 와중에도 내가 투자한 기업만큼은 잘 버텨낸다면 금상첨화다.

그렇다면 이런 기업을 어떻게 찾아내야 할까? 주식시장에는 무수히 많은 업종의 기업들이 상장되어 있기에, 이 많은 기업들을 자세히 분석하고 비교하는 것 또한 매우 전문적인 작업이다. 각 기업별로 복잡한 회계 상황을 분석해 계량적 가치 수준을 산정하고, 수치로 판단할 수 없는 경영자의 자질, 임직원의 능력, 신기술 개발 능력, 고객 충성도 및 평판 등의 질적인 요소를 파악해야 한다. 또 이로써 파악한 기업 가치를 현재 시장에 형성된 주가와 비교하여, 보다 유리한 종목을 찾아내는 작업을 거쳐야 한다.

이 부분은 증권사 리서치센터나 경제연구소에서 근무하는 분석가(Sell-side Analyst)의 영역, 혹은 자산운용사 등 기관투자자 내부의 분석팀(Buy Side Analyst, In-house Analyst)의 영역이다. 따라서 일반인들이 이 수많은 종목 중에서 특히 경쟁력 있는 종목을 선별해내기란 쉽지 않다.

세 번째는 '얼마나 투자해야 하는가?(자금 설계, Financial Planning)' 하는 점이다. 주식 투자 환경이 우호적임을 확인하고 경쟁력 있는 종목을 잘 찾아냈다 하더라도 너무 조금 투자했다면 아쉬울 것이다. 반대로 지나치게 많이 투자했다면 뜻하지 않은 큰 손실에 직면할 수도 있다.

적절한 투자 규모는 사람마다 상황에 따라 다를 수밖에 없다. 특히 개인투자자 입장에서는 자신의 재산 규모에 걸맞게 자산을 배분하고 적절한 투자 규모를 유지하는 일이 매우 중요하다. 과거에는 주식투자의 대부분이 첫 번째와 두 번째에 집중되어 있어서, 개인투자자들이 자신과 맞지 않게 투자 규모를 설정해 곤란해지는 일이 빈번했다.

개인투자자들이 자산배분에 관심을 갖기 시작한 지는 얼마 되지 않았다. 물론 이러한 관점의 변화는 최근 은행, 보험, 증권사의 영업사원들이 파이낸셜 플래너(Financial Planner)라는 직책의 자산배분 전문가로 대거 등장하면서, 각종 투자 상품을 판매하기 위해 고객들에게 자산배분을 강조하느라 발생한 면도 없지 않다. 하지만 앞으로 상당한 발전이 기대되는 분야이다.

이 부분의 전문가로는 앞서 언급한 파이낸셜 플래너와 은행의 프라이빗 뱅커(Private Banker)가 있다. 하나의 펀드 내에서 종목별로 투자 비중을 조절하는 펀드매니저(Fund Manager, Portfolio Manager)도 여기에 일부 해당되는 직책이다.

네 번째는 '투자에 실패했을 때 어떻게 대처할지(위험관리, Risk Management)'를 알아보는 것이다. 이익을 기대하고 투자했지만 예상과 달리 손실이 발생하는 상황은 언제 어디서든 누구에게나 일어날 수 있다. 중요한 점은 이런 때에 손실을 제한하거나 최소화할 수 있는 대비책을 마련해두어야 한다는 것이다. 사실 과거에는 개인투자자든 기관투자자든 손실이 발생할 경우 손절매를 하는 것 외에는 속수무책인 경우가 많았다. 하지만 금융기법이 발전하면서, 특히 금융파생상품이 기하급수적으로 늘어나면서 리스크의 성격에 따라 그 리스크를 헷징할 수 있는 다양한 대비 수단이 발달했다.

이 부분 또한 '위험관리자(Risk Manager)'라는 전문가가 존재하는데, 개인투자자가 기관투자자에 비해 가장 뒤처지는 영역이 바로 이 부분이다. 고려하지 않을 경우 개인투자자들에게 가장 치명적인 손실을 입히는 영역이기도 하다. 아직은 개인투자자들에게 생소한 영역이지만 개인 차원에서도 위험을 관리할 수 있는 다양한 수단이 개발되고 있으므로 너무 걱정할 필요는 없다.

종합하자면 주식투자를 하기 위해선 경제 전문가(Economist)**와 종목 분석가**(Analyst) **그리고 재무 설계사**(Financial Planner)**와 위험관리자**(Risk Manager)**라는 네 분야의 전문가가 필요하다.** 실제로 자산운용을 전문으로 하는 투자기관은 경제 전문가와 종목 분석가를 통괄하는 리서치 관련 부서와 자산배분 및 종목 비중을 담당하는 포트폴리오 매니저 또는 펀드매니저, 실제 주문을 집행하는 트레이더가 속하는 운용 관련 부서, 그리고 투자 위험과 준법 여부를 감시하는 리스크 관리위원회 및 준법감시인으로 구성되어 있다. 결론적으로 한 개인이 기관처럼 분석 역량을 발휘하기엔 한계가 있을 수밖에 없다. 따라서 이러한 한계를 최대한 보완할 수 있는 개인 차원의 투자방법을 소개해보고자 한다.

SUMMARY

성공적인 주식투자를 위해서는 거시경제 환경이 주식투자를 하기에 우호적인지, 어떤 종목이 상대적으로 유망한지, 전체 자금 대비 주식투자에 얼마나 투입하는 게 바람직한지, 예상과 달리 손실이 발생할 경우 어떻게 대처할 것인지 등을 사전에 고려해야 한다.

전문적인 투자 기관에서 진행하는 모든 분석 역량을 개인투자자 혼자서 발휘하기란 쉽지 않다. 이 책에서는 이러한 한계를 보완하면서 개인들도 쉽게 적용할 수 있는 주식투자를 소개해보고자 한다.

1-2 거시경제 지표와 투자 시기

주가는 개별 기업의 실적에 반응해서 형성되는 것이 원칙이지만, 일정 부분은 시장 전체 분위기의 영향을 받는다. 개별 기업의 실적에 별다른 변화가 없는데도 한꺼번에 오르거나, 한꺼번에 내리는 상황이 빈번히 발생한다. 모든 투자 종목은 시장의 흐름에서 자유로울 수 없는 것이다. 그렇기에 이익이 쉽게 발생하는 시기에 투자를 시작한다면, 어려운 상황에 시작할 때보다 성공할 가능성이 높다.

시장이 전체적으로 반응하는 경우는 대체로 거시경제 지표가 변화할 때다. 국내 주식시장에서 강조되는 거시경제 지표로는 환율이 있는데, 원화의 환율이 강해지면(1달러를 원화로 바꿀 때 더 적은 돈을 돌려받는다) 수출 기업에 불리할 것으로 전망되기 때문에 수출 관련주들이 전반적으로 하락 조정을 받기도 한다. 또 금리가 너무 낮을 경우 낮은 예금 이자에 만족하지 못하는 여유 자금들이 다소의 위험을 감수하더라도 주식시장으로 나와, 시장 전체적으로 상승장이 연출되기도 한다.

그런데 이런 거시경제 지표들은 그 종류가 많을 뿐만 아니라, 적어도 박사 수준의 경제학 전문지식이 있어야 분석이 가능할 정도로 결론을 도출하기가 어렵다는 문제가 있다. 동일한 상황에서도 전문가들 간에 서로 다른 전망을 발표하는 경우가 많아서 개인이 거시경제 지표를 분석한다는 것은 쉽지 않다. 예전에는 일반인들도 경제생활을 하면서 자신이 종사하는 분야에서 체감되는 경기나 친구 또는 친지들과의 대화를 통하여 전체 경기 수준을 짐작하곤 하였지만, 요즘에는 산업이 다양화되고 복잡해져 느낌만으로 전체 경제의 변화를 짐작할 경우 많은 오류를 수반해 우물 안 개구리가 될 가능성이 크다.

주식투자의 성공 확률을 높이기 위해 우선적으로 할 일은 거시경제 지표들이 주식시장에 우호적인지를 살펴보는 것이다. 그러나 경제 전문가들조차도 분석하기 어려운 거시경제 지표를 일반 개인이 주식투자에 활용하기란 쉽지 않은 일이다. 그렇기에 개인투자자로서 할 수 있는 최선은 거시경제 지표에 대한 여러 전문가들의 발언을 모아 대략적인 방향을 잡는 것이다.

가끔 경제 전문 잡지나 TV프로그램 등에서 경기선행지수, 경기동행지수, 경제성장률 등이 발표되곤 하는데, 각설하고 결론적으로 전년보다 나아진다는 소리인지만 확인해본다.

환율은 그 나라의 종합 성적표이므로 기업들이 돈을 많이 벌어 나라가 부강해지면 환율은 강세 기조를 나타낸다. 그러므로 환율이 강세를 보이는 중인지 확인해 본다.

금리는 사업가의 투자 의욕을 나타내는 지표이므로, 금리가 상승 중인지 확인해본다. 대체로 경기가 호황 국면이 지속되면 금리가 상승하는 경우가 많다. 다만 금리는 경제가 호조를 보이고 있어 상승할 수도 있지만, 물가가 심하게 올라 수요를 줄이기 위해 금리가 오르는 경우도 있다. 이 경우는 논외로 한다.

외화유출입 현황, 즉 국제수지가 흑자 기조를 유지하는지 확인해본다. 수출대금이 들어오든 외국인의 투자자금이 유입되든 국외에서 국내로의 외화 유입분이 많다면 주식시장에 우호적이다.

외국인이나 기관투자자 또는 부유층이 주식투자 비중을 확대하고 있는지 확인해본다. 어찌 됐든 그들은 당신보다 전문가들이다. 전문가들의 판단력을 믿어보는 것도 나쁘지 않다. 다만 전문가들 간에 투자 행태 및 종목이 서로 달라 참조하기 곤란한 경우가 있다.

미국, 유럽, 일본, 중국, 기타 신흥국 시장 등 세계 각국 증권시장이 강세를 유지하는지 살펴본다. 다른 경제지표에 비해 가장 빠르게 확인할 수 있다는 장점이 있지만, 국가별 특이 사항을 고려해야 한다는 점을 명심하라.

해외 증시 데이터를 제외한 대부분의 경제지표는 현재 상황을 집계하고 발표하는 데 상당한 시간이 걸린다. 그렇기에 전문기관에서 지표가 발표되고 그에 대한 전문가들의 해석을 확인한 뒤 투자를 시작하면 이미 주가는 어느 정도 움직여있다는 한계가 있다. 따라서 시장 흐름이 변화하는 변곡점을 노려 투자를 진행하기보단, 한 템포 늦더라도 안정적인 시장 흐름을 파악하고 투자에 진입하는 데 그 의미를 두어야 한다.

그렇다면 주식투자에 적절하지 않은 시기에는 절대로 수익을 얻을 수 없는 것인가? 또 적절한 시기인줄 알았는데 아니라면 어떻게 할 것인가? 거시경제 지표는 과연 믿을 만한가? 많은 의심과 두려움이 존재한다. 환율만 해도 그렇다. 원화가 강세라는 사실은 그만큼 국제적으로 한국 경제가 강해졌다는 것을 의미하기에 얼핏 보면 좋은 일 같은데, 원화가 강해지는 만큼 수출기업들의 경쟁력이 악화되기 때문에 적지 않은 문제가 생긴다. 일반적으로 금리가 올라간다는 것은 사업가가 이자 부담을 감내하고서라도 해볼 만한 사업이 있다는 좋은 징조라고 생각되는데, 일정 이상 올라가면 기업의 이자 부담이 과도해져서 결국 기업의 실적을 악화시키는 요인이 된다. 이렇듯 모든 변화에는 좋게 보이는 측면과 나쁘게 보이는 측면이 공존하는 게 세상 이치이다.

주가에 영향을 줄 만한 모든 요인은 이미 주가에 다 반영돼있다고 가정하는 효율적 시장 가설에 따른다면, 주가의 움직임을 예측하기 위하여 경제지표의 변화를 살펴보는 것은 비효율적이다. 대신에 그 반대로 주가의 움직임에서 경제의 변화를 엿볼 수도 있다. 실제로 체감 경기가 매우 어려운데도 주가는 상승하는 경우를 종종 목도하는데, 이러한 주가 상승은 조만간 경기가 좋아지거나 최소한 더 이상 악화되지는 않을 것이라는 암시를 주기도 한다.

어떤 경우에는 주가 상승 자체가 자금흐름을 선순환시켜서 경기에 도움을 주기도 한다. 즉 주가 상승에 따라 기업들은 조달 금리가 낮아지고, 투자자들은 투자 수익이 늘어나 소비 여력이 강화되므로 경제 전반에 도움을 주게 되는 것이다. 이러한 경우를 설명하기에는 '주가는 경제의 거울'이라는 고전적인 개념보다는 '주가와 경제는 상호 작용을 하는 동전의 양면'이라는 개념이 더 적절하다. 무슨 이유인지는 몰라도 주가가 지속적으로 상승한다면 경제가 좋아질 것이고, 그렇다면 안심하고 주식에 투자해도 좋다는 단순한 결론을 추론해볼 수 있다.

SUMMARY

지금 주식을 투자하기에 적절한 시기인지 판단하려면 각종 거시경제 지표들을 분석해야 하지만 개인투자자의 입장에서 이를 분석하는 일은 쉽지 않다. 거시경제 지표가 어떻게 변하더라도 경쟁력이 존재하는 우량 기업에 투자하든지, 대용적 수단으로 주식시장의 장기 추세를 확인해도 무방하다.
장기 추세가 상승 추세라면 추세의 반대 방향으로 조정받을 때 진입하는 것이 유리하다.

1-3 기본적 분석과 기술적 분석

주가의 움직임은 다양한 관점으로 분석될 수 있는데, 그중에 널리 알려진 몇 가지를 소개한다. 첫째는 바로 '직전 주가의 움직임'이다. 여러 수치를 테스트해보며 주가와 가장 상관관계가 높은 수치가 무엇인지를 탐구해본 결과 재미나게도 주가의 방향을 결정짓는 가장 중요한 수치는 바로 '직전 주가의 움직임'이었다. 다시 말해 직전에 주가가 상승했으면 이번에도 주가가 상승하리라 예측할 수 있으며, 이 가능성은 기업의 실적, 경제지표 등 주가의 움직임을 합리적으로 설명하는 다른 어떤 지표에 의한 예측보다 정답일 가능성이 높다는 얘기다.

이에 대한 논문으로는 나라시만 제거디쉬(Narasimhan Jegadeesh)와 셰리던 티트만(Sheridan Titman)이 1993년 발표한 『승리 주식을 매수하고 패배 주식을 매도하는 것의 수익률(Returns to Buying Winners and Selling Losers)』이 있다. 논문에서는 보유 기간 1주 또는 1개월의 단기 거래 및 3년에서 5년 사이의 초장기 거래의 경우, 주가의 직전 상승률이 부진한 종목이 상승하는 경향이 강했다는 내용이 소개된다. 그리고 보유 기간 3개월에서 12개월의 거래는 주가의 직전 상승률이 강했던 종목이 더 상승하는 경향이 있었다는 내용도 소개된다. 이처럼 과거의 주가를 통해 향후 주가의 상승 혹은 하락을 예측하는 것을 가격 모멘텀(Price Momentum)이라고 하는데 '추세를 갖는다'라고도 표현한다. 최근 주가 움직임에 상승 추세가 있으면 앞으로도 상승할 가능성이 높고 하락 추세가 있으면 앞으로도 하락할 가능성이 높다는 것으로, 아이작 뉴턴(Isaac Newton, 1642~1727)의 운동법칙 제1법칙인 관성의 법칙(Law of Motion-Inertia)과 비슷하다.

추세가 존재하는지 분석하는 여러 방법 중 가장 일반적이면서도 유력한 방법은, 시간별로 기록된 주가를 일정한 간격으로 평균을 내어 이은 '이동평균선(MA, Moving Average)'을 도출하는 것이다. 예를 들어 '5일 이동평균선'을 구한다면, 4월 5일의 이동평균은 4월 1일부터 4월 5일까지 5일간 주가의 평균값이 된다. 다시 4월 6일의 이동평균은 4월 2일부터 4월 6일까지 5일간 주가의 평균값이 된다. 이처럼 평균을 내는 기간은 5일간으로 일정한데, 시작일과 종료일을 차츰 이동시키면서 각 날의 이동평균을 구한다. 그리고 이것들을 이어 그으면 5일 이동평균선이 된다. 이동평균선을 구해 주가 차트에 덧그리면 이동평균선이 왜 중요한지를 이해할 수 있다. 이동평균선은 실제 주가 그래프보다 완만한 변동 폭을 보이며 움직이는데, 이는 현재 주가가 어떤 추세(Trend)를 갖고 있는지 가늠하기 쉽게 만들어준다.

이동평균과 같이 시장 데이터에 추가적인 계산을 가해 만들어진 수치들을 기술적 지표(Technical Indicator)라고 말하며, 이러한 수치를 매매 기준으로 삼는 투자 방식을 기술적 분석(Technical Analysis)이라고 부른다.

이와는 반대로 기업의 영업 자산의 수익 창출 잠재력, 미래현금흐름 등 내재가치(Intrinsic Value)를 분석해 매매 기준으로 삼는 투자 방식을 기본적 분석(Fundamental Analysis)이라고 한다. 좀 더 직관적으로 표현하자면 기술적 분석은 '차트 분석', 기본적 분석은 '가치 분석'이라고 부를 수 있다.

기술적 분석은 과거의 데이터를 가공하여 가까운 미래를 예측함으로써 현재의 투자 판단에 도움을 받고자 하는 것이다. 사실 기술적 분석은 흔히 '옛말이 그르지 않다'라든지 '과거는 반복된다'라는 신념에서 비롯된 방법론으로, 기본적 분석이 쉽지 않을 경우 사용하는 대체 도구로서 개발되었다. 그렇기에 기본적 분석을 전혀 고려하지 않으면서 오로지 기술적 분석에만 의존하여 시장상황과 매매 여부를 판단하는 것은, 마치 백미러만 보면서 운전하는 것처럼 때로는 위험하기도 하거니와 현명하지 못한 태도이다. 세간에는 무수히 많은 기술적 지표들이 존재하는데 너무 난해하거나 다양한 지표를 활용하게 되면, 지나치게 지표 의존적이 되거나 내재가치의 중대한 변화를 무시하게 되어 오류가 발생할 가능성이 커진다. 하지만 정말로 운전할 때 백미러를 보는 것처럼, 기술적 분석을 사고를 예방하기 위한 보조적인 수단으로 활용한다면 미처 감지하지 못한 위험을 방어할 수 있는 유용한 도구가 된다.

기본적 분석에 집중하는 가치투자자(Value Investor)와 기술적 분석에 의존하는 차티스트(Chartist) 간의 우위 논쟁은 오랜 기간 지속되었다. 그러나 이것은 소모적인 일일 뿐이다. **원칙적으로 기본적 분석에 근거하되, 간과될지도 모르는 위험을 기술적 분석을 통하여 보완하는 태도가 가장 바람직하다고 볼 수 있다.** 실제로 많은 가치투자자들이 기본적 분석을 주요 판단 근거로 투자하면서도, 여러 기술적 분석 지표를 차트상에 시각적으로 구성하여 편리하게 활용하기도 한다.

■ 이동평균선 사례 / 자료 : 미래에셋대우HTS

다양하고 복잡한 기술적 지표를 활용한다고 투자를 잘하는 것이 절대 아니다. 간단하고 널리 알려진 이동평균선 정도만 잘 활용해도 기대 이상의 투자 성과를 올릴 수 있다. 이어지는 장에서 상세히 설명하겠지만, 우선은 간단히 살펴보자.

20일 이동평균선은 전문적인 트레이더들이 매매를 결정하기 위해 자주 참고하는 추세선인데, 매매선이라고도 한다. 그림에서는 빨간색 선으로 표현되어있다. 주가 또는 5일 이동평균선이나 10일 이동평균선이 20일 이동평균선을 상향 돌파하면 매수에 가담하는 기준으로 활용된다.

60일 이동평균선은 주식시장에 자금이 유입되는지 유출되는지를 판별하는 데 참고하는 추세선으로, 자금선이라고도 한다. 그림에서는 보라색 선으로 표현되고 있다. 주가가 보라색 선을 상회하고 있거나, 보라색 선이 점진적으로 상향하고 있으면 주식시장에 자금이 유입되고 있다고 판단한다.

120일 이동평균선은 주식시장을 장기적으로 전망할 때, 대세가 상승세인지 하락세인지를 판별하는 데 참고하는 추세선으로, 경기선이라고도 한다. 그림에서는 녹색 선으로 표현되고 있다. 주가 또는 120일 선보다 단기의 이동평균선들이 녹색 선을 상회하거나, 녹색 선이 점진적으로 상향하고 있으면 대세가 상승 중이라고 판단한다.

또 하나의 재미난 원칙은 '주가의 움직임은 반드시 되돌림을 수반한다'는 점이다. 즉 아무리 상승 추세라 할지라도 중간중간 어느 정도 하락 조정을 수반하고 아무리 하락 추세라 할지라도 어느 정도 반등 조정을 수반하기 마련이다.

헝가리 출신의 전설적인 주식투자자 앙드레 코스톨라니(Andre Kostolany, 1906~1999)는 이를 가리켜 산책 중인 주인과 강아지의 관계로 설명한다. 강아지를 데리고 산책을 하다 보면 강아지는 주인의 앞뒤를 왔다갔다하면서, 결국은 주인과 같은 방향으로 간다. 그런데 강아지의 움직임만 보면 상당히 어지러운 움직임을 보이게 된다. 이때 주인의 움직임은 실제 경제와 기업 내재가치의 움직임을 가리키고 강아지의 움직임은 주가의 움직임을 가리킨다. 다만 실제 주식시장에서는 주인의 움직임은 보이지 않고 강아지의 움직임만 보인다는 차이가 있다. 주식투자자는 강아지의 움직임 자체에 집착할 것이 아니라, 강아지의 움직임을 참고로 하여 주인의 음직임을 파악하는 데 주력해야 한다. 주가의 단기적인 움직임(강아지의 움직임)을 정확히 예측할 방법은 거의 없다고 봐도 무방하다. 그러나 강아지는 장기적으로 보면 꾸준하게 주인과 속도를 맞추고 있는 중이다. 너무 급하게 앞서가면 다시 되돌아오고, 처지면 다시 쫓아오는 행위를 반복한다.

늘 자신을 '순종(純種) 투자자'라 지칭하며 투자라는 지적 모험을 즐겨 한 코스톨라니는, 투자의 비법을 묻는 말에 이렇게 답한다. '자기 돈을 가지고 우량주에 투자하라. 그리고 수면제를 먹고 몇 년간 푹 자라.' 그러나 코스톨라니는 이렇게 덧붙이기도 했다. '인간은 원래 놀이하는 동물로 타고났기 때문에 아무도 이런 충고에 귀 기울이지 않는다.'

랜덤워크 가설(Random Walk Hypothesis)에 따르면 모든 주가의 움직임은 확률로만 예측될 뿐이다. 상승 추세에 있는 주식의 주가가 현재 올라갈 확률이 60%, 내려갈 확률이 40%라면, 다음 시점에서 주가가 올라갈 확률이 조금 더 높긴 하겠지만 결코 올라가리라 장담할 수는 없다. 다만 다음 시점에서 주가가 내려간다면, 그다음 시점에서 주가가 올라갈 확률은 70%, 내려갈 확률이 30%로 주가가 올라갈 확률이 더 높아지게 된다. 이는 뉴턴의 운동법칙 중 제3법칙인 작용 반작용의 법칙(Law of Action and Reaction)과 상통한다. 통계학적으로는 '평균으로 회귀 성향을 가진다'고 할 수 있다. 단기적으로는 주가가 추세에 엇나가게 움직일 수 있지만 기간이 길어지면 추세대로 움직일 확률이 높다.

추가로 이러한 추세의 방향과 일치하게 매매하는 사람을 추세 매매자 또는 추세추종 투자자(Trend Follower)라고 한다. 또 추세의 방향과 반대되게 매매하는 사람을 역추세 매매자 또는 반추세 매매자(Counter-Trend Speculator), 역발상 투자자(Contrarian Investor)라고 한다. 추세 매매자는 대체로 중기 투자자이며, 역추세 매매자는 데이트레이딩(Day Trading)과 같은 단기 투자자 또는 3년 이상의 초장기 투자자이다.

기금, 펀드 등은 대체로 장기 추세선을 추종하며 5년 이상의 장기보유 전략을 사용하기 때문에, 이들처럼 투자하는 이들을 투자자(Investor)라고 부른다. 반대로 전업 투자자나 발 빠른 투기 펀드(Hot Money 또는 Smart Money) 등은 대체로 분 단위의 단기 추세선을 활용하는 역추세 매매를 하여, 매매를 하루 이내에 끝내는 데이트레이딩(Day Trading)을 하거나 길어야 일주일 정도를 보유하는 스윙트레이딩(Swing Trading)을 하는데, 이들처럼 투자하는 이들을 '트레이더(Trader) 또는 투기자(Speculator)'라고 부른다. 이 책을 읽는 독자들은 전업 투자자가 아니므로 기본적으로 추세 매매를 하기를 권장한다. 다만 실제적인 진입 시점은 역추세 매매자와 일치하면 유리하다.

SUMMARY

기업의 자산, 실적 등 내재가치를 분석해 매매 기준으로 삼는 투자 방식을 기본적 분석이라고 하고, 시장 데이터에 추가적인 계산을 가해 만들어진 수치들을 매매 기준으로 삼는 투자 방식을 기술적 분석이라고 한다.

1-4 주가는 어떻게 형성되는가?

한국의 주식시장에는 유가증권시장(코스피)과 코스닥, 코넥스 시장을 합쳐 약 2,500개의 기업이 상장되어 있는데, 이렇게 많은 기업들을 면밀히 분석해서 상대적으로 유리한 종목을 선별해내는 작업은 개인으로서는 쉽지 않은 일이다. 상장된 기업을 분석하는 업무는 증권사의 경제연구소나 리서치센터 또는 자산운용사의 리서치팀에 소속된 전문가인 애널리스트(Analyst)들이 담당하는데, 이들도 상장된 종목을 모두 분석하는 것이 아니라 증권사별로 100~200개 정도를 추려서 유니버스(Universe)라고 하는 종목 풀(Pool)로 구성하여 이들만 집중적으로 분석한다. 그러다 보니 아무래도 상대적으로 규모가 큰 대형주이거나 업종 대표 기업인 경우가 대부분일 수밖에 없다. 코스닥의 중소형주 중에는 지난 몇 년 동안 단 한 차례의 분석보고서도 발간된 적 없는 기업이 있을 정도다.

게다가 특정 기업에 대한 투자 의견이 애널리스트 간에 다른 경우가 비일비재하여 해당 기업에 투자해도 될지 갈피를 잡기 어려울 때가 많다. 이렇듯 전문가들은 서로 다른 투자 의견을 내기 때문에 투자자의 입장에서는 최대한 다양한 의견을 들어보고 중간값을 도출하거나 종합적인 판단을 내릴 필요가 있는데 이를 시장 컨센서스(Market Consensus)라고 한다. 물론 이러한 작업을 대신해주는 기관도 있다.

어떤 기업이 시장 컨센서스에 비해 월등히 뛰어난 실적을 발표하게 되면 이를 어닝서프라이즈(Earning Surprise)라고 하며, 반대로 시장 컨센서스에 비해 아주 실망스러운 실적을 발표하게 되면 어닝쇼크(Earning Shock)라고 한다. 시장 컨센서스는 전문가들이 분석한 결과이기에 더 좋든 더 나쁘든 실제 실적과 동떨어진 예측을 내지 말아야 하는 게 당연할 것이다. 하지만 실제로 어닝서프라이즈와 어닝쇼크는 상당히 자주 발생한다. 이 사실은 전문가들의 분석도 한계가 있다는 증거이기도 하다. 전문가들의 분석은 모든 종목을 다 커버하지 못할 뿐만 아니라, 분석하는 종목에 대해서도 대체로 기계적이고 평면적인 결론을 내릴 수밖에 없다. 그렇기에 투자 종목을 선정할 때는 이런 전문가들의 의견을 다방면에서 점검해볼 필요가 있다.

우리는 평소에 단돈 몇만 원짜리 물건을 사면서도 요모조모 따져보고 비교한 후에 조심스럽게 결정을 내린다. 그런데 투자를 할 때는 적게는 수백만 원에서 많게는 수억 원 이상의 돈을 아무런 점검도 없이 투척하는 무모한 모습을 보인다. 무모하다기보다도 너무나 무책임한 일이다. 물론 우리는 전문가들만큼 깊이 있게 따져보지는 못한다. 분석하고 싶어도 분석할 수 없는 영역이 많다. 그러나 개인의 차원에서 주도적으로 분석할 수 있는 영역도 존재한다.

이처럼 전문가와 개인투자자를 포함한 수많은 시장 참여자들의 예측

속에서 '주가'가 형성된다. **우리의 목표는 주식을 실제 가치보다 낮은 주가에 구매하여 실제 가치보다 높은 주가에 파는 일이다.**

이러한 메커니즘을 이해하기 위해서는 일단 시장에서 형성되는 주가 즉, 시장 가격(Market Price)의 의미부터 되새겨볼 필요가 있다. 한국 주식시장에서는 특별한 경우를 제외하고는 호가경매 방식을 통하여 거래를 성사시키고 있다. 예를 들어 시장에서 종목 A의 주가가 1만 원에 형성되어 있다면, 기업의 실제적인 가치가 얼마인지와는 관계없이 A의 시장 가격은 1만 원이다.

그런데 1만 원이라는 시장 가격에 대한 판단은 각 시장 참가자마다 다르다. 어떤 매수자는 A가 실제 가치에 비해 1만 원은 저렴하다고 판단해서 매수하는 것이다. 어떤 매도자는 A가 앞으로 전망이 안 좋아질 것 같아서 1만 원에 매도하는 것이다. 또 어떤 매수자는 A에 대해 잘 모르지만, 주식시장의 흐름이 좋기 때문에 1만 원에 매수하는 것이다. 어떤 매도자는 A의 전망과는 상관없이 주식시장의 흐름이 좋지 않기에 1만 원에 매도하는 것이다.

이러한 판단은 크게 종목 그 자체를 분석하여 도출된 것과 시장 전반을 분석하여 도출된 것으로 나눌 수 있다. 다시 말해 종목 A의 주가는 기업의 실적 전망과 관련된 고유 요인(α, 알파)과 시장의 흐름과 시장 전반에 영향을 주는 거시경제 지표의 변화와 같은 공통 요인(β, 베타)의 상호작용으로 형성된다.

이를 간단하게 공식으로 표현하면 다음과 같다.

$$Market\ Price = f(\alpha,\ \beta)$$

이 책에서는 주가를 개별 기업의 고유 요인으로 해석하는 알파(α)투자전략과 시장 공통 요인으로 해석하는 베타(β)투자전략 두 가지를 모두 살펴볼 것이다. 여기서 주목해야 할 점은 어떤 전략을 따르느냐에 따라 선정되는 종목이 판이하게 달라진다는 점이다. 반드시 어떤 전략이 우월하다고 결론지을 수 없으며, 두 전략을 모두 고려하는 것이 가장 바람직하다고 할 수 있다. 다만 여기서는 접근하기에 따라서 너무나 다르게 종목이 결정된다는 점만 알아두자.

SUMMARY

주식의 가격은 기업 자체의 가치에 따라 결정되면서 동시에 시장 전반적인 상황에 영향을 받기도 한다. 이런 특성 때문에 투자자의 운용 전략에 따라서 종목 선정의 방법은 달라질 수 있다.

1-5 민감도를 산정하는 베타계수

거시경제 지표로 확인했든지 아니면 그 대체수단인 장기 추세로 확인했든지 주식시장의 강한 상승세가 예측되는 상황이라면, 도대체 어떤 종목을 사야 유리할까?

개별 종목을 분석하고 추천하는 일을 하는 사람들을 애널리스트라고 하는데, 우리는 보고서나 뉴스를 통하여 하루에도 수십 건씩 애널리스트들이 추천하는 종목들을 접하게 된다. 만일 애널리스트들이 추천하는 종목마다 투자 수익이 발생한다면 이들의 보고서를 받아보는 사람들은 금방 돈방석에 앉게 될 것이다. 마찬가지로 그러한 분석을 만들어내는 애널리스트들은 누구보다 손쉽게 부자가 될 것이다. 그런데 실제로는 전혀 그렇지 못하고 있다. 이러한 사실을 인지하고 나면 '전문적으로 분석하는 작업 자체가 과연 의미가 있을까?'라는 회의감에 빠지지 않을 수 없다.

이로 인해 주식투자자들은 '시장에 형성된 주가에는 이미 해당 기업에 관한 모든 정보가 반영되어 있어서 애널리스트가 새삼스럽게 어떤 사실을 분석하였다고 하더라도 주가의 방향을 예측할 수는 없다'는 가설을 생각하기에 이른다. 이를 '효율적 시장 가설(EMH, Efficient Market Hypothesis)'이라고 한다. 앞서 언급한 것처럼 주가란 개별 기업의 고유 요인, 즉 실적에 기초한다는 것이 가장 원론적인 개념이다. 그러나 효율적 시장 가설에 따르면 기업의 실적을 확인하고 투자하는 것은 언제나 한 발 늦을 수밖에 없다.

주식시장을 살펴보면 실제 투자 게임에서는 기업의 실적도 중요하지만 '상승하면 장땡'이라는 투기적인 심리도 주가를 움직이는 지배적인 요소로 작용하고 있음을 알 수 있다. 그렇다면 이러한 투기 심리까지 고려한 잣대로 종목을 선정할 수도 있지 않을까? '오르는 종목이 더 오른다'는 가정하에 현재 시장에서 가장 빠르게 성장하고 있는 종목에 투자하는 것이다. 이러한 종목은 대체로 주식시장에서 시가총액 상위를 차지하고 있는데 이들을 '상승주도주'라고 한다.

종목 분석가들은 이러한 상승주도주를 가려낼 방법에 대해 많은 고민을 하였고 그 결과 '베타계수(Beta Coefficient)'라는 수치를 개발했다. **베타계수는 주가의 시장수익률에 대한 민감도를 측정하는 지표로, 시장 평균 성장치인 종합주가지수와 특정 주가의 변동 폭을 비교하여 산정한다.** 종합주가지수가 10% 상승할 때 A종목은 20% 상승했고 B종목은 5% 상승했다면, A종목의 경우 종합주가지수에 비해 2배 빠르게 움직이므로 A종목의 베타계수는 2가 된다. 반대로 B종목의 베타계수는 0.5가 된다.

베타계수는 위로든 아래로든 종합주가지수에 비해 상대적으로 움직이는 탄력을 측정한 수치다. 이러한 베타계수를 활용하면 특정 주식에 투자할 때 얼마의 수익을 올릴지 예측하는 '기대수익률'을 구할 수도 있는데, 그 공식은 다음과 같다.

$$E(Ri) = R_f + [E(Rm) - R_f] \times \beta^*$$

이 공식은 자본자산가격 결정모형(CAPM, Capital Asset Pricing Model)이라고 하며 현대 투자론의 중요한 이론 중 하나다. 미국 스탠포드 대학 교수이자 1990년에 노벨경제학상을 받은 윌리엄 샤프(William Sharpe, 1934~)에 의해 개발되었다. 여기서 무위험 이자율(Rf, Risk Free Rate)이란 화폐의 시간적 가치를 고려하는 지표로 투자에 쓸 자금을 조달하는 데 드는 비용이라 할 수 있는데, 실무에서는 국채의 수익률로 대신한다.

상승장에서는 베타지수가 높은 상승주도주들에 투자해 수익을 키울 수 있는데, 이런 투자방법을 '하이(High)베타전략'이라고 한다. 그러나 이러한 전략에는 함정이 숨겨져 있는데, 상승장에서는 수익을 확대할 수 있겠지만 시장이 다시 하락 추세로 전환되면, 종합주가지수보다 더 빠르게 하락하기 때문에 큰 손실을 입을 수 있다는 점이다.

그러므로 이 전략은 지금이 강한 상승장이라는 대전제가 유지되는 조

---

* 개별 종목 기대수익률[E(Ri)] = 무위험 이자율[Rf]+(종합주가지수 기대수익률[E(Rm)]-무위험 이자율(Rf))×베타계수[β]

건 아래서만 유효한 전략이다. 또한 현재 시장이 상승세를 보이고 있더라도 언제든 하락 추세로 전환될 수 있다. 언제 하락장이 도래할지를 예측하는 것은 순전히 투자자의 책임이며, 그 시점이 찾아왔을 때 개인의 차원에서 손실을 방어할 만한 수단이 별로 없다는 것이 난제다.

그럼에도 불구하고 상승장의 지속이 선명하게 예측되는 시점이라면 베타투자전략을 사용할 수 있다. 이때 개인 차원에서 모든 종목의 베타 계수를 시시각각 측정하는 것은 현실적으로 어렵기 때문에, 이를 대신해주는 '레버리지 ETF'에 가입하는 것도 괜찮은 방법이다.

SUMMARY

주식시장이 상승 추세를 유지한다면, 종합주가지수에 비해서 상대적으로 상승 경향이 높은 시가총액 상위 대표주를 집중 공략하는 게 유리한데, 이를 하이베타전략이라고 한다.
하이베타전략은 주식시장이 하락 추세로 전환되면 큰 손실이 발생할 수도 있으며, 개인 차원에서 이를 방어할 만한 수단이 별로 없다.

1-6 종목 선택보다 간편한 비중 조절

　주식시장의 상승 추세를 확인하고 시장 지수 대비 초과수익을 확보할 목적으로 시장 공통의 요인에 집중하는 전략을 베타투자전략이라고 말하였다. 베타투자전략을 효과적으로 수행하기 위해서는 포트폴리오에 구성된 종목들 또한 베타계수가 높은 종목들로 구성되어야 한다. 문제는 개별 종목의 베타계수라는 것이 과거 통계에 근거하여 산정된 정보이다 보니 해당 베타계수가 미래에도 유지되리라고 보장할 수가 없다는 점이다.

　베타투자전략을 구사하다가 시장이 상승 추세에서 하락 추세로 전환될 경우 최선의 방법은 포트폴리오의 베타계수를 신속하게 낮추는 것이다. 그렇지 않으면 코스피의 하락률보다 훨씬 빠르게 포트폴리오의 수익률이 떨어지게 된다. 기본적으로 포트폴리오의 베타계수를 낮추려면 높은 베타계수의 종목을 베타계수가 보다 낮은 종목으로 교체하는 방법이 있다. 그보다 더 빠르게 포트폴리오의 베타계수를 낮추는 방법은 주식 비중 자체를 축소하여 투자금을 현금화하는 것이다. 현금은 베타계수가 제로이기 때문이다.

다시 말해 베타계수를 조절하려면 종목 교체를 통하여 조절하는 방법보다, 투자금 비중을 조절하는 것이 더 쉽고 효율적이라는 결론을 내릴 수 있다. **종목을 선정하는 문제와 투자 규모를 결정하는 문제가 같은 결과를 가져온다는 데에 주목하라.** 즉, 질(Quality)의 문제를 양(Quantity)의 문제로 바꾸어 해결할 수도 있다는 얘기다.

대부분의 투자자들은 종목을 선정하는 일에 지나치게 집착하여, 투자 규모를 결정하는 일에는 소홀한 경우가 많다. 그렇게 하지 않고 유리한 종목을 선정하려는 노력 대신 적절한 투자 규모를 고민하면 오히려 좋은 결과를 가져오게 될 가능성이 높다.*

코스피 지수는 베타계수를 산정하는 기준으로, 어떤 투자 포트폴리오가 코스피 지수에 전부 투자했다면 그 포트폴리오의 베타계수는 1로 간주한다. 이 상태에서 포트폴리오의 베타계수를 조정하고자 할 땐 어차피 과거 통계에 근거하여 추정되는 종목별 베타계수를 조정할 것이 아니라, 투자 비율을 그대로 유지하되 투자금 비중을 적절히 조절하는 것이 의도하는 대로 베타계수를 맞추기 더 유리하고 간편하다.

예를 들어, 보유한 현금을 모두 코스피에 투자했다고 가정하자. 이때 포트폴리오의 베타계수는 1이다. 다시 말해 코스피 지수가 상승한 만큼 펀드 수익률이 나온다. 만약 당신이 코스피 지수 대비 초과수익을 얻고

---

* 이처럼 복잡한 과정을 거쳐 종목을 선정하기보단, 지수와 같은 시장 포트폴리오를 대상으로 주식과 무위험 채권의 비중을 조절하여 수익을 내는 투자 개념을 토빈의 분리 정리(Tobin's Separation Theorem)라고 한다.

싶다면 포트폴리오의 베타계수를 올려야 한다. 그런데 베타계수를 1.2로 맞추는 행위는, 투자금을 20%만큼 차입하여 추가로 투자하는 것과 마찬가지 결과를 얻는 셈이다. 즉 돈을 빌려서 더 크게 주식을 보유한다면 상승주도주에 투자한 것과 마찬가지로 초과수익을 올릴 수 있다. 역으로 말해 베타계수가 높은 종목에 집중해 투자하는 행위는 차입 투자와 유사한 위험에 노출된다는 의미이다.

이렇게 돈을 빌려서 투자금의 규모를 키우는 방법을 차입 포트폴리오(Borrowing Portfolio)라고 칼한다. 이를 통해 기대 수익을 증폭시키는 것은 레버리지(Leverage, 지렛대) 효과라고 말하기도 한다. 일반 개인의 경우에는 은행에서 대출을 받거나 증권 회사에서 돈을 빌리는 '신용 거래'를 통해 위 효과들을 모색할 수 있다.

레버리지를 쓰는 방법에는 현금을 대출받는 방법도 있지만 증권사에서 제공하는 선물거래를 이용하는 방법도 있다. 코스피 선물거래의 경우 증거금 비율 15%까지, 즉 예치금의 약 6.6배까지 투자금을 운용할 수 있기에 효율이 좋다. 굳이 은행에서 돈을 빌리지 않아도 증권 거래 시스템 내에서 간편하게 차입 포트폴리오를 구현할 수 있는 것이다.

이와 비슷하게 주식을 실거래를 하는 것이 아닌, 미래 시점에 정해놓은 가격으로 주식을 구매할 권리를 사는 콜옵션(Call Option)에 투자할 수 있다. 콜옵션을 이용하면 선물거래를 하는 것과 비슷한 레버리지 효과를 낼 수 있다.

흔히 '빚내서 투자하면 안 된다'고들 말한다. 그런데 이는 위험관리 능력이 부족한 아마추어에게 해당하는 말이다. 실제로 대규모 자금을 운용하는 헤지펀드들은 대부분 자기자금의 몇 배에 해당하는 차입을 통하여 덩치를 키워 운용하고는 한다. 그 이유는 덩치를 10배로 키울 경우 5%의 기대 수익률이 50%로 크게 확대되기 때문이다. 리스크에 대한 철저한 대비가 있어야 함은 물론이다.

주식투자 커뮤니티에는 간혹 레버리지를 활용한 주식투자가 정도(正道)가 아니라는 주장을 하는 이들이 있다. 그러나 레버리지는 위험관리 능력 여부에 따라 판단할 사안이지 좋지 않다고 일방적으로 비난할 사안이 아니다.

반대로 시장이 하락 추세로 전환하여 빠르게 포트폴리오의 베타계수를 줄여야 할 경우를 가정해보자. 포트폴리오 내 주식 비중을 줄여 현금을 확보하는 방식이 가장 기본적이다. 이 경우 주식 매도 대금으로 발생한 현금은 안정적인 이자를 취할 수 있는 금리상품에 보관할 수 있다. 여유 자금을 다른 곳에 빌려주었다는 의미로 이를 대여 또는 대출 포트폴리오(Lending Portfolio)라고도 한다.

베타투자전략을 구사할 때 있어서 펀드의 베타계수를 조절하는 방법에 대하여 알아보았다. 일반 개인 입장에서 볼 때, 베타계수를 조절할 대안도 없이 베타투자전략을 구사하는 주식형 펀드에 가입한다는 것은 위험한 결정이라는 점을 인식할 필요가 있다.

또는 코스피 선물을 매도하여 베타계수를 원하는 만큼 줄일 수도 있다. 주식 보유 비중에 맞춰 코스피 선물에서 '공(空)매도'를 한다면 결과적으로 투자금이 모두 현금화된 것과 같은 결과가 된다. 공매도란 내가 주식을 갖고 있지 않지만 남에게 주식을 빌려 시장에 판 뒤, 나중에 시장에서 주식을 구매하여 빌린 주식을 갚는 투자 기술이다. 남에게 주식을 빌린다는 점만 제외하면, 일반적인 투자와는 반대로 먼저 주식을 팔고 나중에 주식을 사게 된다. 이러한 연유로 주식을 사는 시점, 즉 나중 시점에 주식 가격이 떨어져있어야 이득이 생긴다.

하락이 예상되기는 하지만 그 조정 폭이 그다지 크지 않을 것이라 판단되면, 코스피 콜옵션을 매도하기도 한다. 파생상품에 대해서는 상당한 지식이 요구되므로, 그런 방식이 있다는 정도만 이해하고 넘어가기를 바란다. 독자들에게 파생상품 거래를 권하는 것이 아니다.

SUMMARY

베타투자전략을 구사하기 위해서는 종목별 베타계수를 감안해야 하는데 이 과정이 간단하거나 신뢰성이 높지는 않다. 투자 종목의 베타계수를 조절하는 대신 투자금 비중을 조절하는 방법으로 손쉽게 베타계수를 조절하는 것과 같은 효과를 낼 수 있다.

CHAPTER 2
베타투자전략

2-1 베타투자전략에 들어가며

켄 피셔는 저서 『3개의 질문으로 주식시장을 이기다』에서 투자자들이 종목 선정에 지나치게 많은 관심과 노력을 기울이는 데 반해 주식 보유 비중을 고려하는 일에는 매우 소홀하다는 점을 지적하고 있다. 투자 포트폴리오를 구성할 때 가장 많은 시간을 할애해야 하는 고민은 주식 보유 비중을 결정하는 것이다. 켄 피셔는 주식, 채권, 현금 등 자산배분에 대한 고려가 전체 투자 성과의 70%를 좌우한다고 밝혔다.

이 책 또한 위 주장에 동의하기에, 주식 보유 비중을 조절하는 베타투자전략을 다룰 것이다. 상승장에서는 상승주도주와 같은 특정 종목에 투자하는 것도 유리하겠지만, 그 대신 주식 보유 비중을 좀 더 늘려서 상승주도주에 투자한 것과 유사한 효과를 기대할 수 있다. 반대로 시장이 하락장으로 전환되면 주식 보유 비중을 줄여서 손실 위험을 방어할 수 있다. **베타투자전략은 이처럼 시장 상황에 따라 좀 더 유리한 상태로 주식 보유 비중을 조절하는 것이다.**

앞으로 살펴볼 것은 베타투자전략의 실전 적용 사례다. 같은 시장 상황에 베타투자전략의 여러 방법론을 적용해보고 수익률이 어떻게 달라지는지를 비교해볼 것이다. 이는 고객 자산관리를 목표로 하는 금융기관의 직원들에게도 유용한 가이드가 될 것이라 생각한다.

시뮬레이션의 투자 대상은 한국을 대표하는 코스피 지수를 개별 종목으로 직접 매수하는 것을 가정한다. 이는 실전에서 ETF 투자로 대체될 수 있다. 시뮬레이션 진행 기간은 최악의 사태에서도 안정적인 수익을 가져올 수 있는 방법인지를 시험하기 위해, 1996년 1월 말일부터 2023년 12월 말일까지로 설정한다. 한국 주식시장은 1997년 말 IMF 사태라는 전무후무한 위기를 맞이하여, 1,000Pt 이상을 유지하던 코스피 지수가 1998년 6월까지 300Pt 이하로 급락했기 때문이다. 코스피 지수는 1980년 1월 1일을 100Pt로 삼아 이후의 지수 등락을 상대적으로 파악하기 위해 고안되었다. 1,000Ft에서 300Pt로 떨어졌다는 것은 코스피 시장 규모가 30%로 축소됐다는 것을 의미한다.

추가로 편의상 몇 가지 가정을 시뮬레이션에 추가하기로 한다. 그 내용은 다음과 같다.

· 투자방법론에 중점을 맞춘 시뮬레이션이라는 점에서, 채권 수익률은 본디 시황에 따라 변동성이 높으나 연 3% 월 복리 개념으로 일괄 적용한다. 이자 소득세는 고려하지 않는다.
· 편의상 배당수익과 거래 비용 등은 감안하지 않는다.

모든 자금을 주식이나 채권에 투자하는 극단적인 경우는 우선적으로 각 전략의 유효성을 검증해보는 벤치마크(비교 기준)가 되므로 미리 살펴보기로 하자. 모든 투자금을 주식 or 채권에 넣으면 다음과 같이 투자하게 된다.

📍 투자방법
모든 자금을 주식에 투자한다.

💡 투자 결과
- 1996년 1월 말 투자원금 : 100,000,000원(코스피 878.82Pt)
- 2023년 12월 말 평가금액 : 302,141,508원(코스피 2,655.28Pt)
- 투자 수익 : 202,141,508원(투자 수익률 202.14%, 연복리 4.03%)
- 고점 대비 최대 손실(MDD) : -69.63%

📍 투자방법
모든 자금을 채권에 투자한다.

💡 투자 결과
- 1996년 1월 말 투자원금 : 100,000,000원(기준가 878.82Pt)
- 2023년 12월 말 평가금액 : 228,229,891원(기준가 2,005.73Pt)
- 투자 수익 : 128,229,891원(투자 수익률 128.23%, 연복리 3.00%)
- 고점 대비 최대 손실(MDD) : 0.00%

'기준가'란 코스피 지수와 비교하기 편하게 환산한 것으로, 펀드의 기준가와 같은 개념이다. 즉 채권에 모두 투자한 경우 최종적인 결과를 코스피 지수와 비교하면 2,005.73Pt 수준이라는 의미이다. '고점 대비 최대 손실'은 투자 기간 동안 나온 고점 대비 가장 큰 하락폭을 가리킨다. 간단히 MDD(MDD : Maximum Draw Down)라고 표현하는데 해당 투자 방식의 위험도를 나타내는 지표로 볼 수 있다.

■ 주식·채권·원금 수익률 비교

위 그래프는 주식과 채권에 투자했을 시, 그리고 원금을 그대로 갖고 있었을 시 수익률을 나타낸다. 채권은 연 3%씩 완만하게 상승하고 있는 반면 주식은 상황이 들쑥날쑥하다. 투자 시작 시점은 878.82Pt로 아무런 투자를 하지 않고 원금을 들고 있다면 이 수준에서 유지된다.

주식투자의 경우 최종적으로는 채권 수익률보다 나은 성과를 거두었다. 그러나 해당 기간 동안 IMF 외환위기, 서브프라임모기지 사태, 미국 신용등급 강등 사태, 코로나와 같은 우여곡절이 많았기 때문에, 위험 대비 만족스럽지는 않았음을 알 수 있다. 시뮬레이션이 끝난 2023년 말에는 주가가 가장 높았던 2021년 시점 대비 주식의 수익률이 많이 낮아져 있다.

  만일 투자금을 주식과 채권에 적절히 분산했다면 이론적인 성과는 중간 정도가 될 것이다. 그렇다면 주식과 채권을 조합하여 만족스러운 수익률을 얻되 자산을 방어하는 방법은 없을까? 이제부터 베타투자전략에 대하여 본격적으로 살펴보도록 하자.

SUMMARY

베타투자전략은 종합주가지수에 투자하되 시장 상황에 따라 좀 더 유리한 상태로 주식 보유 비중을 조절하는 것이다.
투자금 전액을 주식에 투자할 경우 큰 변동성에 노출되었지만 만족스러운 수익률을 거두지 못하였고, 투자금 전액을 채권에 투자할 경우 안정적이었으나 수익률이 주식보다도 낮았다는 점에서 문제가 있었다.

2-2 매입보유법 : 무조건 들고 있기

코스피 지수는 장기적으로 한국을 대표하는 기업들의 가치를 반영한다. '기업이 잘못될 일은 없다'고 판단한다면 장기보유를 통해 수익을 낼 수도 있을 것이다. 문제는 '지금이 주식에 투자하기 좋은 타이밍인가?' 하는 점이다.

'매입보유법(Buy and Hold Strategy)'은 자산, 종목 등에 투자한 뒤 무조건 장기보유하는 전략이다. 이를 실천하면 다음과 같이 투자하게 된다.

🚩 투자방법
① 전 재산의 50%를 코스피 지수에 투자한다.
② 나머지 50%는 채권으로 보유한다.
③ 이후 2023년 말까지 일체의 매매 없이 장기보유한다.

💡 투자 결과
- 1996년 1월 말 투자원금 : 100,000,000원(기준가 878.82)
- 2023년 12월 말 평가금액 : 265,185,700원(기준가 2,330.50)
- 투자 수익 : 165,185,700원(투자 수익률 165.19%, 연복리 3.53%)
- 고점 대비 최대 손실(MDD) : -33.46%

코스피 지수는 1996년 1월 말 878.82Pt에서 시작하여 2023년 12월 말 기준 2,655.28Pt로 상승하였다. 그 결과 주식에 투자한 5,000만 원은 50,000,000원×2,655.28÷878.82 = 151,070,754원이 되었다. 한편 채권에 투자한 5,000만 원은 50,000,000원×(1+3%)^(1÷12)^(336개월) = 114,114,946원이 되었다.

주식은 투자 기간 중 IMF, 카드 사태, 서브프라임모기지 사태 등과 같은 부침이 있어 손실을 보는 상태에 놓이기도 했다. 다행히 시간이 흐름에 따라 원금을 회복하고 165.19%라는 투자 수익률을 확보하였으나, 고점에 비해서는 -33.46%로 수익이 줄어들었다. 이는 투자 위험도가 상당하다는 뜻이다.

만약 우리가 투자를 시작한 시점이 큰 하락이 나오기 직전 시점이었다면 우리는 투자를 시작하자마자 -33.46%라는 하락을 안고 투자를 이어나가야 한다.

투자 과정에서 어떤 방어 대책도 마련하지 않았기에 주식시장이 계속 안 좋아졌다면 손실을 봤을지도 모를 일이다. 운이 좋았다고도 표현할 수도 있겠다. 그런 점에서 주식 투자가 채권에 비해 유리하다고만 볼 수는 없다.

■ 매입보유법 수익률 비교

앞서 살펴본 100% 주식투자 성과와 100% 채권투자 성과를 표시한 그래프 위에 매입보유법의 성과를 그려보았다. 매입보유법의 경우 주식과 채권에 절반씩 투자했기에 두 회색 선의 중간에 위치하는 결과가 나타난다.

이 사례는 주식과 채권에 투자금을 분산하여 위험을 줄인 경우이다. 지금은 주식에 100% 투자한 것이 유리하지만 10년 후에도 유리하다고 보장할 수는 없다.

실제로 2005년까지만 살펴보면 100% 주식투자가 매입보유법의 성과를 하회하였다. 때문에 매입보유법은 분산을 통하여 최대 위험을 통제하는 효과가 있었다 평할 수 있다.

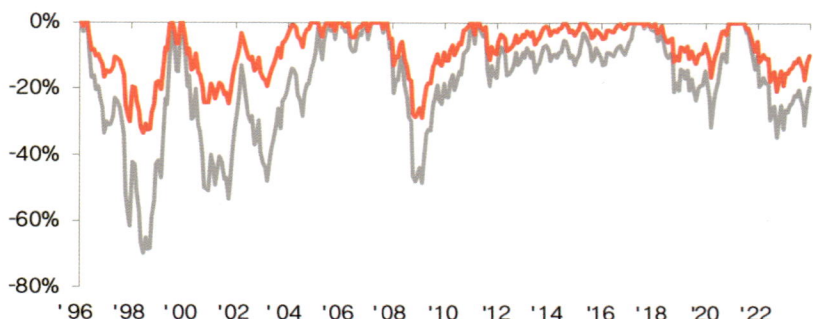

■ 코스피·매입보유법 MDD 비교

위 그래프는 100% 주식투자와 매입보유법의 리스크를 비교하여 살펴보기 위해, MDD를 비교한 것이다. 주식투자를 시작하자마자 1997년 IMF 위기라는 극단적인 상황을 맞이하여 코스피는 최대 -69.63%의 손실을 맞이하게 되었다. 단순히 누적 수익을 살펴본다면 꾸준히 우상향하는 것처럼 보일 수 있으나, MDD를 살펴보면 이후로도 파고가 만만치 않았음을 알 수 있다. 2000년 닷컴버블의 붕괴 때에도 MDD가 -50%에 달하였으며, 2001년 9.11 테러 때에도, 2002년 카드 사태 때에도, 2008년 금융위기 때에도 -50%에 달했다. 이후에도 2018년 미중 무역 분쟁과 2020년 코로나 락다운, 2022년 인플레이션 위기 등이 있었다. 일부 전문가들이나 언론은 주식을 꾸준히 장기적으로 보유하고 있으면 우상향하는 것처럼 이야기하지만, 실상은 그렇게 간단하지 않은 셈이다.

그림에서 보듯 이 사례는 투자를 시작하자마자 IMF 외환위기라는 극단적인 악재를 겪은 사례이다. 10년을 버티어 2003~2007년 중국의 고도

성장과 함께 코스피가 2,000Pt를 향해 나아가는 상승장을 맞이하게 되어, 비로소 주식투자가 채권 수익률을 따라잡게 되었고, 이후 채권 대비 나은 수익률을 올리게 되었다.

또한 유난히 가격 변동 위험이 큰 주식에 절반이나 투자해 놓은 상태에서 최초 매입 이후 주가 변동에 따른 대응을 하지 않고 그냥 버티기만 하는 것은 '방치'에 가까운 행위이다. 언젠가 투자 자금을 회수해야 하고 수익이 발생해야 하는데, 전혀 보장되는 것이 아니며 운에 맡겨야 한다는 점이 문제이다.

매입보유법은 이렇게 주식을 매수한 이후 상승하길 기대하며 보유하는 투자법이다. 물론 지속적으로 좋아지는 우량주를 대상으로 하는 경우는 유리한 투자법이다. 그러나 개인투자자들이 특정 주식을 매수한 이후 손실이 발생하면, 원금으로 회복될 때까지 어쩔 수 없이 '비자발적 장기 투자'를 하는 경우가 빈번하다. 투자 기간이 짧더라도 막연하게 행운이 찾아오기를 기대하는 셈이다.

SUMMARY

한번 매입한 후 계속 보유하는 투자방법을 매입보유법(Buy and Hold Strategy)이라고 한다. 주식에 투자하는 방법 중에서 가장 단순한 방법이다.
그러나 이 방법에서 시사하는 것과 같이 부족한 부분을 발견하여 점차 보완하려고 노력하는 자세가 중요하다.

2-3 정률투자법 : 주식과 채권의 비중 통일

앞서 매입보유법을 설명하면서, 최초 매입 이후 주가 변동에 따른 대응을 하지 않고 그냥 버티기만 하는 것은 방치에 가깝다는 지적을 하였다. 그렇다면 우리는 주가 변동에 어떤 대응을 해야 할까?

간단하게 생각해보면 주가가 하락하면 추가로 매수하고, 상승하면 일부 차익실현을 하는 것이 유리하다. 간단한 방법 중 하나를 제시해 보자. **항상 주식 비중을 50%로 유지하는 것이다. 이렇게 보유 주식 비중을 일정하게 유지하는 방법을 정률투자법**(Constant Ratio Plan)**이라고 한다.**

클로드 섀넌(Claude Shannon, 1916~2001)은 1971년 MIT 강연에서 '섀넌의 도깨비'라 불리는 평균 복원 포트폴리오를 소개한다. 정률투자법과 유사한 개념으로 그는 '장기 투자자가 복리 수익을 최대로 하기 위해서는 산술 평균보다 기하 평균이 최대로 되는 포트폴리오를 구성해야 하며, 이는 바로 50대 50 투자'라고 밝힌 바 있다. 벤저민 그레이엄 또한 『현명한 투자자』에서 정률투자법을 소개한 바 있다. 이를 실천하면 다음과 같이 투자하게 된다.

투자방법

① 투자 자금 1억 원 중 50%는 코스피 지수에 투자하고, 50%는 채권에 투자한다.
② 매월 말 자산 가치를 평가하여 주식의 비중이 50%를 초과하면, 초과분만큼 주식을 매도하고 채권을 구매한다. 주식의 비중이 50%를 미달하면, 미달분만큼 채권을 팔아 주식을 매수한다.

투자 결과

- 1996년 1월 말 투자원금 : 100,000,000원(기준가 878.82Pt)
- 2023년 12월 말 평가금액 : 333,406,227원(기준가 2,930.04Pt)
- 투자 수익 : 233,406,227원(투자 수익률 233.41%, 연복리 4.39%)
- 고점 대비 최대 손실(MDD) : -39.71%

■ 정률투자법 수익률 비교

정률투자법을 시행하니 매입보유법 대비 성과가 큰 폭으로 개선되었음을 알 수 있다. 재미있는 점은 정률투자법이 주식 100%를 보유하는 전략보다도 유리했다는 것이다. 정률투자법은 주식 비중을 일정하게 유지하기 위해 하락 시에는 추가 매수를 하고 상승 시에는 일부 매도를 하게 되어, 장기적으로 보면 저가 매수와 고가 매도를 반복하게 된다. 오랜 시간 이를 유지하면 등락이 반복됨에 따라 양호한 수익률을 거둘 수 있다. 다만 MDD 측면에서는 IMF를 맞이한 1998년 6월에 코스피가 297.88Pt를 기록함에 따라 -39.41%의 손실이 발생하기도 했다. 이는 매입보유법의 MDD인 -33.46%를 상회하는 수치이다.

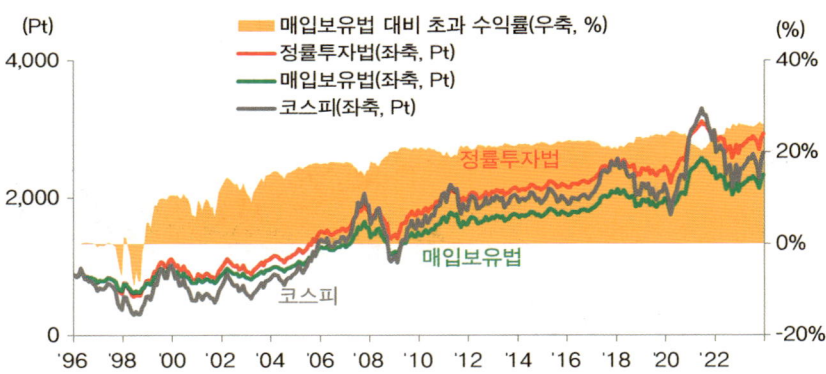

■ 정률투자법의 매입보유법 대비 초과수익률

좀 더 자세히 살펴보자. 위 그래프는 매입보유법과 비교한 정률투자법의 초과수익률을 표시한 것이다. 매입보유법 대비 최고 -9.35% 더 손실이 난 경우가 있다. IMF라는 극단적인 상황에서 주가가 떨어질수록 주식을 더 샀기 때문이다. 그런데 시간이 지나 시장이 반등함에 따라 바닥에서 매수하였던 주식은 이익으로 돌아왔음을 볼 수 있다. 즉, 하락과 상승이 반복됨에 따라 자연스레 차익이 누적되는 과정을 그대로 보여준다.

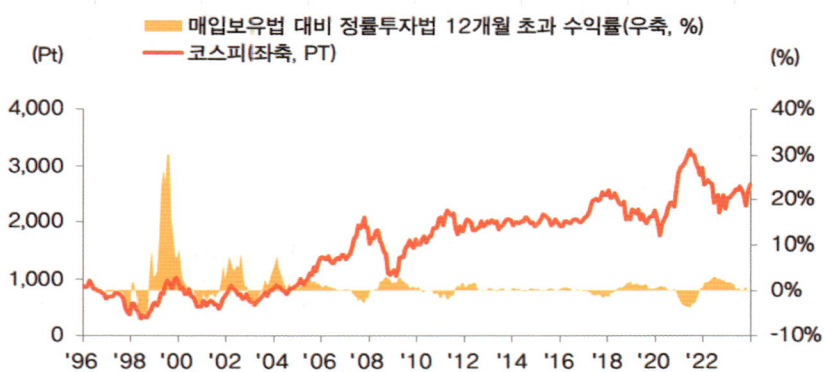

■ 매입보유법 대비 정률투자법 12개월 초과수익률

어떨 때 정률투자법이 매입보유법 대비 유리하고 불리한지를 좀 더 직관적으로 살펴보기 위해 정률투자법의 매입보유법 대비 초과수익률을 12개월 단위로 끊어 그려보았다. 12개월 단위로 끊었다는 말은, 해당 시점에서 12개월 전 대비 가격 변화만 비교해보았다는 말이다. 2000년 1월 시점의 '매입보유법 대비 정률투자법 12개월 초과수익률'은 12개월 이전인 1999년 1월부터의 정률투자법 수익률 변화에서 1999년 1월부터의 매입보유법 수익률 변화를 뺀 값이라 할 수 있다. 이러한 방식의 테스트를 '전진분석(Forward Test)'이라 한다.

1996~1998년의 지속적인 하락장에서 매입보유법은 추가 매수를 하

지 않으나 정률투자법은 지속적으로 매입을 한다. 주식이 하락하여 비중 50%를 하회하기 때문이다. 추가 매수한 주식은 1999년 화려한 반등과 함께 어마어마한 수익으로 돌아온다. 단순히 매입 후 보유만 한 것보다 30%p 이상 높은 수익이다. 이후 닷컴버블 붕괴가 있었던 2000년에 다시 지수가 하락한다. 이때 추가 매수를 하느라 다시금 초과수익률이 마이너스로 전환되지만 2002년 반등과 함께 더 큰 수익으로 돌아오게 된다. 항상 이런 식으로 흘러왔다.

반면 2003~2007년의 역사적 상승장을 살펴보자. 오히려 2007년에는 매입보유법 대비 수익이 저조하였다. 이유는 매입보유법의 경우 주가가 상승해도 주식 비중을 줄이지 않아 수익을 그대로 보지만, 정률투자법의 경우 주가가 오를 때마다 주식을 팔기 때문이다. 당연히 강세장의 수혜를 보지 못한다. 대신 그렇게 주식을 팔아놨기 때문에 2008년 하락장에서는 추가 매입을 하면서도 손실이 덜 났다는 점이 의미있어 보인다.

이후 2009~2010년에는 '차화정(자동차·화학·정유) 강세장'을 만나 수익을 보게 되었고, 2012~2016년의 박스권이 장기화되는 구간에서는 하락 시 일부 추가 매수, 상승 시 일부 차익실현을 반복하면서 소소하게 이득이 누적되었음을 알 수 있다.

2020~2021년 코스피가 3,000Pt를 돌파하는 시기에는 다시금 불리하였으나, 상승 기간 동안 주식 비중을 축소한 덕에 2022년 하락장에서는 유리하였음을 알 수 있다.

정률투자법은 IMF와 같이 주식시장이 추세적으로 하락하는 경우, 지속적인 추가 매입을 하기 때문에 일시적으로 손실이 커지는 단점이 있다. 반대로 주식시장이 추세적으로 상승하는 경우, 지속적으로 매도를 하기 때문에 수익 측면에서 불리해진다. 그러나 단순한 상승이나 하락 추세가 아닌 상승과 하락이 반복되는 변동 국면에서는 정률투자법의 수익률이 올라간다. 그렇기에 투자 기간을 길게 잡을수록 주식으로 100%를 보유하는 것에 비해 유리해진다는 점이 매력적이다. 설명 과정에서는 주식과 채권의 비율을 50대 50으로만 설정했으나, 전략에 따라 주식의 비중을 더 크거나 작게 가져가도 된다.

정률투자법은 상승 혹은 하락 추세가 장기간 지속되면 불리하나, 작은 상승 및 하락이 반복되는 박스장에서는 유리해진다고 평가할 수 있다. 향후 시장 전망이 불투명할 시에도 유효한 방법이다. 또한 50대 50이라는 단순한 논리로 인하여 초보자가 적용하기 쉬운 방법이다. 그렇기에 단점이 분명함에도 불구하고 주식투자를 처음 시작하는 일반인에게 권할 만한 방법이라 할 수 있겠다.

SUMMARY

주식 보유 비중을 일정하게 유지하는 방법인 정률투자법은 추세 국면에서는 불리하고 변동 국면(비추세 국면)에서는 유리하다. 그러나 변동 국면이 반복되면 매매 차익이 누적되어 점차 수익성이 높아진다.

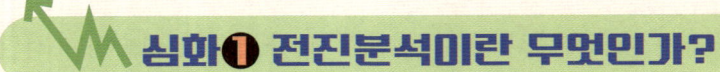
심화 ❶ 전진분석이란 무엇인가?

앞서 전진분석이 무엇인지에 대해 간단히 설명한 바 있다. 전진분석은 정확히 무엇이며 왜 하는 것일까? 전진분석은 전체 시계열 데이터를 고정된 구간 길이의 창(Window)으로 순차적으로 이동시키며, 각 구간마다 투자 전략의 수익률이나 성과 지표를 계산하여 전략의 시간에 따른 성과 안정성 및 시계열 일반화 가능성을 평가하는 백테스트 방법론이다.

이를테면 전체 데이터가 2001년 1월 1일부터, 2023년 12월 31일까지 존재한다고 가정하자. 성과 평가 기간(Test Window)을 1년으로 잡는다면, 1차적으로 2001.1.1.~2002.1.1.까지의 수익률을 측정하고, 2차적으로 2001.1.2.~2002.1.2.까지의 수익률을 측정한다. 이렇게 n차까지 나가 2022.12.31.~2023.12.31.까지의 수익률을 측정한다. 이렇게 생성된 수익률 시계열은 전략의 시간별 성과 강건성(Robustness), 변동성, 시장 국면 적응력 등을 정량적으로 비교하는 데 사용된다. 혹은, 특정 시장 국면 (상승/하락)에서의 편향 여부나 전략이 일관적으로 수익을 내는지를 직관적으로 시각화할 수 있다.

전진분석은 흔히 말하는 '백테스팅(Backtesting, 과거의 데이터를 적용하여 수익성을 평가하는 것)'의 방법론 중 하나다. 이러한 백테스팅 방법이 꼭 실전 투자에 도움이 되리라는 법은 없다. 과거의 성과가 미래를 보장하지는 않기 때문이다. 이를 꼬집는 사람 중 극단적인 일부는 '퀀트 투자와 같이 과거의 경향성을 보고 투자하는 것은 마치 백미러를 보고 운전하는 것과 같다'고 비판하기도 한다. 대표적인 경우가 『블랙 스완에 대비하라(The Black Swan)』의 저자 나심 탈렙이다.

"과거는 역사적 기록일 뿐 정확히 반복되지 않는다. 과거의 수익률로 계산한 미래의 수익률은 부정확하다."

탈렙의 위와 같은 발언은 백테스팅에 대한 비판과 궤를 같이한다. 미래를 볼 수 있는 수정구슬은 어디에도 없다.

그러나 벤저민 그레이엄은 이러한 비판에 대해 저서 『현명한 투자자』를 통하여 다음과 같이 말한 바 있다.

"다른 실용학문들과 달리 경제학, 재무이론, 증권분석은 과거에 일어난 현상을 현재와 미래의 지침으로 삼기에 불확실하다. 그러나 적어도 우리가 그것들을 규명하기 전까지는 과거의 교훈을 비난할 권리가 없다."

"만약 과거의 경험이 오늘날의 투자자를 전혀 도울 수 없다면, 주식에 관심있는 사람은 모두 스스로를 투기꾼이라 고백해야 한다는 결론에 이른다."

"과거를 탐구하는 이유는 역사적 발전을 설명하고 현재의 결정을 내리며 미래의 방향을 추정하기 위하여, 기존의 생각과 기억할 만한 아이디어를 이용할 수 있는 능력을 끌어낼 수 있기 때문이다."

위 반론에서 살펴볼 수 있듯, 과거의 데이터를 근거로 분석하더라도 이를 마냥 폄하할 필요까지는 없다.

과거의 데이터를 분석할 땐 분석 결과가 왜곡되지 않도록 최선의 추정을 해야 한다. 분석의 논리는 충분히 검증된 재무적·경제적 이론이 뒷받침되어야 하며 임의로 시계열(Time-Series)을 유리하게 또는 불리하게 조정하지 말아야 한다.

최선의 추정을 하기 위해 흔히 사용하는 방법 중 하나가 표본 외 실험(Out of sample Test)이다. 예를 들어 2000~2023년까지의 데이터가 있다면, 일부 데이터(2000~2015년의 데이터)만 분석을 수행하고 나머지 데이터(2016~2023년의 데이터)는 표본 외(Out of Sample) 데이터로 남겨둔다.

우선 2000~2015년의 데이터를 분석하여 효과 있는 전략을 도출한다. 그리고 그 전략을 표본 외로 상정한 2016~2023년의 데이터에 적용해본다. 이를 토대로 2015년까지 효과가 좋았던 전략이 2016년 이후로도 효과가 있었는지를 검증해볼 수 있다. 만약 2015년까지 효과가 좋았던 전략이 2016년 이후로는 효과가 없다면 해당 전략은 폐기해야 한다. 만약 효과가 있다면 해당 전략의 유효성은 더욱 올라간다.

이러한 작업을 통해 우리는 보다 신빙성 높은 전략을 구별할 수 있다. 단순히 2000~2023년의 데이터를 한 번에 분석했다면 이러한 검증 작업이 불가능했을 것이다. 전진분석은 이러한 접근 방법을 더욱 심화시킨 개념이다. 표본 외 실험은 비교적 긴 시계열이 필요한 반면 전진분석은 시계열이 짧고 표본이 적어도 그럭저럭 분석을 해나갈 수 있다. 특정 구간에서 해당 전략이 제대로 작동하지 않았거나 이례적으로 잘 작동했다면, 그 시기의 배경을 추가적으로 분석해볼 수 있다.

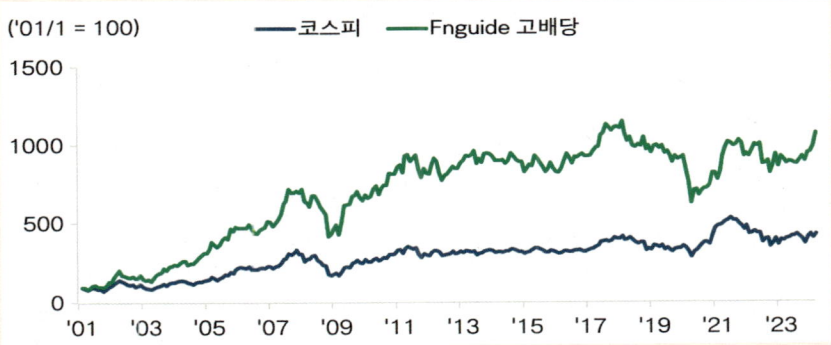

■ FnGuide 고배당 수익률 비교

앞의 그래프에 나와있는 펀드의 투자 결과를 살펴보자. FnGuide에서 제공하는 MKF 고배당주 지수이다. 누적 성과를 살펴본다면 아주 훌륭한 전략을 구사한 것처럼 보인다. 2001년 1월 31일부터 2024년 2월 29일까지 총 972%의 수익률을 거뒀으며, 연평균 수익률(CAGR)은 10.78%에 달한다. 동 기간 코스피가 총 수익률 328%, 연평균 수익률 6.47%를 거둔 것을 감안하면 빼어난 성과라고도 평할 수 있겠다.

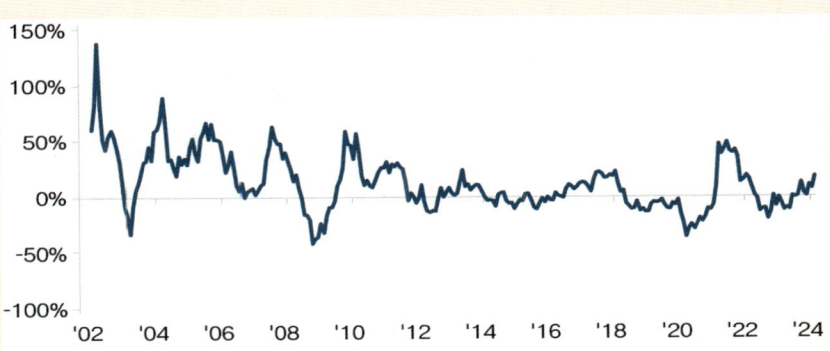

■ FnGuide 고배당 12개월 수익률

이 투자 결과를 전진분석으로 테스트해본다면 어떨까? 위 그래프는 펀드의 수익률을 12개월 단위로 끊어 본 것이다. 대부분의 수익이 2001년에 집중적으로 발생하였고, 2010년 이후로는 성과가 부진하였다는 점을 알 수 있다. 특히 코로나19가 발생하였던 2020년에는 금융위기 수준의 성과 부진이 발생하였다는 점을 알 수 있다. 반대로 수익을 거둔 시기에 집중해보자. 지수가 올랐더라도 시장이 좋아서 상승한 경우가 있고 시장이 부진했음에도 불구하고 상승한 경우가 있다. 전진분석을 해보면 시장을 비롯한 여러 요인들과의 인과관계를 파악하며, 그것이 정말로 괜찮은 전략이었는지를 따져볼 수 있다.

앞서 기업 고유의 요인을 알파(α)라 하고, 시장 공통의 요인을 베타(β)라 부른다고 했다. 그렇다면 위 고배당주 펀드의 성과는 알파에서 비롯되었을까, 베타에서 비롯되었을까? 펀드의 12개월 초과수익률에서 코스피의 12개월 초과수익률을 차감해보자. 그러면 펀드의 수익이 코스피와 관계없이 개별 종목의 뛰어난 움직임에서 비롯됐는지, 아니면 코스피 전반의 성장세에서 비롯됐는지를 구간별로 살펴볼 수 있다.

다음 그래프는 고배당주 12개월 초과수익률에서 코스피 12개월 초과수익률을 뺀 값으로 만든 것이다. 2001~2002년에 대부분의 성과가 발생하였다는 점을 알 수 있다. 2005~2006년에는 오히려 시장보다 불리하였다. 2007년부터는 시장 대비 아주 유리하지는 않았고 소소하게 이익을 본 정도였다. 그러다 코로나19 사태를 겪을 땐 배당주가 안정적이라는 통념과 달리 시장보다 더 크게 손해를 보았음을 알 수 있다.

이렇게 전진분석을 해보니 해당 전략은 특정 구간에서만 매우 유리하

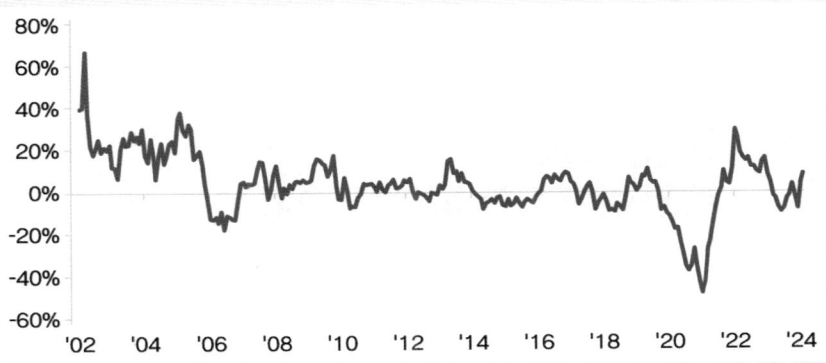

▎FnGuide 고배당의 코스피 대비 12개월 초과수익률

고 나머지 구간에서는 그다지 좋지 못한 성과를 냈음을 알 수 있다. 또 성과가 부진한 구간에서는 왜 부진했는지, 성과가 좋았던 구간에서는 어떻게 지속 가능한 수익률을 창출한 것인지를 분석할 수 있었다. 흔히 유튜브나 블로그에서 새로운 투자전략을 선보이고 시뮬레이션을 할 땐 누적 수익률만을 제시하는 경우가 많다. 특히 저(低)PER, 저PBR, 중소형주 전략이 그러하다. 그런 전략들은 누적 그래프만 보면 아주 훌륭해 보일지 모르나, 전진분석을 해보면 실상은 전혀 그렇지 않다. 본 도서에서는 분량 문제로 인해 모든 투자전략에 대한 전진분석을 수록하지 못했음을 양해바라며, 이는 독자들이 연구해 보기를 바란다.

2-4 변율투자법 : 매입보유법과 정반대 포지션

지금까지 정률투자법을 통하여 정기적으로 비중을 맞춰가며 매매를 하는 것이 단순히 Buy & Hold를 하는 것보다 유리하다는 점을 살펴보았다. 다만 정률투자법이 최선은 아니라는 점도 알아야 한다. 시장의 추세에 대한 고려 없이, 어떤 경우에나 주식 보유 비중을 50%로 맞추는 것은 다소 비효율적이라 판단된다.

그렇다면 주식시장의 하락세가 끝나갈 때에는 주식 보유 비율을 50%보다 늘리고, 반대로 상승세가 끝나갈 때에는 주식 보유 비율을 50%보다 줄이면 수익률이 더 개선되지 않을까? **이처럼 시장 상황에 맞춰 보유 비율을 변동시키는 방식을 '변율투자법**(Variable Ratio Plan)**'이라 한다.**

변율투자법을 수행하기 위해서는 일단 시장 상황이 어떨 때 얼마만큼의 보유 비율을 설정할지에 대한 객관적인 기준이 있어야 한다. 그러나 시장 상황을 파악하는 데에는 주관적인 판단이 개입될 여지가 다분하다. 현재 주식시장이 좋은지 나쁜지, 좋다면 얼마만큼 좋은지에 대한 절대적인 기준을 세우기란 불가능에 가깝다. 다만 거시경제 지표 해석과 같은 정성(定性)적인 요소에 대한 고려 없이, 해당 주가의 움직임만으로 시장 상황을 판단한다면 보유 비율에 대한 객관적인 기준을 세울 수 있게 된다.

매입보유법으로 투자했을 때를 가정한 포트폴리오는 이러한 기준을 세울 수 있는 좋은 지표가 된다. 매입보유법은 투자 후 추가 대응을 하지 않기에 각 시기별 주식과 채권의 수익 상황을 있는 그대로 보여주기 때문이다. 주식의 가격이 올라갈수록 주식 보유 비중이 올라가고 주식의 가격이 떨어질수록 주식 보유 비중이 떨어진다. 채권의 수익은 점진적으로 올라가기에 시간이 지날수록 주식 보유 비중은 하방 압력을 받는다. 각 시점에서 매입보유법의 주식과 채권 보유 비중을 반대로 뒤집어, 변율투자법의 채권과 주식 보유 비율로 설정할 수 있다. 현재 매입보유법 포트폴리오의 주식과 채권 보유 비중이 8:2라면, 변율투자법 포트폴리오의 주식과 채권 보유 비율을 2:8로 맞추는 것이다. 이를 실천하면 다음과 같이 투자하게 된다.

투자방법

① 전체 자금 1억 원 중에서 50%인 5,000만 원은 코스피 지수에 투자하고, 나머지 50%인 5,000만 원은 채권에 투자한다.
② 같은 비율의 매입보유법 투자를 가정하고 수익 상황을 지속적으로 추적한다.
③ 매월 말, 매입보유법의 주식과 채권 비중을 체크하고 이를 뒤집어 포트폴리오의 주식과 채권 보유 비율을 조정한다. 매입보유법의 채권 대비 주식 비중보다 포트폴리오의 주식 대비 채권 비중이 높다면 초과분만큼 채권을 매도하여 주식을 구매하는 식이다.

투자 결과

- 1996년 1월 말 투자원금 : 100,000,000원(기준가 878.82Pt)
- 2023년 12월 말 평가금액 : 406,235,179원(기준가 3,570.08Pt)
- 투자 수익 : 306,235,179원(투자 수익률 306.24%, 연복리 5.12%)
- 고점 대비 최대 손실(MDD) : -46.07%

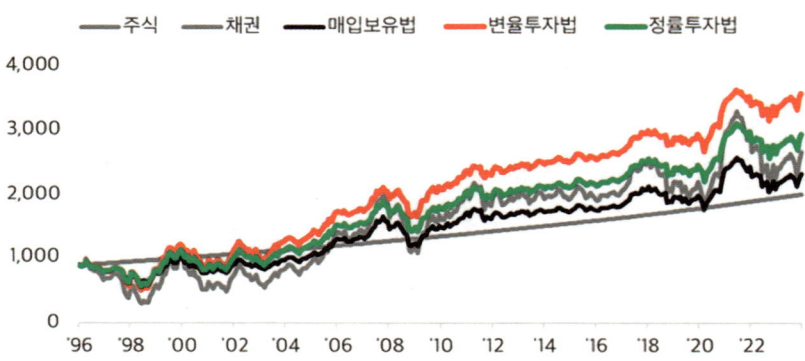

▍변율투자법 수익률 비교

    1996년 1월 코스피 지수 878.82Pt 시점에서 1억 원을 투자하니, 2023년 12월 코스피 지수 2,655.28Pt 시점에서 406,235,179원이 되어 306.24%의 수익률을 달성하였다. 정률투자법 수익률 233.41% 대비 우수한 성과이다. 그러나 IMF 외환위기, 금융위기, 코로나 등이 발생하여 주식시장이 급락하던 1998년 6월에는 코스피 지수가 297.88Pt로 급락함에 따라 고점 대비 무려 -46.07%라는 손실이 발생하였다. 이는 정률투자법의 MDD인 -39.71%와, 매입보유법의 MDD인 -33.46%보다 큰 손실이다. 결과적으로 높은 수익이 확보되었으나 중도에 -46.07%의 손실이 난 것을 감안하면 손실이 전혀 발생하지 않는 안전한 채권 대비 결코 유리하다고 볼 수 없다.

■ 매입보유법·정률투자법·변율투자법 주식 비중 비교(%)

위 그래프는 지금까지 살펴본 세 가지 투자전략의 포트폴리오 내 주식 비중을 비교한 것이다. 매입보유법의 주식 보유 비중은 코스피 지수 등락에 비례하는 모습을 보이는 반면, 정률투자법의 주식 보유 비중은 일관되게 50%를 유지하고 있다. 반면 변율투자법의 주식 비중은 매입보유법과 반대로 코스피 지수가 하락하면 커지고, 코스피 지수가 상승하면 줄어든다. 매입보유법의 주식 비중과는 완전히 대칭적인 모습을 보인다. 시장 상황에 따라 주식 비중을 유리하게 조절하는 것이다.

변율투자법은 주식 보유 비중을 매입보유법의 채권 보유 비중에 맞추게 된다. 그렇기에 주가가 장기적으로 하락하는 과정에서 공격적인 추가 매수를 지속하게 될 때도 있어 큰 손실에 직면하게 될 수밖에 없다.

반대로 주가가 장기적으로 상승하는 과정에서는 공격적인 차익실현 매도를 지속하기 때문에 가만히 보유하고 있는 것에 비해 불리하다. 다시 말해 하나의 추세가 장기적으로 지속될 경우 불리해진다.

그러나 상승 및 하락이 여러 차례 반복되는 경우에는 변율투자법이 점차 유리해진다. 주가가 하락할 때에는 정률투자법보다 더 많은 매수를 하고, 주식 가격이 상승할 때에는 더 많은 매도를 한다. 장기적으로 보면 공격적인 저가 매수 및 고가 매도가 반복된다. 때문에 가만히 보유하고 있는 매입보유법이나 시장 상황을 고려하지 않고 소극적으로 매매하는 정률투자법 대비 상당히 양호한 수익을 거둘 수 있다.

이 방법은 비교적 장기간이라는 전제가 있어야 효과적이다. 향후 시장이 매우 불투명하거나 시장 예측에 성공할 자신이 없을 때, 그러나 투자 기간을 길게 유지할 자신이 있을 때 적용할 수 있는 단순한 방법이다. 그러나 시장 상황을 판단하기 위해 별도로 매입보유법 포트폴리오를 계산한다는 점에서 효율성과 현실성이 떨어지는 방법이기도 하다.

SUMMARY

변율투자법은 매입보유법의 투자 상황을 기준으로 하여, 하락 추세에서는 주식 비중을 늘리고 상승 추세에서는 주식 비중을 줄이는 투자 방식이다.
변율투자법은 변동 국면이 반복될수록 매매 이익이 점차 쌓여 수익성이 높아지기는 하나, 투자 과정에서 손실 위험이 큰 방법이다.

2-5 추세투자법 : 상승장 먹고 하락장 피하기

정률투자법은 추세 국면에서는 불리하고 비추세 국면(변동 국면)에서는 유리하다고 강조한 바 있다.

이번에는 추세 국면에서 유리한 '추세투자법'에 대해서 살펴보자. **추세투자법은 주식시장에서, 상승이 더 큰 상승을 낳고 하락이 더 큰 하락을 낳는다는 대응 방식을 바탕으로 매매에 임하는 것이다.**

어디부터 추세이고 어디부터 추세가 아닌지를 나누는 절대적인 기준을 세우는 것은 어려운 일이다. 다만 여기서는 6개월을 추세 판단 기준으로 삼아 매매해보기로 하겠다. 코스피 지수가 6개월 전과 비교하여 상승하였다면 주식을 100% 보유하고, 6개월 전보다 낮으면 주식을 손익에 관계없이 전량 매도하기로 해보자. 이를 실천하면 다음과 같이 투자하게 된다.

> **투자방법**
> 매월 말 코스피 지수를 체크하여 6개월 전보다 높을 경우 주식 보유 비중 100%로 투자하고, 6개월 전보다 낮을 경우 채권 보유 비중 100%로 투자한다.

💡 투자 결과
- 1996년 1월 말 투자원금 : 100,000,000원(기준가 878.82Pt)
- 2023년 12월 말 평가금액 : 606,317,203원(기준가 5,328.44Pt)
- 투자 수익 : 506,317,203원(투자 수익률 506.32%, 연복리 6.65%)
- 원금 대비 최대 손실 : -28.42%

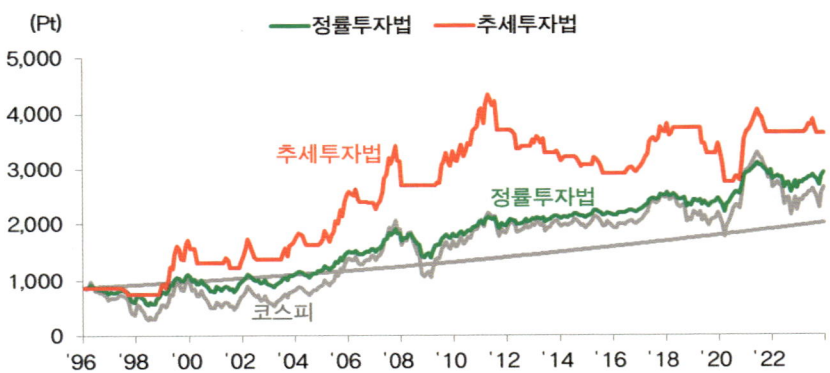

▌추세투자법 수익률 비교

위 자료는 투자 기간 추세투자법과 정률투자법의 수익률을 비교한 것이다. 결과적으로 추세투자법의 수익은 정률투자법 대비 압도적으로 크게 나타났다. 상승장에서 주식 보유 비율 100%를 유지하여 상승분을 그대로 흡수한 결과다. 중간중간 주식시장이 부침을 겪을 때는 큰 손실을 입기도 했지만, 그때는 주식을 전량 매도하여 손실폭을 제한하고 채권으로 갈아타 완만한 수익을 거두는 모습을 보여준다. 하락 추세에서는 주식을 아예 보유하지 않는 것이 상책이다.

재미있는 점은 IMF 구간에서 손실이 -14.49% 수준에 불과했다는 점이다. 반면 2011~2016년의 박스권에서는 고점 대비 -28.42%라는 손실이 발생했다. 해당 기간 동안 코스피 시장에서는 위아래로 추세가 나올 것 같다가 다시 제자리로 돌아오는 경우가 반복되었다. 이런 경우에 형성되는 그래프가 마치 톱니 모양과 같다고 하여 '휩쏘(Whipsaw)'라고 하기도 한다.

상승 추세가 시작한 것으로 판단되어 주식을 보유했다가 하락 휩쏘로 손해만 보고 나오거나, 하락 추세가 시작한 것으로 판단되어 주식을 팔았다가 상승분은 먹지 못하는 상황이 반복되었다. 이를 통해 추세투자법은 휩쏘가 가급적 적게 발생해야 유리하다는 점을 알 수 있는데, 추세투자법은 추세 국면에서 유리하고 변동 국면에서는 불리하다는 결론을 내릴 수 있다. 정률투자법의 장단점과는 완전히 반대이다.

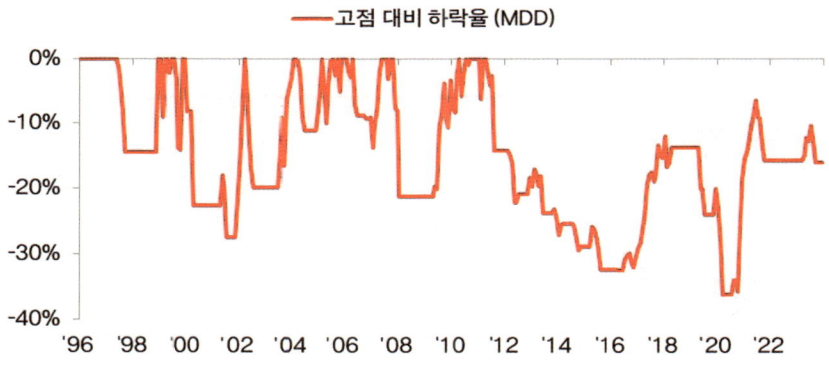

■ 추세투자법 고점 대비 하락율 추이

다만 1998~1999년 상승장이나, 2003~2007년과 같은 큰 상승 추세가 올 시 주식을 100% 매수하였기 때문에 압도적으로 유리하고, IMF와 같은 장에서는 도리어 다소 방어가 되었다. 하락 추세에서는 주식을 아예 보유하지 않는 것이 상책이다.

이처럼 추세에 따라서 주식을 보유하는 방법을 '추세추종 투자(Trend Following)'라고 한다. 만약 이전 시점 대비 상승률을 구하는 것이 번거롭다면 이동평균선을 기준으로 하여도 유사한 결과가 나온다.

구판에서는 3개월 주가 대비 등락률을 기준으로 설명을 하였는데, 다른 투자법 대비 성과가 유독 좋았던 영향으로 다른 투자법을 설명하기 어려웠을 정도이다. 때문에 해당 테스트 결과에 대한 그래프 하나를 남기나, 이를 보고 3개월이 반드시 6개월 대비 압도적인 투자전략이라고 생각하고 맹신하는 것은 위험하다. 실제로 원금 대비 최대 손실은 큰 폭으로 상승하였다. 때문에 참조 정도로 사용하기를 권한다.

📍 투자방법

매월 말 코스피 지수를 체크하여 3개월 전보다 높을 경우 주식 보유 비중 100%로 투자하고, 3개월 전보다 낮을 경우 채권 보유 비중 100%로 투자한다.

💡 투자 결과

- 1996년 1월 말 투자원금 : 100,000,000원(기준가 878.82Pt)
- 2023년 12월 말 평가금액 : 1,058,890,821원(기준가 9,305.74Pt)
- 투자 수익 : 958,890,821원(투자 수익률 958.89%, 연복리 8.79%)
- 원금 대비 최대 손실 : -38.68%

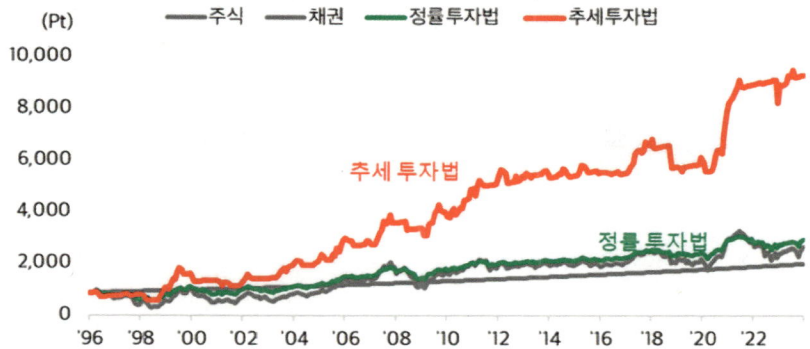

▍3개월 전 대비 기준 추세투자법 수익률 비교

투자 결과를 그래프로 살펴보자. 매매 기준을 3개월 전으로 가져가니 수익률이 크게 증가했다. 뿐만 아니라 6개월 전을 기준으로 삼았을 때는 2011~2017년 변동 구간에서 큰 손실이 발생했는데, 3개월 전을 기준으로 했을 때는 동일 구간에서 손실 폭이 적어졌다. 독자들이 이를 보고 추세투자법이 압도적인 투자전략이라고 맹신할 것을 경계했다. 실제로 수익이 높은 만큼 원금 대비 최대 손실은 더 커지기도 했으므로 투자 위험이 상승했음을 명심하길 바란다.

SUMMARY

시장의 추세에 따라 주식을 보유하는 추세투자법은 강한 추세가 반복될수록 유리하며, 하락 추세에서 손실 위험을 방어하는 효과 또한 뛰어나다.
추세투자법은 추세가 나오지 않는 변동 구간(비추세 구간)에서는 휩쏘로 인해 큰 손실을 입을 가능성이 있다.

심화 2 추세투자법 vs 비추세투자법

지금까지 매입보유법, 정률투자법, 변율투자법, 추세투자법에 대하여 알아보았다. 정률투자법과 변율투자법을 통하여 비추세 투자의 기본적인 개념을 습득하였고 추세투자법을 통하여 추세추종 투자의 기본적인 개념을 습득하였다.

대표적인 추세추종 투자자로는 리처드 데니스(Richard Dennis, 1949~), 제시 리버모어(Jesse Livermore, 1877~1940) 등이 있다. 피터 린치 또한 "잡초에 물을 주지 말라"는 표현으로 우수한 종목에 대한 집중적인 매수를 권한 바 있는데, 추세추종 투자자로서의 면모를 보여준 것이다.

비추세 투자는 역발상 투자자(Contrarian) 또는 평균회귀(Mean-Reverse) 투자자라고 부르기도 한다. 평균회귀는 시세가 지나치게 상승하거나 지나치게 하락하면 평균으로 돌아오는 성질이 있다는 의미다. 앞서 언급하였던 앙드레 코스톨라니의 '산책 중인 주인과 강아지 예시' 또한 이와 궤를 같이한다.

추세추종 투자와 비추세 투자(평균회귀 투자)는 완전히 상반된 주장을 하고 있다. 주가가 하락할 때 매수하는 것이 비추세 투자이고, 주가가 상승할 때 매수하는 것이 추세추종 투자이기 때문이다. 그렇다면 어떤 주장이 더 타당할까? 결론부터 말하자면 이는 주식시장이 추세 구간을 더 길게 갖고 가느냐, 비추세 구간을 더 길게 갖고 가느냐에 따라 달라지므로 정답이 없는 문제이다.

그렇다면 추세 구간과 비추세 구간은 어느 정도의 비율로 구성되는가? 1981년 이후 코스피 시장을 대상으로 이를 측정해보았다. 통상적으로 1년 수익률이 20% 이상을 넘어가면 '강세장(Bull Market)'이라 부르며, 1년 수익률이 -20%를 하회하면 '약세장(Bear Market)'이라고 부른다. 즉 강세장과 약세장은 추세 구간으로, -20~20%의 구간은 비추세 구간으로 구분 지을 수 있다.

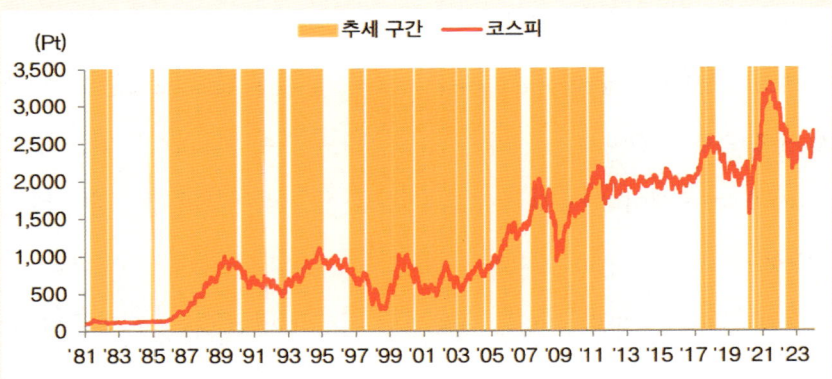

■ 코스피 추세 구간, 비추세 구간(1981.1.~2023.12.)

위 그래프는 1981년부터 2023년까지 코스피 지수에서 추세 구간과 비추세 구간을 표기한 것이다. 한 달 단위로 직전 1년간의 변동성을 체크해 20%를 상회하거나 -20%를 하회할 경우 추세 구간으로 표기했다. 추세 구간으로 처리되지 않은 영역은 비추세 구간으로 보면 된다. 그래프대로 기간을 합산하면 추세 구간이 43.56%, 비추세 구간이 56.44%로 나온다. 1986년에서 2010년까지는 대부분이 추세 구간이었고 2010년 이후 10년간은 비추세 구간이었다. 추세투자법의 성과가 2010년을 고점으로 부진하였던 것이 우연이 아니었던 셈이다.

추세추종 투자가 금융위기나 IMF와 같은 극단적인 손실 위기를 피할 수 있다는 점은 매력적이다. 통상적으로 주식에 투자하는 개인들은 이러한 극단적 하락장을 무사히 넘기지 못하기 때문이다. 반면 추세추종 투자는 실질적인 수익을 거둘 수 있는 '상승 추세'가 쉽사리 발생하지 않는다는 문제가 있다. 위 그래프에서 추세 구간은 결국 상승 추세와 하락 추세로 나뉜다. 그렇게 보면 대부분의 구간이 비추세 구간, 또는 하락 추세 구간으로 이뤄지게 되는데, 추세투자법으로 수익을 낼 수 있는 구간은 거의 없는 셈이다. 일부 투자자는 "코스피가 언제부터 장기 우상향이었는가? 상승장이 블랙스완(Black Swan, 검은 백조와 같이 매우 보기 드물고 예기치 못한 상황)이고, 하락장 또는 횡보장이 정상적이다!"라는 웃지 못할 농담을 던지기도 한다.

비추세 투자는 56.44%에 달하는 비추세 구간에서 소소한 차익이 누적되어 시간이 지날수록 유리해진다는 점이 매력적이다. 비록 하락 추세가 나올 경우 손실이 증폭되지만, 이를 버틴다면 반등 구간에서 큰 수익으로 보답받을 수 있다. 비추세 투자가 반드시 하락 추세에 불리하다고 보기 어려운 이유다. 더 싸게 살 수 있기 때문이다. 그러나 장기적인 손실을 버틸 수 없는 경우에는 치명적인 타격을 입기도 한다. 이를테면 선물 레버리지를 사용하는 투자자의 경우 하락을 버티는 과정에서 청산(Liquidation)을 당할 수도 있기 때문이다. 청산이란 레버리지 투자를 할 때 쓰이는 용어로, 손실 정도가 투자원금을 넘어서게 될 때 투자금이 사라지는 것을 뜻한다. 예를 들어 레버리지를 통해 자기자본 2배 규모의 투자금을 운용하면, 매매 과정에서 50%의 손실만 봐도 투자원금은 모두 사라진 셈이다. 청산의 치명적인 점은 이후에 다시 주가가 올라도 이미 투자금이 사라져 수익이 발생하지 않는다는 점이다.

　결론을 내려보자. 처음에 말하였듯 무엇이 더 우수하다고 말할 수는 없다. 다만 투자에 입문하는 사람 입장에서는 매우 혼란스러운 사안일 수 있기에 정리해둔다. 각 전략의 특성을 명확히 인지하고 사용하는 것이 중요하다. 일단 자금의 성격과 개인의 성향에 맞는 전략을 채택하는 것이 타당하다고 정리할 수 있겠다. 그리고 투자전략별로 유리한 구간이 분리되어있기 때문에 현재가 어떤 구간인지를 파악하는 것도 중요하다고 강조할 수 있다.

2-6 정률-추세투자법 : 전략 분산의 이점

우리는 정률투자법과 추세투자법을 배우면서, 전혀 다른 논리의 두 투자법이 각각 우수한 수익을 내는 것을 보았다. 그렇다면 투자에 입문하는 사람의 입장에서는 무엇이 더 옳은지 혼란스러울 수 있겠다는 점도 고민해 볼 수 있다. 가장 간편한 해결책은 두 개의 전략을 동시에 운용하는 것이다. 이를 실천하면 다음과 같이 투자하게 된다.

📍 투자방법
① 계좌를 두 개로 나누어, 각각 5,000만 원(50%)씩 자금을 투입한다.
② 계좌 A에서는 정률투자법을, 계좌 B에서는 추세투자법을 실시한다.
③ 매월 말, 계좌를 평가하여 계좌 A와 계좌 B의 금액을 동일하게 맞춘다.
④ 이를 반복한다.

💡 투자 결과
- 1996년 1월 말 투자원금 : 100,000,000원(기준가 878.82)
- 2023년 12월 말 평가금액 : 477,169,681원(기준가 4,193.46)
- 투자 수익 : 377,169,681원(투자 수익률 377.17%, 연복리 5.74%)
- 고점 대비 최대 손실(MDD) : -25.64%

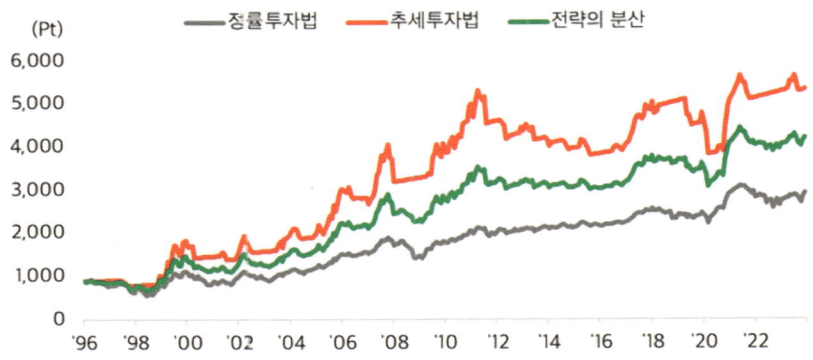

▮ 정률투자법·추세투자법·전략의 분산 수익률 비교

　개별 종목에 분산하여 투자하듯이 투자전략을 분산하여 투자했다. 그랬더니 수익 면에서도 손실 위험 면에서도 괜찮은 성과가 나왔다. 또한 지금까지 언급한 어떤 전략과 비교하여도 투자 위험도를 나타내는 MDD가 낮은 수치를 기록한 것이 고무적이다.

　앞서 추세투자법은 비추세 구간에 불리하고 정률투자법은 추세 구간에 불리함을 언급한 바 있다. 두 전략에 투자금을 반반씩 배치하니 추세투자법이 불리한 비추세 구간에는 정률투자법이 이를 일부 상쇄해주고, 정률투자법이 불리한 추세 구간에서는 추세투자법이 이를 상쇄하여 전체적으로 안정적인 성과를 냈음을 알 수 있다. **각기 상이한 구간에 약점을 지닌 두 전략에 투자금을 분산했기에 특정 시점에서 기록될 수 있는 손실폭이 줄어든 것이다.** 이렇듯 복수의 투자방법을 운용하는 개념을 '병렬적 투자'라 한다.

통상 종목별 분산투자는 상관관계가 낮은 종목간의 분산이 효과적이라고 알려져 있다. 단, 전제는 장기적으로 주가가 우상향하여 장기보유가 가능해야 한다는 점이다. 선물거래의 인버스(Inverse, 주가가 떨어질수록 수익을 거두는 공매도 투자 상품)가 분산투자의 대상이 될 수 없는 이유인 셈이다.

마찬가지로 투자전략의 분산 또한 상관관계가 낮아야 효과적이다. 하나의 전략이 부진할 시 다른 전략이 이를 만회해줘야 하기 때문이다.

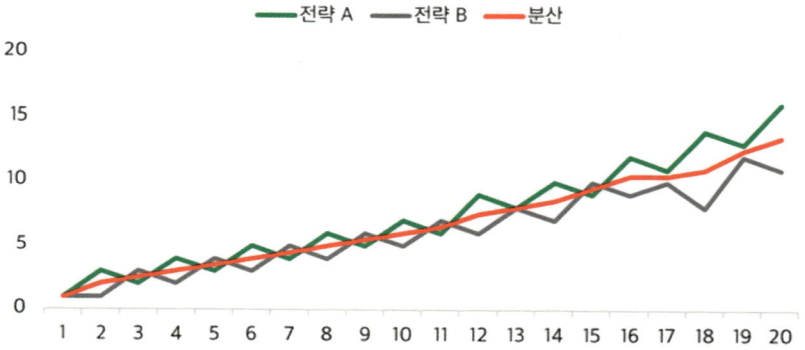

▍전략의 분산이 가져오는 안정성

또한 전략의 분산은 해당 전략에 숙련되지 않은 투자자가 활용하기에 효과적이다. 투자전략에 대한 이해 부족으로 잘못된 실천을 할 가능성이 있거나 해당 전략이 장기적으로 부진할 가능성을 걱정하는 투자자들에게는, 복수의 전략을 함께 사용하는 것이 개별 전략의 실행 과정에서 발생할 수 있는 리스크를 줄이는 효과를 낼 수 있다.

SUMMARY

병렬적 투자란 여러 종목에 분산투자하듯 다양한 투자전략을 동시에 운용하는 것이다. 이는 개별 투자전략이 갖고 있는 리스크를 완화시키고 안정적인 수익을 거둘 수 있게 만들어준다. 그렇기에 가능한 상관관계가 낮은 전략들에 분산하는 것이 효과적이다.

2-7 정액투자법 : 보유 주식 평가액을 일정하게

정액투자법(Constant Amount Plan)은 투자에 투입된 금액을 정해진 액수만큼 유지하는 방법이다. 주식시장이 앞으로 좋을지 안 좋을지 전혀 알 수 없는 상황에서, 보유 자금 1억 원 중 50%인 5,000만 원만 주식에 투자하기로 한다. 나머지 5,000만 원은 주가 하락을 맞이할 시 추가로 매수할 수 있는 여유 자금 형식으로 채권에 투자한다. 매달 말일에 보유 주식 평가액이 5,000만 원을 초과할 시, 초과분만큼 매도하여 채권에 투자한다. 반대로 보유 주식 평가액이 5,000만 원을 미달할 시, 부족분만큼 채권을 매도하여 주식을 매수한다. 이를 실천하면 다음과 같이 투자하게 된다.

투자방법
① 전체 투자 자금 1억 원 중 5,000만 원은 코스피 지수에 투자하고, 5,000만 원은 채권에 투자한다.
② 매월 말 주식 보유 금액이 5,000만 원을 초과하면 초과분만큼 주식을 매도해 채권을 매수하고, 5,000만 원을 미달하면 부족분만큼 채권을 매도해 주

식을 매수한다.
③ 이를 반복한다.

💡 **투자 결과**
- 1996년 1월 말 투자원금 : 100,000,000원(기준가 878.82)
- 2023년 12월 말 평가금액 : 328,680,850원(기준가 2,888.51)
- 투자 수익 : 228,680,850원(투자 수익률 228.68%, 연복리 4.34%)
- 고점 대비 최대 손실(MDD) : -42.79%

■ **정액투자법 수익률 비교**

정액투자법으로 IMF 외환위기를 맞이했더니 1998년 6월 코스피 지수가 297.88Pt를 기록했을 때는 전체 자산이 60,781,598원으로 감소하며 고점 대비 -42.79%라는 손실을 기록했다. 이는 정률투자법의 최대 손실인 -39.71%보다 더 크다. 결과적으로 20년 이상 투자를 유지하니 코스피 지수가 상승하며 수익이 발생하였다. 중도에 손실이 -42.79% 발생하였다는 점에서 채권에 투자한 경우와 비교하여 결코 유리하다고 볼 수 없다.

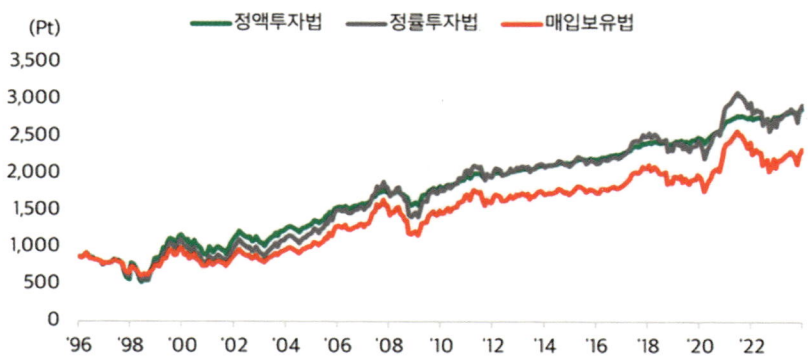

■ 정액투자법·정률투자법·매입보유법 수익률 비교

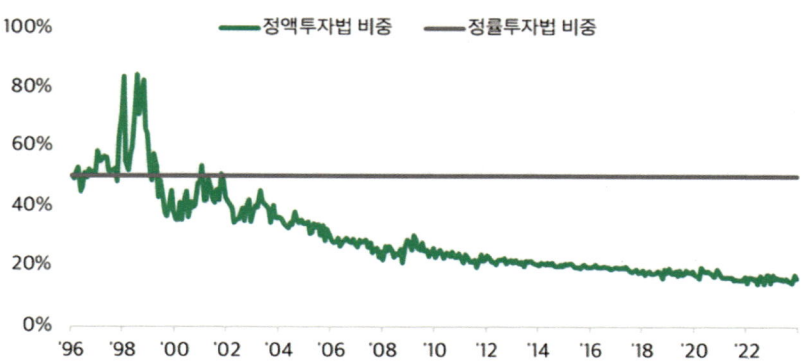

■ 정액투자법·정률투자법 주식 비중 변화

정률투자법과 비교해보면서 자세히 살펴보자. 정률투자법은 주식 비중을 50%로 유지하는 반면, 정액투자법은 초기 구간에서 손실이 발생할 시 더 공격적으로 비중을 조절하고, 이익이 발생할 시 훨씬 보수적으로 비중을 조절한다. 실제로 IMF 외환위기 때에는 전체 포트폴리오 중 주식의 비중이 80%까지 올라가는 등 정률투자법에 비해 극단적으로 공격적인 투자를 하였다. 반면 2002년 이후로는 계속해서 주식 비중이 50%를 하회하게 된다. 결국 시간이 지나 전체 투자금이 불어나자 주식 비중이 줄어들어 주가 등락에 거의 영향을 받지 않게 된다.

정액투자법은 주식시장이 추세적으로 장기간 하락하는 경우 공격적인 추가 매수를 지속하기 때문에 상당히 큰 금액의 투자 손실에 직면하게 된다. 반대로 주식시장이 추세적으로 장기간 상승하는 경우 주식 보유 비중이 가장 빠르게 줄어들기 때문에 투자 수익의 증가 측면에서 상당히 불리해진다. 즉, 상방이든 하방이든 추세가 장기간 지속될 시에는 상당히 불리해진다. 대신에 상승과 하락이 반복됨에 따라 공격적인 매매 효과가 누적되어 유리해진다. 그러므로 이 방법도 장기간이라는 전제가 있어야 효과적이다. 이 방법은 향후 주식시장에 대한 전망에 자신이 없거나 시장이 매우 불투명할 때 적용할 수 있는 단순한 방법이다.

또한 단순히 주식 보유 금액을 기준으로 하는 방법이기에, 주식과 채권의 상대적인 비중 조절을 어려워하는 투자자들에게 유용하다. 특히 투자 초기에 심한 변동을 몇 차례 겪은 이후로는 좀처럼 원금 손실이 나지 않는다는 점에서 매력적이다. 그렇기에 투자 초기에는 다소의 리스크를 감내할 수 있어도 시간이 지날수록 안정적인 수익을 거두길 원하는 투자자들에게 잘 맞을 것이다. 다만 이 시점부터는 채권 수익률을 중심으로 포트폴리오가 운용되기에 단순 채권 투자에 비해 크게 매력적이지도 못하다.

■ 정액투자법의 정률투자법 대비 12개월 초과수익률

　정액투자법의 최종 수익은 228,680,850원으로 앞서 살펴본 정률투자법의 최종 수익 233,406,227원과 크게 차이 나지 않는다. 이를 전진분석을 통해서 좀 더 자세히 살펴보자. 위 그래프는 12개월 단위로 끊은 정액투자법과 정률투자법의 수익률을 비교한 것이다. 정액투자법은 1998년 6월 IMF 외환위기 당시의 공격적인 매수 및 1999년의 큰 반등을 통하여 정률투자법 대비 20%p 더 높은 수익률을 기록했다. 이후에는 포트폴리오 내 주식 비중이 줄어 주식시장의 영향이 덜해지면서, 주식시장이 호조를 보일 때 정률투자법보다 불리한 모습을 보였다. 코로나 이후 큰 폭의 상승장이 열렸던 2021년 장에서는 정률투자법 대비 -20%p 이상 불리하였음을 알 수 있다. 그러다 2022년 인플레이션으로 인한 하락장에서는 정률투자법 대비 10%p 이상 유리하였는데, 이는 정액투자법의 비중 대부분이 채권에 몰려있었기 때문이다.

SUMMARY

주식 보유량을 특정 금액에 고정시키는 정액투자법은 손실 국면에서는 매우 공격적이며 이익 국면에서는 매우 보수적이다. 그렇기에 변율투자법과 마찬가지로 추세 국면에서는 불리하고 변동 국면에서는 유리하다. 변동 국면이 반복될수록 매매 이익이 쌓여 점차 유리해지나, 최종적으로 투자 수익을 보장하지는 못한다.

2-8 증액투자법 : 원금 보장이 필요할 때

어떤 경우에도 원금만은 확보할 수 있도록 투자하고 싶다면 어떻게 해야 할까? 이를테면 세입자에게 전세자금을 받아 투자를 하는 경우가 있다. 언제든 되돌려줘야 하는 상황이 생길 수 있으므로 최대한 안전하게 투자금을 운용할 방법이 필요하다.

일단 전세자금 1억 원을 모두 채권에 투자하고 이자가 발생하는 대로 주식에 투자하는 방법을 생각해볼 수 있다. 이렇게 하면 주식에 손실이 발생하더라도 채권으로 들고 있는 원금만큼은 고스란히 보장된다. **이렇게 매월 일정액의 주식 매입을 통하여 주식 보유 비중을 꾸준히 증가시키는 방법을 증액투자법(Increasing Amount Plan)이라고 한다.** 이를 실천하면 다음과 같이 투자하게 된다.

> **투자방법**
> ① 전체 자금 1억 원을 모두 채권에 투자한다.
> ② 매월 말 채권에서 발생한 이자를 모두 주식에 투자한다.

💡 투자 결과
- 1996년 1월 말 투자원금 : 100,000,000원(기준가 878.82)
- 2023년 12월 말 평가금액 : 289,159,816원(기준가 2,541.19)
- 투자 수익 : 189,159,816원(투자 수익률 228.68%, 연복리 4.34%)
- 고점 대비 최대 손실(MDD) : -42.79%

▌증액투자법 수익률 비교

증액투자법의 긍정적인 부분은 투자 기간 중 단 한 번도 원금 1억 원을 훼손하지 않았다는 점이다. 투자 후반부로 갈수록 주식 비중이 늘어나면서 고점 대비 최대 -42.79%의 손실을 기록할 때도 있었지만 이때도 투자금이 1억 원 아래로 내려가지는 않았다. 정리하자면 증액투자법은 초기 투자 국면에서는 가장 보수적이고 안전하지만, 점차 시간이 흐름에 따라 주식 보유 비중이 늘어나면서 주식시장의 등락에 민감해진다는 특징이 있다. 그러므로 이 방법은 주식투자 경험이 부족해도 손쉽게 투자를 개시할 수 있다는 장점이 있다. 시간이 흘러 위험관리의 중요성이 커지면 그만큼 투자에 대한 경험도 쌓여있으리라 기대할 수 있는 것이다.

증액투자법을 실시하면 매달 같은 금액(채권 수익)의 주식을 매입하게 된다. 이때 주가가 상승해 있으면 동일한 금액으로 매입할 수 있는 수량이 적어지고 주가가 하락해 있으면 동일한 금액으로 매입할 수 있는 수량이 커진다. 이처럼 주가 변동 과정에서 정기적으로 꾸준히 주식을 매입하게 되면 평균 매입 단가가 낮아지는 효과가 발생한다. 주가가 높을 때 구매할 수 있는 수량은 적은 반면 주가가 낮을 때 구매할 수 있는 수량은 많기 때문이다. 예를 들어 우리가 매달 2,000원씩 주식을 매입한다고 해보자. 첫째 달에 주가가 2,000원이어서 주식 한 개를 매입하고 둘째 달에 주가가 1,000원이어서 주식 두 개를 매입했다. 그러면 주식의 평균 매입 단가는 2,000원과 1,000원의 절반인 1,500원이라 생각하기 쉽다. 그러나 총 보유 주식 3개를 총 주식 구매 금액 4,000원으로 나눠보면 1,333원이라는 예상보다 더 낮은 금액이 나오게 된다. 이를 평균투자법 또는 평균매입법(Dollar Cost Averaging)이라 한다.

다음 그래프는 증액투자법과 정액투자법, 정률투자법의 포트폴리오 내 주식 비중을 비교한 것이다. 증액투자법은 주식 비중이 제로인 상태에서 출발하여 점진적으로 늘려나간다. 반면 정액투자법은 주식 비중이 50%에서 시작하여 점차 줄어들며, 증액투자법과는 대칭적인 모습을 보이고 있다. 채권의 금액을 일정하게 유지할지, 주식의 금액을 일정하게 유지할지에서 발생하는 차이다. 때문에 주식 투자의 증액투자법은 채권 투자의 입장에서 볼 때 정액투자법이 되기도 하고, 주식 투자의 정액투

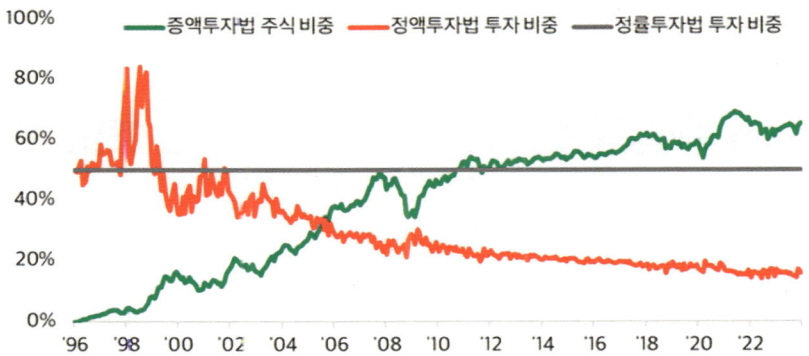

■ 증액투자법·정액투자법·정률투자법의 주식 비중

자법은 채권 투자의 입장에서 볼 때 증액투자법이 되기도 한다.

> **SUMMARY**
>
> 증액투자법은 채권에서 발생하는 이익을 바탕으로 매월 일정액의 주식 매입을 통하여 주식 보유 비중을 꾸준히 증가시키는 투자방법이다.
> 증액투자법은 초기 국면에서는 주가 등락에 거의 영향을 받지 않아 매우 보수적이지만 시간이 흐름에 따라 점차 공격적으로 변해간다. 그러므로 최종적인 투자 수익을 보장할 수는 없지만, 원금은 채권에 보관되어 100% 보장된다는 장점이 있다.

2-9 투자중단법 : 전략에 어긋나면 매도

변율투자법을 다시 떠올려보자. 변율투자법은 매입보유법의 주식 비중을 참조하여, 주가가 떨어질수록 주식 보유 비중을 높여가는 투자법이다. 장점이 많기는 하나, 하락 시에도 공격적인 매수를 하는 것이 불만족스러울 수 있다.

그렇다면 다음과 같은 방법을 생각해보자. 내 투자 포트폴리오와 별개로 변율투자법을 시행하는 가상의 펀드가 있다고 가정한다. 매월 말 변율투자법 펀드의 투자 수익을 평가하여 전 월 대비 손해를 봤으면 내 포트폴리오의 주식 비중을 0%로 유지하고, 전 월 대비 이익을 봤으면 내 포트폴리오의 주식 비중을 변율투자법 펀드와 동일하게 맞춘다. 이를 실천하면 다음과 같이 투자하게 된다.

투자방법
① 변율투자법의 수익이 전 월에 비해 감소하면 주식 비중을 0%로 유지한다.
② 변율투자법의 수익이 전 월에 비해 증가하면 변율투자법과 동일한 주식 비중을 보유한다.

💡 투자 결과

- 1996년 1월 말 투자원금 : 100,000,000원(기준가 878.82)
- 2023년 12월 말 평가금액 : 427,284,031원(기준가 3,755.06)
- 투자 수익 : 327,284,031원(투자 수익률 327.28%, 연복리 5.32%)
- 고점 대비 최대 손실(MDD) : -18.40%

▌투자중단법 수익률 비교

　　투자중단법은 투자 과정에서 코스피 지수를 전혀 참조하지 않고 변율투자법의 투자 상황만 참조하였다. 변율투자법이 수익을 볼 땐 함께 수익을 봤고 변율투자법이 손해를 볼 땐 아예 주식에서 손을 털었다. 특히 1998년 IMF 과정에서는 거의 손해를 보지 않았다. 그렇게 투자중단법의 수익은 변율투자법보다 크게 나타났다.

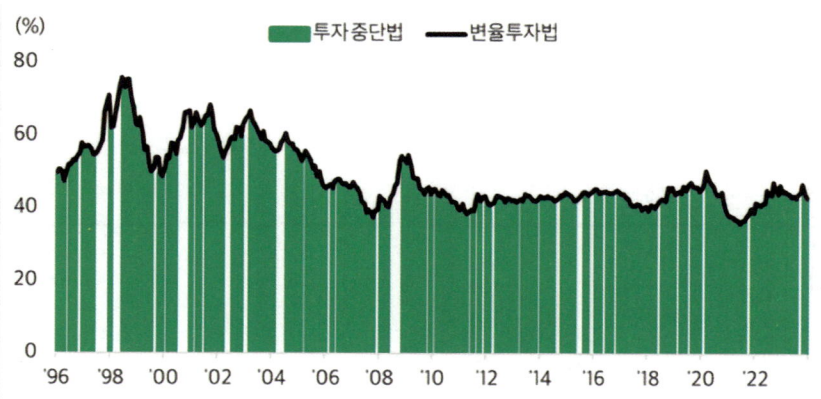

■ 변율투자법 주식 비중 및 투자중단법 수행 시점

위 그래프는 투자중단법 매매 규칙에 따라 투자를 중단한 시점을 표기한 것이다. 변율투자법이 전 월 대비 하락하면 그만큼 시장이 어려워졌다고 판단해 모든 자금을 회수했다. 거의 대부분의 영역에 색이 칠해져 있는데, 해당 기간 동안 주식 비중을 0%로 유지했다고 보면 된다. 또 잠깐잠깐 주식을 보유하는 시점을 종합해보면 모두 변율투자법의 수익률이 개선되는 시점이다.

다음 그래프를 통해 고점 대비 하락률을 살펴보자. 투자중단법은 적절한 상황에 투자를 중단하여 하락폭이 비교적 적은 편이다. 가장 큰 하락폭도 -20%를 넘지 않는다. 1997년 12월 코스피 지수가 376.31Pt로 떨어졌던 IMF 외환위기의 한가운데서도 원금 손실이 0%였다는 점은 상당히 고무적이다.

■ 변율투자법·투자중단법 고점 대비 하락률

이번에는 '투자를 언제 중단해야 하는지'를 알아보았다. 주식투자 격언에 '쉬는 것도 투자'라는 말이 있다. **아무리 괜찮은 투자방법이라 할지라도 적절하게 투자를 중단하는 것이 오히려 좋은 결과를 가져올 수 있다는 얘기다.** 다만 그냥 쉬는 것이 아니라, 모의투자를 통하여 재진입 시점을 관찰하고 있어야 한다.

이것은 특히 펀드에 가입하였으나 부진한 상황을 맞이하고 있는 펀드 가입자나, 펀드 가입자들을 관리하는 금융기관 담당자에게 유용한 전략이다. 손실을 예방하기 위하여 펀드를 일시적으로 해지하기에 적당한 시점을 잡는 데 큰 도움을 준다.

SUMMARY

투자 기법 자체가 부진할 경우 손실을 예방하기 위하여 일단 투자 기법을 중단함으로써 전체적인 투자 수익이 개선되는 방법이 투자중단법이다. 아무리 우수한 주식투자 기법이라 할지라도 시장 상황이 워낙 불안정할 때는 잠시 투자에서 손을 떼고 관망하는 것이 유리한 경우도 종종 있다.

2-10 스텝다운 : 내려갈수록 계단식 비중 증가

정률투자법에서, 하락 시 추가 매수는 투자 수익률을 개선시키는 데 도움이 된다는 점을 살펴보았다. 그런 점에서 2008년 금융위기와 2020년 코로나와 같이 극단적인 상황은 큰 기회가 된다는 점도 강조하였다. 그러나 정률투자법의 주식 비중이 50%로 고정되는 것은 이런 큰 기회를 제대로 살리지 못한다는 한계를 낳는다.

그렇다면 주가 조정 시 더 적극적으로 매수할 수 있도록 매매 규칙을 설정해보면 어떨까? 하락의 정도에 따라 주식 보유 비율을 50% 이상으로 늘리는 것이다. **주가가 내려갈수록 주식 비중이 단계적으로 늘어난다는 점에서 '스텝다운(Step Down)' 투자법이라 한다.** 이를 실천하면 다음과 같이 투자하게 된다.

투자방법
① 매월 말 주식 비중을 50%로 맞춘다.
② 매월 말 리밸런싱을 할 때, MDD가 -10% 단위를 초과할 때마다 주식 비중을 10%씩 늘린다. 이를테면 MDD가 -10~-20%일 시 주식 비중은 10%를 더한

60%로, -30~-40%일 시 주식 비중은 30%를 더한 80%로 늘린다. -50% 이상의 하락이 나오면 100% 주식에 투자한다.

③ KOSPI의 MDD가 0%로 돌아오면 다시 주식 비중을 50%로 원상복귀한다. 중간에 MDD가 줄어들더라도 0%가 아니면 주식 비중을 줄이지 않는다. 이를테면 MDD가 -35%로 주식 비중 80%를 맞추었을 시, 약간의 반등이 나서 MDD가 -25%가 되더라도 주식 비중을 70%로 축소하지 않고 80%로 유지한다.

💡 투자 결과
- 1996년 1월 말 투자원금 : 100,000,000원(기준가 878.82)
- 2023년 12월 말 평가금액 : 521,058,821원(기준가 4,579.17)
- 투자 수익 : 421,058,821원(투자 수익률 421.06%, 연복리 6.07%)
- 고점 대비 최대 손실(MDD) : -60.79%

스텝다운은 정률투자법(투자 수익률 233.41%, 연 환산 4.39%)은 물론, 변율투자법(투자 수익률, 연 환산 5.12%)보다도 우수한 성과를 거두었다. 하락 시 공격적인 추가 매수를 수행하는 모습은 변율투자법과 일치한다.

다만 주가 상승이 일어날 때는 변율투자법의 경우 주식 비중을 50% 아래까지 계속해서 줄이지만, 스텝다운은 최소 50%의 주식 비중을 계속해서 유지한다. 때문에 상승장이 크게 지속될수록 변율투자법보다 유리해지는 포트폴리오가 구성된다.

또한 변율투자법의 경우 해당 투자방법을 실행하기 위해서는, 별도로 매입보유법 포트폴리오를 모의투자하고 있어야 하기에 번거로운 점이 있었다.

반면에 스텝다운은 보유 비율을 변동시키는 투자법을 실천하면서도 별도의 포트폴리오를 모의투자할 필요 없이, 자신이 투자한 주식의 가격을 기준으로 매매한다는 점에서 운용하기 간편하다.

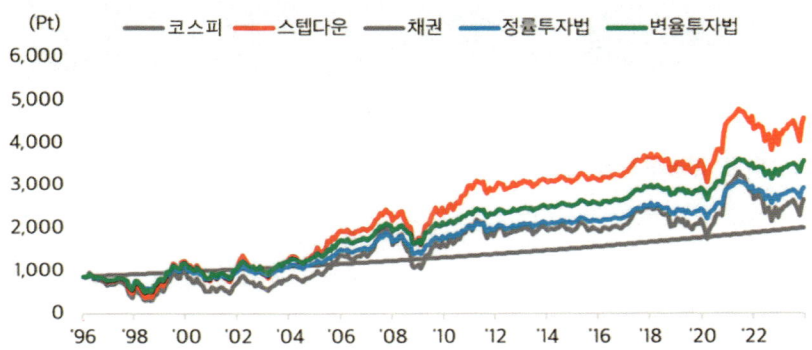

▌스텝다운 수익률 비교

다만 손실이 기하급수적으로 늘어난 점은 주의해야 한다. 스텝다운은 IMF 같은 위기 상황에서 정률투자법과 변율투자법보다 더 공격적으로 주식을 매수했기 때문에, MDD가 -60.79%에 달했다. 아주 극단적인 손실이다. 이러한 경향성은 2000년 닷컴버블 붕괴, 2003년 카드 사태, 2008년 금융위기와 2020년 코로나 위기 때도 비슷하게 발생한다.

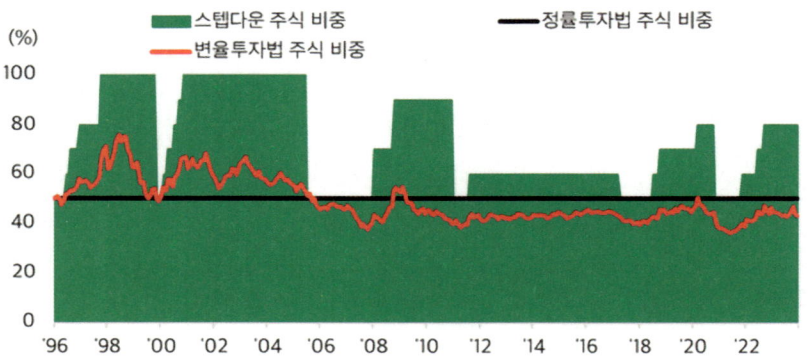

■ 스텝다운·정률투자법·변율투자법 주식 비중 비교

 위 그래프는 스텝다운, 정률투자법, 변율투자법의 주식 비중을 그려본 것이다. 스텝다운은 IMF 위기에 아주 극단적 비중 확대로 '몰빵'에 가까운 투자를 했다. 2000년 닷컴버블 붕괴 때도 비슷한데, 이후 2005년 주식시장의 회복이 이루어지고 나서야 주식 비중이 50%대로 돌아왔다. 장기간이라 할 수 있는 5년의 기간 동안 주식에 100% 투자하는 몰빵 투자를 지속한 것인데, 이로 인해 2002년 카드 사태와 같은 위기에 제대로 대처하지 못했다.

 2018년 미중 무역 분쟁으로 인한 쇼크도 비슷했다. 이후 곧바로 2020년 코로나를 맞이하게 되었다. 다행히 코로나 이후 큰 상승장을 맞이하여 주식 비중이 50%대까지 내려왔다. 극단적인 주식 비중과 그로 인한 투자 리스크를 고려해보면 정률투자법과 변율투자법 대비 마냥 유리하다고 볼 수만은 없는 셈이다.

 스텝다운은 변율투자법의 하락 시 매수 개념을 더 극단적으로 끌어올린 방법론이다. 하락 과정에서 리스크를 감내한 만큼 상승 과정에서 높은 수익이 기록된다. 하지만 투자 경과를 살펴보면, 상승 시의 누적 성과가 모두 훼손될 정도로 하락 시에 큰 손실을 입기도 한다. 다행히 한국 주식시장이 장기적으로 우상향하였기 때문에 최종적으로 수익을 남길 수 있었다.

결국 이 방법도 비교적 장기간이라는 전제가 있어야 가능한 방법론인 셈이다. 때문에 위험을 감당하지 못하면 무너져버리는, 상당한 주의를 요하는 투자전략이라고 할 수 있다.

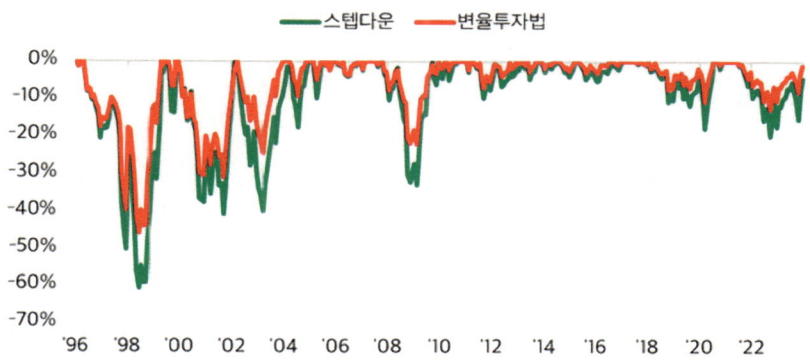

▌스텝다운·변율투자법 MDD 비교

MDD 측면에서 스텝다운과 변율투자법을 비교해보자. 더 공격적인 전략이라는 것을 입증하듯, 스텝다운의 MDD가 변율투자법보다 높게 나타난다. 대신, 원금의 회복 속도는 변율투자법과 스텝다운이 거의 유사하게 나타나는 것에 주목하길 바란다. 변율투자법 대비 하락장에서 더 크게 손실을 입었음에도 불구하고, 더 늦게 원금을 회복하는 경우는 거의 없었다.

SUMMARY

하락의 폭이 커질 때마다 단계별로 주식 비중을 확대하는 스텝다운은 위기가 터질 때는 큰 손실을 입지만, 이를 넘기고 나면 저가에 매수한 주식이 큰 수익으로 돌아와 높은 수익률을 올렸다.
수익을 보려면 비교적 장기간 투자해야 한다는 전제가 있으며, 하락 시 원금 손실은 매우 높은 편이다. 때문에 위험을 감당하지 못하면 무너질 수 있으므로 상당한 주의를 요하는 공격적인 투자전략이라고 할 수 있다.

2-11 정액적립식 : 월급 쪼개 투자하기

지금까지 살펴본 투자방법들은 처음부터 최대 투자금(1억 원)을 보유한 상태에서 시작하는 것을 전제로 한다. 이는 전문용어로 '거치식 투자'라고 한다. 그러나 실제 투자 현장에서는 목돈을 한꺼번에 투자하기보단 월 급여를 일부씩 떼서 투자하는 경우가 더 많은데, 이는 '적립식 투자'라고 한다.

투자를 갓 시작한 입장에서는 배워야 할 게 많기 때문에, 처음부터 큰 금액을 넣는 것보다 적립식 투자를 하는 것이 리스크 줄일 수 있는 좋은 방법이다.

꼭 그런 이유가 아니더라도 투자금을 나눠 매월 일정한 금액을 매수하는 것은 그 자체로 괜찮은 전략이 될 수 있다. 전체 투자금 1억 원을 세분하여 매달 말일마다 30만 원씩 주식을 매수하되, 중간에 보유 현금이 소진되면 이 작업을 그만둔다. 매달 같은 금액을 적립하기에 이를 '정액적립식' 투자라 하는데, 이를 실천하면 다음과 같이 투자하게 된다.

투자방법

① 전체 투자금 1억 원을 채권에 넣어놓는다.
② 매달 말일 30만 원씩 채권을 팔아 주식을 매수한다.
③ 보유 채권이 없어질 때까지 이를 반복한다.

투자 결과

- 1996년 1월 말 투자원금 : 100,000,000원(기준가 878.82)
- 2023년 12월 말 평가금액 : 302,567,514원(기준가 2,659.02)
- 투자 수익 : 202,567,514원(투자 수익률 202.57%, 연복리 4.03%)
- 고점 대비 최대 손실(MDD) : -26.67%

■ 정액적립식 수익률 비교

위 그래프는 정액적립식 수익률을 코스피, 채권과 비교한 것이다. 결과적으로 전체 투자금을 나눠 조금씩 투입하다보니 지금까지 살펴본 투자방법들에 비해 아쉬운 수익을 기록했다. 그러나 적립식 투자의 결과를 거치식 투자의 결과와 직접 비교하는 것은 적절치 않다. 이런 경우 평균 투자금을 산정하여, 동등한 투자금을 투입했을 때를 바탕으로 비교해볼 수도 있지만 여기서는 굳이 다루지 않겠다.

그래도 투자 초반 IMF 외환위기를 겪을 때는 보유 주식이 많지 않아서 큰 손실을 면했다. 시간이 지나면서 코스피와 비슷한 수익 곡선을 보이는데, 다행히 주식 비중이 상대적으로 커진 투자 후반에 시장이 상승 추세에 있어서 급격하게 수익이 발생했다.

■ 정액적립식·정액투자법·정률투자법 주식 비중 비교

주식 보유 비중을 살펴보면 위와 같다. 정액투자법은 주식 비중이 계속해서 줄어드는 데 비해 정액적립식은 계속해서 주식 비중이 늘어난다. 그렇기에 정액적립식은 초기에는 작은 금액으로 출발하여 혹시 있을지 모르는 큰 손실을 예방하지만, 차츰 주식 보유 금액을 늘리면서 공격적으로 변하게 된다.

이는 사실 시장이 장기적으로는 상승할 것이라는 믿음을 전제로 한다. 그렇기에 만일 주식 비중이 늘어난 시점에 주가가 하락한다면 과다

한 주식 보유로 인하여 큰 손실을 볼 수도 있다. 다행스럽게도 투자 진행 기간인 1996~2023년에는 주식시장이 우상향했기 때문에 높은 수익을 거둘 수 있었다. 그러나 투자 후반부에 주식시장이 하락했다면 큰 손실을 볼 수 있었다.

따라서 정액적립식을 실전에서 쓰려면 리스크에 대한 보완책이 마련되어있어야 한다. 이에 대해서는 시장 지수에 투자하는 방법, ETF에 적립식으로 투자하는 방법, 남는 현금을 달러 예금에 넣는 방법 등이 있는데, 후술할 '자산배분'에서 자세히 알아볼 것이다.

그래도 티끌 모아 태산이라고, 여기서는 적립식 투자의 수익이 만만치 않다는 사실을 알게 되었다. **적립식 투자의 가장 큰 장점은 높은 가격에서는 적은 수량, 낮은 가격에서는 많은 수량을 매수할 수 있다는 것이다.** 앞서 증액투자법에서 언급하였듯, 이렇게 되면 주식의 평균 매입 단가를 낮출 수 있게 된다.

정액적립식은 주가가 상승하면 적은 수량을 매수하고, 하락하면 많은 수량을 매수하게 되는데, 이런 관점에서 반대 개념은 정량적립식(CSP, Constant Share Plan)이라 한다.

정량적립식은 주가 등락과 관계없이 매번 같은 수의 주식을 매수하기에 평균 매입 단가가 낮아지는 효과가 나타나지 않는다.

SUMMARY

정액적립식은 시장 상황에 관계없이 매달 일정 금액을 규칙적으로 매수하는 투자방법이다. 투자 초기에는 주식 비중이 적기 때문에 시장 변동으로부터 비교적 안전하지만, 적립 기간이 길어질수록 주식 비중이 커지면서 시장 위험에 노출되는 특성이 있다.

적립식 투자를 하면 시장이 등락을 거듭할수록 평균 매입가가 낮아지는 효과가 나타나 유리하지만, 투자 후반부의 시장 상황에 따라 전체 투자 수익률이 결정되므로 결과적으로 안전한 투자라고 볼 수는 없다.

2-12 절대모멘텀 전략 : 추세의 힘 파악

앞서 살펴본 추세투자법은 6개월 혹은 3개월 상승률이 양수(+)일 시에만 투자하는 전략이었다. 추세투자법을 실전에 적용해보니 상당히 유효한 전략인 게 확인되었지만, 비추세 구간에서 휩쏘(Whipsaw)가 나오면 수익률이 상대적으로 부진해진다는 점 또한 확인했다.

상승 추세가 나오면 주식 비중을 100%로 하고 상승 추세가 없으면 주식 비중을 0%로 하는 극단적인 매매 규칙이 혼란스러운 시장 움직임에 제대로 대응하지 못하게 만든 것이다.

그렇다면 주식 비중을 상황에 따라 세분화시켜놓으면 휩쏘로 인한 피해를 줄일 수 있지 않을까? 상승 추세의 존재 유무만을 파악하는 것이 아닌 추세의 힘의 크기를 파악하는 것이다. 그리하여 그 힘이 약하다면 주식 비중을 작게, 강하다면 주식 비중을 크게 유지할 수 있다. **이처럼 각 시점별로 추세의 방향성이 양(+)일 시 매수하고 이외의 경우 투자를 중단하는 방식을 '절대모멘텀(Absolute Momentum)'이라 하며, 최근 6개월간 절대 모멘텀이 양수인 경우를 합산해 주식 비중을 결정하는 투자방법은 '절**

대모멘텀 전략'이라고 부르기로 하자.

우선 지난 6개월간의 6개월 전 대비 상승률을 월 단위로 파악한다. 이 때 양수가 기록된 횟수에 비례하여 주식 비중을 결정한다. 이를테면 그 횟수가 4회라면 주식 비중을 67%(6분의 4)로 가져가는 것이다. 이렇게 하면 휩쏘가 나와도 주식 비중이 적게 유지되어있을 확률이 높기에 큰 손실을 입지 않는다. 변율투자법과 추세투자법의 이점을 함께 취하는 것인데, 이를 실천하면 다음과 같이 투자하게 된다.

┳ 투자방법
① 직전 6개월간 6개월 전 대비 상승률을 월 단위로 파악한다.
② 전체 상승률 중 양수인 상승률의 비율을 구한다.
③ 해당 비율에 주식 비중을 맞추고 나머지는 채권에 투자한다.
④ 매월 말, 평균값을 갱신해 주식 비중을 재조정한다.

💡 투자 결과
- 1996년 1월 말 투자원금 : 100,000,000원(기준가 878.82)
- 2023년 12월 말 평가금액 : 481,715,541원(기준가 4,233.41)
- 투자 수익 : 381,715,541원(투자 수익률 381.72%, 연복리 5.78%)
- 고점 대비 최대 손실(MDD) : -33.25%

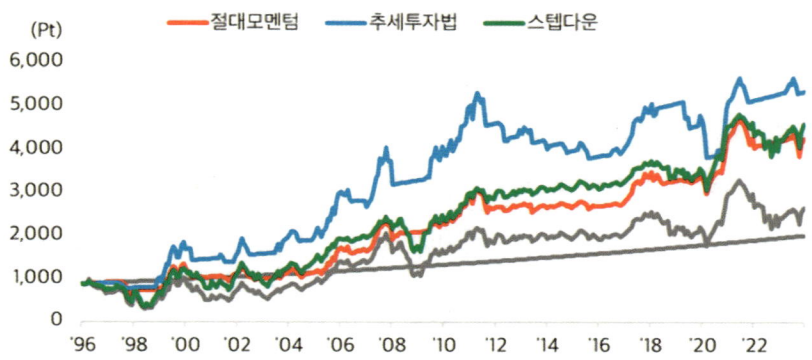

■ 절대모멘텀 전략 수익률 비교

추세투자법에 비해 상승장에서 누리는 수익은 다소 감소하였으나, 횡보장에서의 약점이 상당 부분 개선되었음에 주목할 필요가 있다. 또한 스텝다운과 유사한 결과를 가지면서도 MDD 면에서는 스텝다운(-60.79%)에 비해 큰 폭 개선되었다. 다만 추세투자법(-28.42%) MDD와 비교하면 살짝 높다.

구판에서는 절대모멘텀 전략 대신 '추세-정률투자법'이 소개되어 있었다. 구판의 추세-정률투자법은 하나의 계좌에서 추세투자법과 정률투자법을 결합하여 사용하는 전략이었으나, 개정판에서는 추세투자법과 정률투자법에 병렬적으로 분산하여 투자하는 방법론으로 소개하였으니 이 둘은 다른 전략이다. 이에 혼동이 없기를 바란다. 대신 추세와 비추세를 절묘하게 갈아타는 방법론이라는 점에서 절대모멘텀 전략과 추세-정률투자법은 맥락이 같다.

구 분	2022. 11.	2022. 12.	2023. 1.	2023. 2.	2023. 3.	2023. 4.
코스피	2,472.53	2,236.40	2,425.08	2,412.85	2,476.86	2,501.53
6M 수익률	-7.94	-4.13	-1.08	-2.39	14.91	9.07

■ 월 단위 6개월 전 대비 상승률

　절대모멘텀에 대해 더 자세히 알아보자. 위 표는 2022년 11월부터 2023년 4월까지 코스피 절대모멘텀(6개월 전 대비 상승률)을 구한 값이다. 절대모멘텀이 양수였던 횟수는 2023년 3월과 2023년 4월에 2회 있었다. 그러므로 주식 비중은 33%(6분의 2)가 된다. 아주 간단한 방법론이다.

　여기서 상승 추세가 지속되면 양수의 숫자가 많아지게 된다. 그러면 자연스럽게 주식 비중도 확대되고 나아가 풀베팅까지 할 수 있다. 반면 추세가 정점을 그리고 절대모멘텀에 음수가 나오면 33%의 비중이 유지된다.

　그리고 나서 그다음에 어떤 숫자가 나오든 6개월간의 절대모멘텀을 합산해 비중을 결정하기에, 주식 비중이 단번에 0% 또는 100%를 오르락내리락하지 않는다. 지속적으로 휩쏘가 발생해 박스권이 그려지더라도 손실이 누적되는 문제가 다소 개선되는 것이다.

　다음 그래프는 절대모멘텀 전략과 추세투자법의 주식 비중을 비교하여 본 것이다. 추세투자법이 주식을 보유할 땐 곧바로 100%를 매수하기에, 그래프도 직사각형 형태의 영역으로 나타났다. 이와 달리 절대모멘텀 전략의 주식 비중은 추세투자법보다 비교적 점진적인 상승·하락의 형태를 보여준다. 다만 움직임의 방향에 대해서는 시기별로 두 그래프가

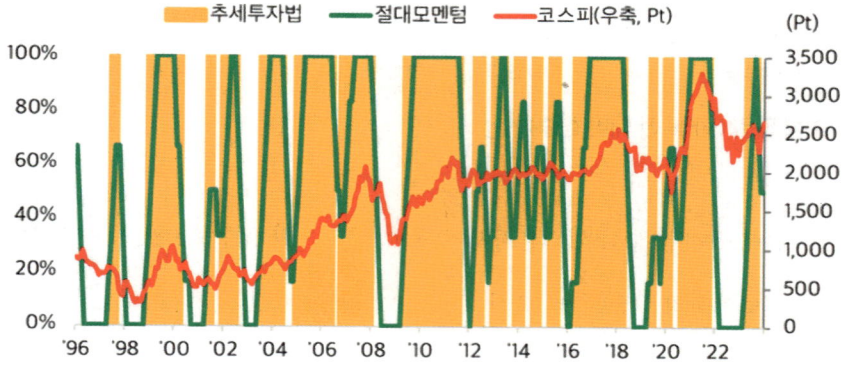

■ 코스피 흐름과 주식 비중 변화 비교

비슷한 움직임을 보이는데, 1997년 외환위기, 2008년 서브프라임모기지 사태 등과 같이 급박한 시기가 찾아오면 주식 비중을 0%로 만드는 것은 동일하다. 물론 2022년 인플레이션으로 인한 하락장에서도 급격한 손실을 방어하였다. 이런 급박한 상황에서 손실을 방어하는 특징이 동일하게 나타났다는 점은 고무적이다.

다만 절대모멘텀 전략은 추세투자법에 비해 주가 움직임이 좀 더 점진적이고 느리다는 차이가 있다. 2012~2015년 장기간 박스권에서 추세투자법은 주식 비중을 0% 또는 100%로 유지한 반면, 같은 기간 절대모멘텀 전략은 주식 비중을 33~83% 내로 유지했다는 점에 주목하기 바란다. 물론 절대모멘텀 전략도 휩쏘 구간에서 이득을 볼 수 있는 것은 아니다. 그러나 단기간의 움직임만을 반영해 비중을 결정하는 추세투자법은 휩쏘 발생 시 절대적인 손실을 볼 수밖에 없는 반면, 비교적 장기간의 움직임을 반영하는 절대모멘텀 전략은 주가가 급등했을 때도 주식 비중을 적당하게 가져가기에 이후 급락이 발생해도 적은 손실을 입는다.

    2018~2021년의 주식 비중만 확대하여 코스피 변화 양상과 함께 살펴보자. 추세투자법과 달리 절대모멘텀 전략은 코로나 사태에서도 어느 정도 방어가 되었다. 추세투자법의 경우 2019년 후반부터 주식 비중을 100%로 하여 코로나 사태에 직격탄을 맞았다. 주가가 반등하는 과정에서는 주식 비중을 0%로 만들어 수익을 보지 못했다. 이와 달리 절대모멘텀 전략은 2019년 후반부터 2020년 4월까지 주식 비중이 최대 67%를 넘기지 않아 비교적 적은 손실을 입었다. 이후 2020년 4월부터 찾아온 반등장에서 다소간의 수익을 내어 손실을 복구했다. 절대모멘텀 전략의 이러한 움직임은 2019년 하반기에 이어진 상승을 '의심'한 것과 비슷한 결과라는 점이 상당히 재미있다. 단순히 매매 규칙대로 투자했을 뿐인데 시장을 정성적으로 평가한 것과 같은 효과를 낸 셈이다.

    이후 추세투자법은 2020년 8월(코스피 2326.17Pt)부터 2021년 10월(2970.68Pt)까지 주식 비중 100%를 유지해 수익을 봤다. 절대모멘텀 전략의 경우 2020년 9월(코스피 2327.89Pt)부터 주식 비중을 급격히 올려 같은 해 12월에 100%를 달성하고, 2021년 9월부터 점진적으로 주식 비중을 줄이기 시작하였다. 결국 큰 사이클은 모두 누렸던 셈이다.

    절대모멘텀 전략은 추세를 활용하되 정률투자법 또는 변율투자법과 비슷한 이점을 누릴 수 있다는 게 강점이다. 그러면서도 실천 방법은 간단하여 실제 투자에 적용하기에 어려움이 없을 것으로 기대된다.

SUMMARY

절대모멘텀 전략은 주가의 추세를 6개월 평균을 내어 파악하여, 주식 비중을 여러 단계로 조절하는 투자방법이다.

추세투자법의 극단적인 비중 전환을 점진적인 전환으로 바꾸어 휩쏘 구간에서의 손실을 완화시켰으나, 추세 참여에 다소 시간이 걸린다는 단점이 있다.

2-13 점증적립식 : 주가 변동에 따라 적립금 조절

앞서 적립식 투자를 실천할 경우 투자 초기에 큰 금액의 주식을 매수하지 않아도 된다는 점이, 초보투자자로서 생길 수 있는 리스크를 줄여준다는 사실을 살펴보았다. 이러한 적립식 투자에 정액투자법이나 정률투자법같이 저점 매수 고점 매도가 일어날 수 있는 장치를 가미해본다면 어떨까? 주가의 상황에 따라 매달 적립되는 금액에 변동이 있게끔 하는 것이다.

기본적으로는 매달 같은 금액을 매수하는 적립식 투자를 진행하되, 주가 변동으로 인해 보유 주식의 평가액이 매수 계획보다 넘치거나 부족해질 경우 매수액을 조절하는 것이다. 주가가 하락하여 손실이 발생하면 손실이 보충되도록 계획보다 더 매수하고, 주가가 상승하여 이익이 발생하면 이익이 차감되도록 계획보다 덜 매수한다. <u>이처럼 보유 주식 평가액이 일정하게 늘어나도록 하는 적립식 투자방법을 '점증적립식'이라고 한다.</u>

예를 들어 보유 주식 평가액이 매달 60만 원씩 늘어나도록 적립식 투자를 한다고 해보자. 평가액이 120만 원이어야 할 세 번째 매수 시점에 주가 하락으로 인해 100만 원이 되어있다면, 세 번째 매수는 80만 원을 매수하여 원래의 평가액 증가 계획에 맞추는 것이다. 반대로 세 번째 매수 시점에 주가가 올라 평가액이 170만 원이라면 이번에는 10만 원만 매수하여, 평가액이 180만 원이 되도록 조정한다. 급격한 상승으로 인하여 200만 원이 되었다면 오히려 20만 원어치를 매도할 수도 있다.

앞서 살펴본 정액적립식에서는 매달 30만 원을 매수했으나 이 기법에서는 매달 60만 원을 매수하도록 했다. 그 까닭은 주가가 상승할 경우 매달 투자할 금액이 이월되어 투자금 전체를 활용하지 못할 수도 있기 때문이다. 이를 실천하면 다음과 같이 투자하게 된다.

투자방법
① 매월 보유 주식 평가액이 60만 원씩 늘어나도록 매수 혹은 매도하고 남는 투자금은 채권에 투자한다.
② 보유 현금이 소진되면 매수를 중단한다.

투자 결과
- 1996년 1월 말 투자원금 : 100,000,000원(기준가 878.82)
- 2023년 12월 말 평가금액 : 365,129,316원(기준가 3,208.83)
- 투자 수익 : 265,129,316원(투자 수익률 265.13%, 연복리 4.73%)
- 고점 대비 최대 손실(MDD) : -20.75%

■ 점증적립식 수익률 비교

위 그래프는 시장 상황에 따른 점증적립식 포트폴리오의 수익 상황을 보여준다. 이 투자방법은 정액적립식과 마찬가지로, 투자 초기에는 작은 금액으로 시작하여 혹시 있을지 모르는 큰 손실을 방어한다. 그러면서 정률투자법과 비슷하게 주가 변동 시마다 저가 매수 및 고가 매도를 반복하여 수익을 발생시킨다. 그 결과 코스피는 물론이고 정액적립식보다도 높은 수익을 기록했다.

하지만 점증적립식은 다른 적립식 투자와 마찬가지로 차츰 주식 비중을 늘어나며 공격적으로 변하는 성격이 있다. 그렇기에 이 투자방법 또한 장기적으로 시장이 상승할 것이라는 예측을 전제로 한다. 만일 주식 비중이 늘어나있는 투자 후반부에서 시장이 하락한다면 큰 손실을 볼 수도 있었다. 때문에 위험에 대한 방어가 보완되어 있어야 한다.

■ 점증적립식·정액적립식 주식 비중 비교

위 그래프는 점증적립식과 정액적립식의 주식 비중을 비교한 것이다. 투자 초반에는 점증적립식이 정액적립식보다 주식 비중을 높게 가져가지만, 투자 후반으로 갈수록 정액적립식이 점증적립식보다 높아진다. 2023년 12월 시점에서는 정액적립식의 주식 비중이 76.3%인 반면 점증적립식의 주식 비중은 45.8%에 불과하다.

점증적립식은 정액적립식과 기준을 약간 달리하여 수익 면을 상당히 개선시켰다. 정액적립식의 경우 한 달에 30만 원씩만 투자했다는 반론을 제기할 수도 있겠지만, 그런 것치고는 투자 종료 시점에서 점증적립식의 주식 비중이 그리 많지 않은 것도 사실이다. 오히려 주식을 너무 과다하게 보유하지 않으면서도 투자 수익 면에서 상당히 양호했다는 점이 고무적이다.

점증적립식 또한 일종의 적립식 투자로서 높은 주가에서는 매수할 수 있는 주식 개수가 적어지고, 낮은 주가에서는 매수할 수 있는 주식 개수가 커진다. 이러한 경향은 정액적립식보다 더 강하기 때문에 평균 단가를 낮추는 효과 또한 더 크게 나타난다. 그렇기에 정액적립식을 DCA(Dollar Cost Averaging)라고 부르는 것처럼, 점증적립식은 DVA(Dollar Value Averaging) 또는 VA(Value Averaging)라고 부르기도 한다.

세계적인 투자은행 모건 스탠리의 리서치 부사장으로 근무하는 마이클 에들슨(Michael E. Edleson)은 『Value Averaging』이라는 책에서 점증적립식을 언급한 바 있다. 그는 이 방법을 '정액적립식에 비해 높은 수익률을 가져오는 안전하고 쉬운 투자전략'이라고 소개한다. 그러나 시중에 판매되는 펀드 중에는 이런 방식으로 포트폴리오를 굴리는 상품이 존재하지 않는다. 따라서 이 방식은 투자자가 스스로 입금액을 조절해가며 투자해야 한다.

SUMMARY

점증적립식은 시장 상황에 관계없이 보유 주식 평가액이 일정하게 늘어나도록 매수하는 적립식 투자전략이다. 이렇게 하면 정액적립식보다 저점 매수 고점 매도 효과가 큰 적립식 투자를 할 수 있다.
적립식 투자인 만큼 투자 초기엔 주가 변동 리스크가 덜하나, 투자 후반으로 갈수록 주식 비중이 커져 리스크가 커진다.

2-14 피라미딩 : 포지션을 늘려가는 추세추종 투자

선물거래를 하면 가용 가능한 투자금을 몇 배로 부풀리는 레버리지를 구사할 수 있다. 그렇다면 이러한 레버리지를 활용해 추세추종 투자를 한다면 어떤 결과가 나올까? 추세투자법과 같은 다른 추세추종 투자보다 훨씬 높은 차원의 수익을 도모할 수 있을 것이다.

직전 3개월 주가의 평균(3개월 이동평균)을 내어 현재 주가가 그보다 높으면 상승 추세라고 판단해, 전체 투자금의 50%만큼 매수한다. 이러한 상승 추세가 한 달 더 지속되면 투자금의 150%만큼 추가적으로 매수하여, 결과적으로 투자금의 200% 정도의 매수 포지션을 구축한다. 계속해서 추세가 유지되면 포지션을 유지하고, 주가가 3개월 이동평균 아래로 내려오면 즉각 전량 매도한다.

이처럼 주가가 상승해 이익이 발생하면 보유 주식을 더 증가시키는 투자방법을 '피라미딩(Pyramiding)'이라고 한다. 네모반듯한 돌을 차곡차곡 쌓아서 피라미드를 만들 듯, 보유 금액을 차곡차곡 쌓아나간다는 뜻이다. 이를 실천하면 다음과 같이 투자하게 된다.

투자방법

① 코스피가 3개월 이동평균보다 높으면 투자금의 50%만큼 코스피 선물을 매수하고 남는 금액은 채권에 투자한다.
② 2개월 연속 3개월 이동평균보다 높으면 투자금의 150%만큼 신규 매수하여, 투자금 200% 규모의 매수 포지션을 구축한다.
③ 이후 상승 추세가 유지되면 포지션을 유지하고, 코스피가 3개월 이동평균보다 낮아지면 포지션을 전량 청산한다.

투자 결과

- 1996년 1월 말 투자원금 : 100,000,000원(기준가 878.82)
- 2023년 12월 말 평가금액 : 831,317,510원(기준가 7,305.79)
- 투자 수익 : 731,317,510원(투자 수익률 731.32%, CAGR 7.86%)
- 고점 대비 최대 손실(MDD) : -62.40%

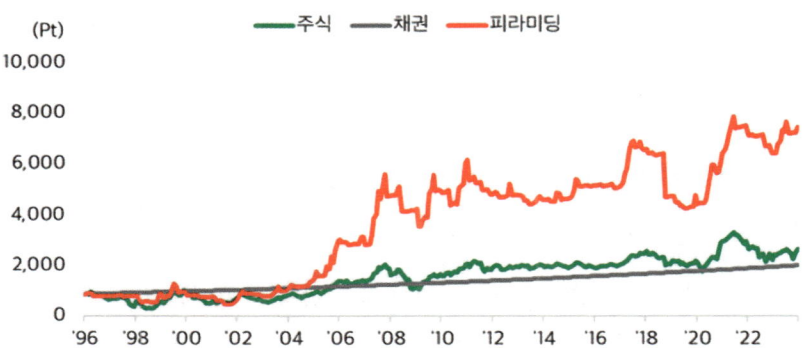

▎피라미딩 수익률 비교

위 그래프는 피라미딩의 수익률을 보여주는데, 결과적으로 지금까지 보아온 다른 투자법보다 월등히 큰 수익을 만들었다. 특히 상승 추세에서 주식 비중을 급증시키니 투자 수익률이 폭증하는 것을 볼 수 있다. 소위 극단적으로 질러댔던 결과라 보인다.

이처럼 피라미딩을 할 때 최초의 투자를 '진단 베팅'이라고 하는데, 추세가 나타나는지를 검증하는 수단으로 활용한다. 만일에 추세가 나타나지 않는다면 손실을 최소화하여 정리할 수 있다. 반대로 추세가 확인되면 진단 베팅 때 잡은 포지션에서 수익이 발생하는데, 이 수익은 포지션을 확대시킨 뒤 발생할 수 있는 손실을 어느 정도 만회시킨다.

지금까지 살펴본 피라미딩은 현재 보유한 투자금에 비례해 50% 혹은 200%의 포지션을 잡지만, 이밖에도 투자 시작 때와 같은 금액만큼의 포지션만 잡는 피라미딩이 있다.

그리고 최초 매수 포지션을 기준으로 매수액을 배로 증가시키는 체증식 피라미딩이 있는데, 이는 마틴게일(Martingale)이라고도 한다. 예를 들어 처음에 포지션을 1억 원만큼 늘렸다면, 그다음에는 2억 원, 그다음에는 3억 원만큼 늘리는 것이다. 이러한 마틴게일에는 처음에 포지션을 작게 잡아 가용 가능한 투자금 내에서 포지션을 늘리는 일반적인 방식도 있지만, 처음부터 전체 투자금만큼의 포지션을 잡고 레버리지를 이용해 포지션을 늘리는 극단적인 방식도 있다.

그리고 체증식 피라미딩과 반대로, 포지션 증가 비율을 점차 줄여가는 체감식 피라미딩이 있는데, 이는 반(反)마틴게일(Anti-Martingale)이라고도 한다. 예를 들어 최초 포지션이 1억 원이라면, 그다음에는 5,000만 원을 추가한 1억 5,000만 원을 포지션으로 잡고, 그다음에는 2,500만 원을 추가한 1억 7,500만 원을 포지션으로 잡는 것이다.

피라미딩과 대조되는 개념으로 '역(逆)피라미딩'이 있다. 피라미딩이 이익이 발생할 때 포지션을 증가시키는 방법이라면, 역피라미딩은 손실이 발생할 때 포지션을 증가시키는 방법이다. 마치 알코올 농도 40%인 소주 1L에 물 1L를 섞으면 알코올 농도가 20%로 낮춰지는 것처럼, 손실이 발생했을 때 추가 매수를 하면 주식의 평균 매입 단가가 낮아지고 포지션 대비 손실률이 떨어진다. 그래서 역피라미딩을 '물타기'라는 은어로 부르기도 하고, 반대로 피라미딩을 '불타기'라고 부르기도 한다. 물타기는 하락 추세에서 손실을 눈덩이처럼 키울 위험이 있기에 별로 권장되지 않는 방법이다.

적립식이 매입 시기를 분산하여 평균 단가를 조절하는 방식이라면, 역피라미딩은 가격대를 분산하여 평균 단가를 조절하는 방식이다. 적립식은 시간이 지남에 따라 투입 금액 또는 보유 금액이 예측되지만 포지션의 평균 단가는 예측되지 않는다. 반면에 역피라미딩은 포지션의 평균 단가가 예측되지만 투입 시점이 예측되지 않는다. 평균 단가를 조절할 목적으로 적립식 투자를 할 계획이라면, 피라미딩이 훨씬 현실적이고 유용할 수 있다.

SUMMARY

이익이 발생할 때 추가 매수를 통하여 보유 금액을 증가시키는 피라미딩은 강력한 상승 추세에서 효과적인 투자방법이다.

2-15 헤지거래 : 시장 하락에 보험 들기

공매도에 대해 설명한 것을 기억하는가? 먼저 주식을 팔고 나중에 주가가 떨어지면 주식을 사서 차익을 남기는 투자 기술이다. **내가 특정 주식을 들고 있을 때 선물거래에서 같은 규모의 공매도 포지션을 잡으면, 향후 주가가 떨어져 손해가 발생하더라도 공매도 포지션에서 그만큼의 수익이 발생해 상쇄가 되는데, 이러한 개념의 투자 방식을 '헤지(Hedge)거래'라 한다.**

주가가 떨어질수록 매수세를 강화하는 비추세 투자에 이러한 헤지거래를 접목시킨다면 어떻게 될까? 공격적인 비추세 투자인 스텝다운은 결과적으로 큰 수익을 안겨주는 투자방법이지만, 현실적으로 하락 시 아무런 보완책이 없다는 점이 불만족스러웠다.

때문에 스텝다운을 시행하되, 별도의 선물 계좌를 준비하여 하락 시에 공매도 포지션을 잡으면 상당한 보완이 이루어질 것이다. 이를 실천하면 다음과 같이 투자하게 된다.

투자방법

① 선물 매도를 시행할 별도의 계좌를 준비한다. 원래 계좌로는 스텝다운 투자법을 시행한다.
② 직전 월말 기준 코스피 지수가 3개월 이동평균선을 하회하면, 선물 계좌로 50% 코스피 공매도 포지션을 잡는다. 이때 스텝다운 투자법은 유지한다.
③ 직전 월말 기준 코스피 지수가 3개월 이동평균선을 상회하면, 공매도 포지션은 청산한다. 역시 스텝다운 투자법은 유지한다.

투자 결과

- 1996년 1월 말 투자원금 : 100,000,000원(기준가 878.82)
- 2023년 12월 말 평가금액 : 552,197,887원(기준가 4,852.83)
- 투자 수익 : 452,197,887원(투자 수익률 452.20%, CAGR 6.29%)
- 고점 대비 최대 손실(MDD) : -36.49%

■ 헤지거래 수익률 비교

위 그래프는 헤지거래를 했을 때의 수익률을 보여준다. 결과적으로 스텝다운만 단독으로 수행했을 때보다 헤지거래를 함께 했을 때의 수익이 더 많았다. 무엇보다 마음에 드는 점은 스텝다운의 MDD가 -60.79% 로 매우 크게 나타났던 반면, 헤지거래를 운용한 결과 MDD가 -36.49% 까지 감소하였다는 점이다.

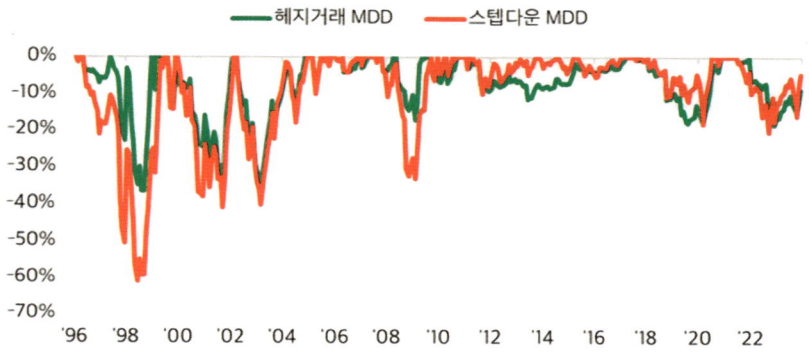

■ 헤지거래·스텝다운 MDD 비교

위 그래프는 투자 기간 동안 스텝다운을 단독으로 수행한 포트폴리오와 헤지거래를 함께한 포트폴리오의 MDD 차이를 보여준다. 시장이 급격하게 하락할 때 헤지거래의 악화 폭이 훨씬 축소되었음을 알 수 있는데, 이는 공매도 포지션의 손실 방어 때문이다. 하락 추세에서 지속적인 추가 매수를 하느라 손실이 발생하는 동안, 공매도 포지션에서는 이득이 발생하고 있었다.

헤지(Hedge)란 동물과 작물을 보호하는 울타리를 의미하는데, 농부들이 농산물의 가격 변동 리스크로부터 해방되고자 선도계약을 했던 사례에서 유래되어 '울타리를 쳐서 자산을 안전하게 관리한다'는 금융 기법으로 발전되어 왔다. 주식투자에서는 상승과 하락 모두 겨냥할 수 있는 선물거래가 대표적인 헤지의 수단으로 이용되고 있다.

즉 헤지거래란 어떤 투자법이 가동 중인 상태에서, 그 투자법을 훼손하지 않으면서도 손실을 방어하는 보완적 개념의 선물거래를 말한다. 그러므로 헤지거래의 곡적은 신규 수익의 발생에 있는 것이 아니라 기존 투자법의 손실 방어에 있다는 점을 명심해야 한다.

선물 거래의 장점은 단시간에 대량 거래를 간편하게 진행할 수 있어 지수 등락에 신속히 대응할 수 있다는 점이다. '코스피200'은 코스피를 대표하는 200개 종목으로 구성된, 즉 코스피 지수에 대한 펀드의 민감도가 높은(이를 펀드 베타라 한다) 파생상품의 일종이다. 주가지수 그 자체를 매매하기 위해 만든 상품이라고 보면 된다. 어떤 투자자가 현물 시장에서 코스피 지수와 비슷하게 움직이는 포트폴리오를 구성하려면, 코스피를 구성하는 모든 종목을 매수해야 한다. 이때는 코스피200을 매매하여 간단하게 원하는 포트폴리오를 구성할 수 있다. 이밖에도 코스피 선물거래는 현물 거래에 비해 거래 수수료가 저렴한 편이다.

SUMMARY

주식 또는 펀드에 투자하고 있는 상황에서 원래의 투자방법을 훼손하지 않으면서 손실 위험을 방어하기 위하여 선물거래 포지션을 잡는 것을 헤지거래라고 한다. 헤지거래를 하면 투자 위험을 완화시킬 수 있다.

2-16 자산배분 : 미국채 투자로 리스크 완화

IMF 외환위기, 서브프라임모기지 사태 등과 같은 위기 상황에서는 안전자산 선호 현상으로 미국 국채의 가격이 오른다. 그러면서 달러의 가치가 오르고 원화의 환율이 오른다(1달러를 사려면 더 많은 원화를 내야 한다). 그렇다면 정률투자법 같은 투자방법을 수행할 때 채권 포지션을 한국 국채가 아니라 미국 국채에 투자하면 어떨까? **코스피와 한국 국채에 투자하는 경우 한국 경제가 안 좋아지면 둘 다 상황이 악화될 수 있는 반면, 코스피 및 국내 경제 상황과 연관성이 적은 미국채에 투자하면 한국 경제가 나빠지더라도 미국채는 악화되지 않을 확률이 높기에 투자 리스크가 줄어든다.** 이러한 투자를 '자산배분'이라 하는데, 이를 실천하면 다음과 같이 투자하게 된다.

투자방법
① 코스피에 투자금의 50%를 투자하고 미국 국채 10년물에 나머지 50%를 투자한다.
② 매월 말 자산 가치를 평가하여(원화 기준) 주식의 비중이 50%를 초과하면,

초과분만큼 주식을 매도하고 채권을 구매한다. 주식의 비중이 50%를 미달하면, 미달분만큼 채권을 팔아 주식을 매수한다.

💡 투자 결과
- 1996년 1월 말 투자원금 : 100,000,000원(기준가 878.82)
- 2023년 12월 말 평가금액 : 333,003,696원(기준가 2,926.50)
- 투자 수익 : 233,003,696원(투자 수익률 233.00%, CAGR 4.39%)
- 고점 대비 최대 손실(MDD) : -35.90%

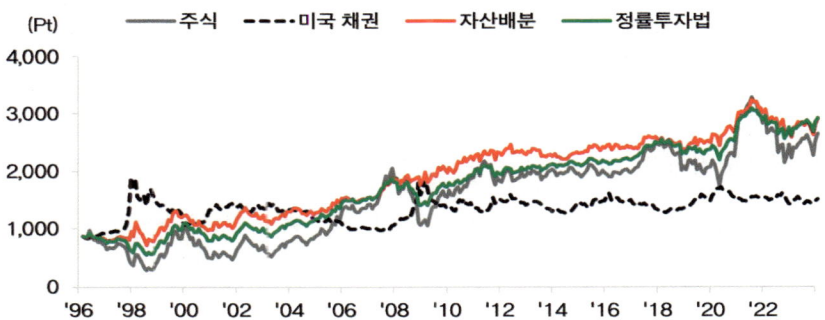

■ 자산배분 수익률 비교

위 그래프는 일반적인 정률투자법 포트폴리오와 미국채에 자산배분한 정률투자법 포트폴리오의 수익률을 비교한 것이다. 채권의 경우 현실의 미국채 10년물의 상황을 반영했기에, 지금까지 설정한 채권에 비해 변동성이 있는 편이다. 결과적으로 일반적인 정률투자법의 투자 수익(233,406,227원), MDD(-39.71%)보다 다소 개선된 결과를 가져왔다.

특히 코스피가 큰 폭 감소할 때마다, 반대로 미국채는 크게 올라 뛰어난 방어 효과를 발휘했음을 알 수 있다. 이러한 상승은 안전자산 선호 심리로 인하여 미국채 자체도 수익을 올렸지만, 경제위기 당시 달러 가치 상승 및 원화 가치 하락으로 인한 환차익 때문인 점이 크다.

IMF 외환위기 당시 달러/원 환율이 1,695원까지 올라 미국채를 들고 있는 입장에서 큰 환차익이 발생했다. 또 이렇게 발생한 수익은 코스피를 저가 매수하는 데 쓰여 위기 후 반등 과정에서 수익을 올렸다. 이러한 과정은 2008년 금융위기에서도 비슷하게 되풀이되었다.

시장에는 해외 자산시장에 투자할 시 외환의 가치가 떨어질 경우를 대비한 '환 헤지 상품'도 존재한다. 그런데 애초부터 헤지를 목적으로 해외 자산시장에 투자하는 경우, 환을 헤지하는 것보다 환을 노출하는 것이 대부분의 경우 성과가 더 뛰어나다. 환율 또한 국가의 경제력 등을 반영하기 때문이다.

국내 주식시장에 위기가 다가온다는 건 국가의 경제력이 하락한다는 것이고, 그렇다면 원화 대비 외환의 가치가 올라갈 가능성이 크다. 그러나 기관투자자들은 환 노출 또한 예측 가능성을 낮추는 리스크로 취급하기 때문에 이를 제한하기 위해 환 헤지 상품을 선택하는 경우가 많다.

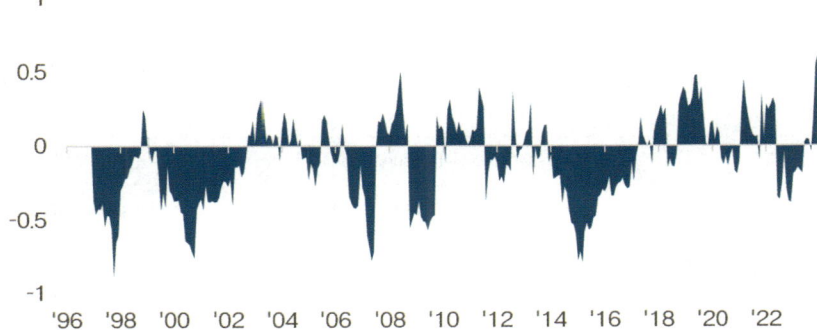
■ 미국채 10년물·코스피 상관관계 비교

위 그래프는 미국채 10년물 지수와 코스피 지수의 상관관계를, 12개월 전진분석으로 살펴본 것이다. 상관관계가 높아지는 국면에서는 분산투자의 효과가 떨어지기 때문에 성과가 저하된다는 사실을 알 수 있다.

자산배분 포트폴리오가 2021~2022년 하락 구간에서 전혀 방어가 되지 않은 점 또한, 해당 기간 미국채 10년물과 코스피의 상관관계가 올라갔기 때문이라 볼 수 있다. 당시 미국 경제에 인플레이션(Inflation, 화폐가치 하락)이 심해 금리 인상이 이뤄지고, 이로 인해 미국채에서 대규모 손실이 발생했다.

일각에서는 코스피와 미국채에 대한 분산투자가 '저위험 중수익' 투자전략이라고 호도하는 경향이 있다. 그러나 채권, 특히 만기가 긴 채권일수록 인플레이션으로 인한 금리 인상에 타격을 받는다는 한계를 분명히 인지할 필요가 있다. 때문에 숙련된 투자자라면 인플레이션이 심할 때 채권의 듀레이션(Duration)을 줄이거나 다른 대체 자산의 비중을 확대하는 방법을 고민해볼 수 있다.

종목코드	이름	설명
SHV	iShares Trust Short Treasury Bond ETF	만기 1년 이하
SHY	iShares Trust 1-3 Year Treasury Bond ETF	만기 1-3년
IEF	iShares 7-10 Year Treasury Bond ETF	만기 7-10년
TLT	iShares 20+ Year Treasury Bond ETF	만기 20년 이상

■ 미국채 ETF 종류

미국 채권은 만기에 따라 다음과 같은 ETF들이 존재한다. 채권의 만기 기간을 듀레이션(Duration)이라고 하는데, 금리 상승 구간에서는 듀레이션이 긴 채권일수록 가격의 하락폭이 커진다. 반면 금리 인하 구간에서는 듀레이션이 긴 채권일수록 가격 상승폭이 커진다. 만기가 긴 채권의 좋은 점은 채권으로서의 이자율이 비교적 높다는 것이다.

때문에 자산을 배분할 경우 인플레이션을 고려하여 듀레이션을 적절하게 선택해야 한다. 이는 일반투자자에게 쉬운 작업이 아니기에, 어떤 투자자들은 미국채에 투자하기보다는, 달러를 구매하여 헤징하기도 한다. 통상적으로 벤치마크에 해당하는 10년물을 많이 선택한다.

SUMMARY

미국채에 투자하면 경제 위기 상황에서 안전자산 선호 현상으로 인한 채권 가격 상승과 환차익 효과를 동시에 누릴 수 있다. 이는 코스피에서 발생하는 하락의 상당 부분을 상쇄한다.

인플레이션과 같은 국면에서는 채권 가격의 하락으로 인하여 주식과 채권이 동시에 손실을 발생시킬 수 있기에 주의를 요한다.

2-17 적립식 피라미딩 : 투자방법의 합성

앞서 레버리지를 활용하는 선물 피라미딩 전략이 꽤나 수익이 큰 투자방법임을 살펴보았다. 다만 해당 투자방법을 단독으로 사용할 경우 MDD가 -62.40%에 달하는 등 리스크가 상당했다. 그렇다면 이를 보수적인 적립식 투자와 병행한다면 어떻게 될까? 투자는 피라미딩 전략대로 하되, 투입 비중은 점증적립식과 동일하게 하는 것이다. 이를 실천하면 다음과 같이 투자하게 된다.

투자방법
① 매월 주식 계좌의 투자금을 60만 원씩 늘려나가되 남는 금액은 채권에 투자한다.
② 코스피가 3개월 이동평균보다 높으면 주식 계좌 투자금의 50%만큼 코스피 선물을 매수하고 남는 금액은 채권에 투자한다.
③ 2개월 연속 3개월 이동평균보다 높으면 주식 계좌 투자금의 150%만큼 신규 매수하여, 주식 계좌 투자금 200% 규모의 매수 포지션을 구축한다.
④ 이후 상승 추세가 유지되면 주식 계좌 투자금 200% 수준으로 포지션을 늘리고, 코스피가 3개월 이동평균보다 낮아지면 포지션을 전량 청산한다.

💡 투자 결과
- 1996년 1월 말 투자원금 : 100,000,000원(기준가 878.82)
- 2023년 12월 말 평가금액 : 505,209,822원(기준가 4,439.88)
- 투자 수익 : 505,209,822원(투자 수익률 405.21%, 연복리 5.96%)
- 고점 대비 최대 손실(MDD) : -17.71%

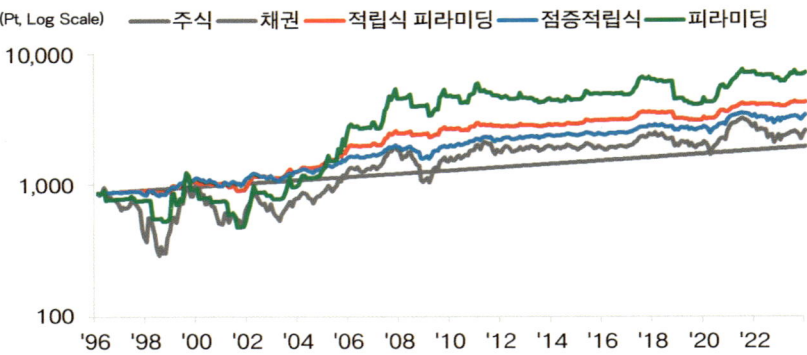

▎적립식 피라미딩 수익률 비교

위 그래프는 피라미딩과 점증적립식의 수익률과 둘을 섞은 적립식 피라미딩의 수익률을 비교한 것이다. 매우 공격적인 선물 피라미딩 거래와 매우 보수적인 적립식 투자는 어떻게 보면 전혀 어울리지 않는 별개의 투자방법이다. 그런데 두 방법을 섞으니 점증적립식보다는 수익률이 개선되었고, 피라미딩보다는 MDD가 크게 개선되었다.

앞서 살펴본 두 가지 투자방법을 조합하는 경우는, 투자금을 분산해 두 방법을 별도로 운용하는 것 또는 주된 투자방법에 나머지 투자방법을 보완적으로 첨가하는 것이었다. 그런데 이번에 살펴본 적립식 피라미딩은 성격이 판이한 두 투자방법을 완전히 섞은 경우라 할 수 있다. **이처럼 복수의 투자방법을 동시에 채택하여 새로운 투자방법으로 승화시키는 것을 '투자방법의 합성(Synthesization)'이라고 말한다.**

그렇기에 투자방법의 합성이 만들어낸 투자 결과는, 조합한 두 가지 투자방법의 평균값이 아닌 전혀 다른 결과를 내기도 한다. 때에 따라서는 크나큰 손실을 입을 수도 있기에 각각의 투자방법을 잘 이해하는 숙련된 투자자들에게 적합하다.

SUMMARY

복수의 투자방법을 섞어 새로운 투자방법으로 승화시키는 개념을 투자방법의 합성이라고 한다.

투자방법의 합성은 그것을 만든 두 투자방법의 성과와 완전히 동떨어진 투자 결과를 가져올 수도 있기에, 각각의 투자방법을 잘 이해하는 숙련된 투자자들에게 적합하다.

2-18 레버리지 투자 : 투자금을 늘려 전략 분산

지금까지 다양한 투자방법을 살펴보는 동안 기본적인 투자금은 1억 원으로 통일되었다. 그렇다면 은행 대출 등을 통해 투자금을 늘리는 선택지는 어떨까? **'레버리지 투자'를 수행하면 전체 투자 결과도 증폭시킬 수 있겠지만, 그에 대한 페널티로 대출이자가 지출되는 부분은 감내해야 한다.**

대출을 통해 늘어난 투자금은 여러 투자방법에 분산해 운용하는 것이 안정적일 것이다. 대출을 통해 총 3억 원을 투자금으로 확보한다. 그중 1억 원은 거치식 투자 중에서 가장 수익률이 높았던 추세투자법으로 운용하고, 다른 1억 원은 대표적인 적립식 투자였던 점증적립식으로 운용하고, 마지막으로 선물 피라미딩 거래로 1억 원을 운용한다. 이를 실천하면 다음과 같이 투자하게 된다.

투자방법

① 2억 원을 대출받아 전체 투자금을 3억 원에 맞춘다.
② 선물 피라미딩, 추세투자법, 점증적립식으로 각각 1억 원씩 운용한다.
③ 투자 기간이 종료될 때까지 대출 이자(연 6%)를 갚아나간다.

투자 결과

- 1996년 1월 말 투자원금 : 100,000,000원(기준가 878.82)
- 2023년 12월 말 평가금액 : 1,441,056,955원(기준가 12,664.30)
- 투자 수익 : 1,341,056,955원(투자 수익률 1,341.06%, CAGR 10.00%)
- 고점 대비 최대 손실(MDD) : -59.46%

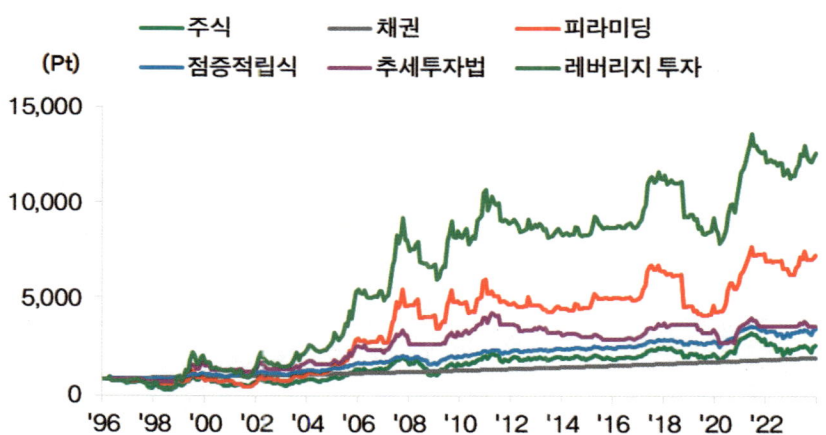

▎레버리지 투자 수익률 비교

위 그래프는 레버리지 투자와 다른 투자방법의 포트폴리오 수익률을 비교한 것이다. 레버리지 투자의 최종 평가액은 1,441,056,955원으로 대출받은 2억 원을 상환해도 어마어마한 수익이다. 그만큼 대출은 잘 활용할 경우 효용이 큰 투자방법이라 할 수 있다.

이 경우는 투자금이 큰 만큼 여러 종류의 투자방법에 분산투자했다. 투자방법별로 유리한 구간과 불리한 구간이 다른 만큼 분산투자를 하면 각 시점에서의 손실 리스크가 줄어드는 효과가 나타난다. 실제로는 각 투자방법마다 비중을 달리할 수도 있지만, 여기서는 세 종류의 투자방법에 모두 1억 원씩 같은 비중으로 선택하였다.

SUMMARY

대출을 받아 투자 수익을 증폭시키는 레버리지를 활용하는 것도 경우에 따라서는 매우 효과적인 방법이 될 수 있다.

2-19 투자전략의 비교 및 응용

이제까지 가장 단순한 매입보유법에서부터 극단적인 선물 피라미딩 거래까지 다양한 투자방법들을 간략하게나마 살펴보았다. 아무리 좋은 투자 대상이라고 해도 그냥 보유하는 것에 비해서 약간의 매매를 해주는 것이 투자 수익 개선에 훨씬 도움이 된다는 것을 알게 되었다.

그렇다면 여러 기법 중 내 상황에 맞는 기법은 무엇일까? 어떤 투자방법은 위험이 큰 대신 수익도 컸다. 그러나 단순히 수익의 크기만으로 투자방법을 선택한다는 것은 왠지 모르게 찜찜하다. 이제부터 투자방법의 특성을 분석하고 자신에게 알맞은 투자방법을 선정하는 방법을 살펴보자. 투자방법을 평가하는 각종 측정 지표들에 대해서 알아볼 것이다.

평가 대상에는 지금까지 살펴본 투자방법 외에 '추세-점증적립식(추세-점증 평가 전환 적립식)'이라는 투자방법이 추가되었다. 점증적립식으로 주식 비중을 늘려가며 투자하되, 시장이 악화될 땐 주식을 전량 처분하여 방어가 되도록 한 매우 안정적인 투자법이다.

샤프지수

특정 종목이 종합주가지수와 얼마나 비슷하게 움직이는지를 나타내는 베타계수를 연구한 윌리엄 샤프는, 베타계수를 바탕으로 특정 종목의 기대수익률을 산정하는 CAPM(자본자산가격결정모형)을 내놓은 바 있다. **CAPM과 CAPM에서 채택하고 있는 통계 수치를 활용하면, 투자방법의 수익률과 리스크를 고려해 종합적인 투자 성과를 측정한 값을 내놓을 수 있는데 이를 '샤프지수(Sharpe Index)'라 한다.**

$$S = \frac{E(R) - R_f}{\delta}*$$

샤프지수를 구하기 위해서는 해당 투자방법을 수행한 포트폴리오의 '투자 수익률(E(R))'에서 해당 기간 동안의 무위험자산 수익률(Rf), 즉 채권수익률을 뺀다. 그 뒤 투자 기간 동안 가격 변동이 얼마나 심했는지를 나타내는 '수익률 편차(δ)'로 나눠야 한다. 해당 투자의 변동성을 부담하면서 동일 기간 무위험자산에 비해 얼마나 초과수익을 올렸는지를 알아보는 취지이다. 분자에 투자 수익이 들어가고 분모에 위험 수치가 들어가는 형태로, 샤프지수가 높을수록 높은 성과를 내는 펀드라는 의미이다.

샤프지수에서 말하는 '투자 성과'란 단순히 얼마의 수익을 올렸는지가 아닌, 투자 과정에서 얼마나 리스크를 감내했는지까지 고려한 평가 점수임을 기억할 필요가 있다. 이런 의미에서 샤프지수를 '위험조정 성과지

---

* 투자 성과[S] = (투자 수익률[E(R)]-무위험자산 수익률[Rf])÷수익률 편차[δ]

표(Measure Risk-adjusted Performance)'라고 부르기도 한다.

구분	전략	월 평균 수익률 A	월 수익률 표준편차 B	샤프지수 Original (A-Rf)÷B	월 손실률 표준편차 C	샤프지수 변형 A÷C	월 손실률 평균 D	샤프지수 변형2 -A÷D
A	코스피	0.62%	7.73%	4.78%	4.82%	12.85%	-5.23%	11.85%
B	매입보유법	0.35%	3.35%	2.91%	2.20%	15.76%	-2.44%	14.21%
C	정률투자법	0.43%	3.86%	4.73%	2.40%	18.00%	-2.54%	17.03%
D	추세투자법	0.53%	4.62%	5.99%	3.33%	15.83%	-3.94%	13.37%
E	정액투자법	0.42%	3.87%	4.52%	2.51%	16.94%	-1.95%	21.75%
F	증액투자법	0.35%	2.35%	4.05%	1.87%	18.49%	-1.71%	20.15%
G	정률-추세투자법	0.48%	3.79%	6.06%	2.17%	22.11%	-2.33%	20.60%
H	스텝다운	0.71%	6.78%	6.79%	4.12%	17.22%	-3.99%	17.81%
I	변율투자법	0.52%	4.57%	5.88%	2.81%	18.46%	-2.68%	19.38%
J	정액적립식	0.37%	2.76%	4.32%	2.17%	17.02%	-2.02%	18.30%
K	절대모멘텀	0.56%	4.30%	7.24%	3.23%	17.40%	-3.20%	17.51%
L	점증적립식	0.45%	2.54%	7.69%	1.65%	26.99%	-1.74%	25.55%
M	헤지거래	0.62%	4.80%	7.75%	3.12%	19.94%	-2.87%	21.66%
N	피라미딩	0.91%	7.52%	8.72%	6.33%	14.32%	-6.35%	14.27%
O	레버리지 투자	1.17%	9.41%	9.79%	5.34%	21.92%	-4.44%	26.39%
P	적립식 피라미딩	0.51%	2.31%	11.17%	1.84%	27.57%	-1.90%	26.76%
Q	투자중단법	0.47%	2.83%	7.88%	2.18%	21.72%	-2.26%	20.92%
R	자산배분	0.44%	4.11%	4.66%	2.40%	18.37%	-2.66%	16.62%

■ 투자방법별 샤프지수

위 표는 이 책에서 연구된 투자방법들의 성과 지표를 정리한 내용이다. 코스피에 전부 투자하는 경우를 포함해서 지금까지 살펴본 투자방법의 '월평균 수익률', '월 수익률 표준편차' 등이 구해져있다. 계산 편의상 월평균 수익률은 최종적인 투자 수익률을 월 복리로 환산하였으며, 월 수익률 표준편차는 손익에 상관없이 월간 수익률의 표준편차를 계산하였다. 이를 바탕으로 다양한 버전의 샤프지수를 구했는데, 이에 대해서는 차차 살펴보도록 하자.

무위험자산 수익률(Rf)은 월 0.25%로 가정한다. 이를 바탕으로 위에서 설명한 샤프지수를 구한 값이 '샤프지수 Original'이다. 일단 적립식 투자가 매우 안전하다고 알려진 만큼에 비해서는, '정액적립식'의 샤프지수(4.32%)가 높게 나오지는 않았다는 점을 확인할 수 있다. 투자 초기에는 안전하지만 점차 적립 금액이 커지면서 위험 또한 증가하였기 때문이다. 극단적인 위험을 감수하며 투자 수익률을 끌어올린 '스텝다운'의 샤프지수(6.79%) 또한 별로 높게 나오지도 않았다는 사실을 확인할 수 있다. 위험을 감안한 입장에서는 그다지 우수한 투자전략이 아니라는 의미이다.

'정률투자법'의 경우 절반만 주식에 투자하여 나름의 안전을 도모하였음에도 불구하고 코스피 전부를 투자한 경우(4.78%)와 샤프지수(4.73%)가 동일하다는 점이 이상하다. 이는 코스피의 수익률이 채권 투자에 비해 크게 우수하지 못해 분자가 너무 작아졌기 때문에, 리스크를 나타내는 분모에서 차이가 나도 결괏값을 보면 큰 차이가 없기 때문이다. 그렇기에 '샤프지수 Original'은 투자전략의 우수함을 정확하게 나타내지는 못한다는 사실을 발견하게 된다.

샤프지수가 표준편차라는 통계 수치를 활용하는 데에는 수익률 분포가 정규 분포를 이룬다는 가정을 내포하고 있다. 그러나 여러 연구 결과에 따르면 주식시장에서는 정규 분포를 부정하는 '꼬리가 두터운 현상(Fat Tail Event)'이 종종 발견되고 있다. 일부 계량 투자 전문가는 주식시장의 수익률 분포가 오히려 '프레셰 분포(Frechet Distribution)'와 비슷하다고도 말한다. 이 말은 종전의 가격들로 도저히 예측할 수 없는 이례적이고 극단적인 변동성이 빈번하게 나타난다는 말이다.

그리고 단순한 표준편차를 통해 리스크를 판단할 경우 상방으로의 변동성, 즉 주가가 올라가는 움직임까지 위험으로 간주하게 된다는 한계가 있다. 학계에서도 위험을 나타내는 요인으로 변동성을 사용하나, 이에 대한 문제 제기가 이뤄진 바 있다.

저명한 투자자문가이자 저서『소음과 투자(Navigate The Noise)』를 집필한 리처드 번스타인(Richard Burnstein)은 "변동성이 위험이라면 복권은 아주 높은 확률로 -100%의 손실이기 때문에 변동성이 0에 수렴한다. 그렇다면 복권도 안전자산이냐?"는 비판을 하기도 한다. 즉 변동성이 아닌 손실 정도 자체에 집중해 리스크를 가늠해볼 필요가 있는 것이다.

그래서 월간 수익률 중에서 손실이 발생한 경우만 추려내어 표준편차를 측정한 값이 '월 손실률 표준편차'이다. 그리고 이것으로 단순히 '월평균 수익률'을 나눠 구한 값이 '샤프지수 변형'이다. '샤프지수 변형'은 위에서 나타난 '샤프지수 Original'의 문제점을 보완할 것으로 기대된다.

'샤프지수 변형'의 투자방법별 성과를 살펴보면 우선 '정률투자법 (18.00%)'이 '코스피(12.85%)'보다 월등히 우수한 값을 기록하고 있다. 이밖에도 여러 투자방법의 우수성이 비교적 잘 구분되고 있다.

그러나 '헤지거래(19.94%)'는 다소 신중하게 포지션 전체 청산까지 해가며 방어를 했는데도 불구하고, 시장 하락 시마다 공격적으로 매수하는 변율투자법(13.46%)과 큰 차이가 나지 않는 점이 다소 이상하다.

따라서 이번에는 '월 손실률 표준편차' 대신 '월 손실률 평균'을 구해서

'샤프지수 변형 2'를 구했다. 그 결과 '변율투자법(19.38%)' 대비 '헤지거래(21.66%)'가 약간 우수하게 나타났다. 그리고 모든 투자방법 중에 가장 우수한 투자방법은 '추세-점증적립식'으로 확인됐다.

이처럼 투자 결과와 통계 수치를 활용하여 투자방법별 우수성을 상호 비교할 수 있다. 실무에서는 여기서 살펴본 샤프지수와 약간씩 기준을 달리 한 '트레이너지수(Treynor Index)'와 '젠센의 알파지수(Jensen's Alpha Ratio)' 등도 활용되고 있으며, 편의에 따라서 무위험자산 수익률을 제외하고 계산하기도 한다.

지배원리

모든 투자자는 위험을 감내할 수 있는 성향이 각기 다르다. 어떤 투자자는 수익이 적더라도 안전한 투자를 하길 원하고, 어떤 투자자는 약간 더 위험을 감수하더라도 더 높은 투자 수익을 추구한다. 그렇기에 샤프지수는 투자방법을 선택하기에 완벽한 참고자료가 되지는 못한다. 계산 과정에 리스크 요인이 포함되기는 하지만, 결과값만 놓고 보면 어떤 게 더 위험하고 수익률도 높은지, 어떤 게 덜 위험하고 수익률이 낮은지를 파악할 수 없기 때문이다.

'지배원리(Dominance Principle)'는 각 투자방법의 수익 정도와 위험 정도를 상호 비교하여 우수한 투자방법들을 선별하는 판단 기준이다. 수익이 높은 것들 중에서 비교적 위험이 낮은 것은 무엇인지, 위험이 낮은 것 중에서 비교적 수익이 높은 것은 무엇인지 두 가지 기준을 효율적으로 만족시키는 대상을 찾아낸다.

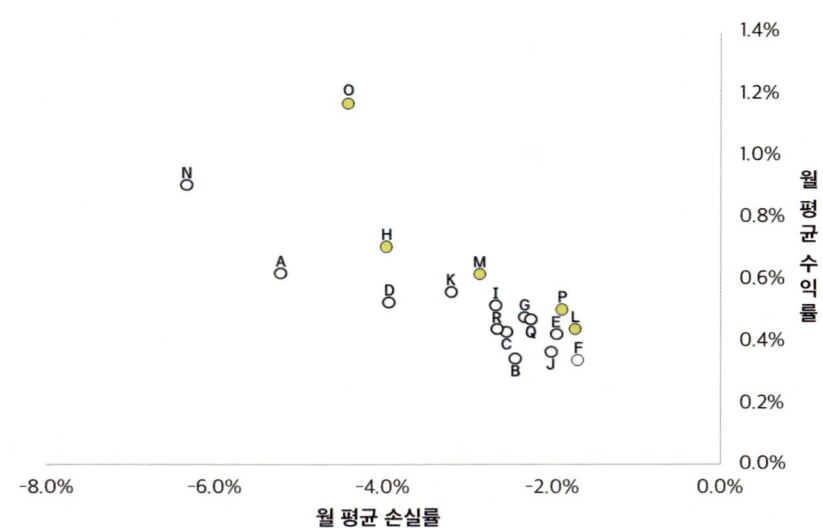

■ 투자방법별 지배원리(세로축 월평균 수익률, 가로축 월평균 손실률)

위 자료는 세로축을 '월평균 수익률'로 하고 가로축을 '월평균 손실률'로 한 2차원 그래프상에 투자방법들을 위치시킨 것이다. 이를 보면 지배원리에 따른 효율적인 투자방법이 무엇인지 알 수 있다. 알파벳은 앞서 샤프지수 표에 제시된 구분 기호에 따른다.

우선 '스텝다운(H)'은 '코스피(A)'에 비해 손실률(월평균 손실률)은 적고 수익률(월평균 수익률)은 높다. 그런 의미에서 스텝다운은 코스피에 투자하는 것보다 모든 면에서 우수하다고 볼 수 있다. 또 '추세투자법(D)'과 '적립식 피라미딩(P)'을 살펴보면 수익률은 비슷한데, 손실률에서 적립식 피라미딩이 크게 우수하다. 그러므로 적립식 피라미딩이 추세투자법보다 우수하다고 말할 수 있는데, 이는 '적립식 피라미딩이 추세투자법을 지배한다'고 표현하기도 한다.

이런 식으로 투자방법을 비교·분석하다보면 좌측 하단에 근접한 파란색 투자방법들은 경쟁력이 떨어지고 우측 상단에 근접한 노란색 투자방법들은 특색에 따라 나름대로 경쟁력을 갖췄다는 사실을 알 수 있다. 좌측 상단부터 차례대로 O(레버리지 투자), H(스텝다운), M(헤지거래), P(적립식 피라미딩), L(점증적립식)이다. 이들은 수익률이 늘어나는 만큼 손실률이 커지는 경향을 보이고 있다. 즉 안정성과 수익이라는 상호 반비례하는 가치에 따라 투자자들이 고를 수 있는 최적의 선택지가 되는 것이다.

높은 수익보다는 손실을 걱정하는 투자자(위험 기피자)라면 '점증적립식(L)'이 어울릴 것이다. 반면에 위험을 부담하더라도 보다 높은 투자 수익을 원하는 투자자(위험 선호자)라면 '레버리지 투자(O)'가 적당하다. 위험에 대한 성향을 '위험선호도(Risk Preference)'라고 말하는데, 우리말로는 '위험을 좋아한다'라는 표현이 어색하므로 '손실을 감수하는 수준'이라고 이해하면 좋을 것이다.

이익승수

시스템 트레이딩(컴퓨터 프로그램이 입력된 매매규칙에 따라 자동으로 매매하는 투자 기술)에서는 매매규칙의 우수성을 따져보는 과정을 거치기 마련이다. **이때 주로 쓰이는 지표가, 모든 거래를 이익 거래와 손실 거래로 분류하여 이익 거래들의 이익 금액을 합산한 총 이익 금액을 손실 거래들의 손실 금액을 합산한 총 손실 금액으로 나눈 '이익승수(Profit Factor)'다.**

구분	전략	월간 수익 총계 A	월간 손실 총계 B	이익승수 A÷B	최종 투자 수익 A-B	투자 수익률 (A-B)÷원금
A	코스피	141,702	121,488	1.17	20,214	202.1%
B	매입보유법	74,427	57,908	1.29	16,519	165.2%
C	정률투자법	88,081	64,740	1.36	23,341	233.4%
D	추세투자법	129,133	97,846	1.32	31,287	312.9%
E	정액투자법	57,844	34,976	1.65	22,868	228.7%
F	증액투자법	67,646	48,730	1.39	18,916	189.2%
G	정률-추세투자법	110,923	81,547	1.36	29,376	293.8%
H	스텝다운	162,674	120,568	1.35	42,106	421.1%
I	변율투자법	99,883	69,259	1.44	30,624	306.2%
J	정액적립식	81,033	60,776	1.33	20,257	202.6%
K	절대모멘텀	121,232	83,060	1.46	38,172	381.7%
L	점증적립식	87,885	58,101	1.51	29,784	297.8%
M	헤지거래	146,526	101,306	1.45	45,220	452.2%
N	피라미딩	263,099	189,967	1.38	73,132	731.3%
O	레버리지 투자	474,433	340,327	1.39	134,106	1,341.1%
P	적립식 피라미딩	79,121	39,063	2.03	40,058	400.6%
Q	투자중단법	79,115	46,387	1.71	32,728	327.3%
R	자산배분	104,300	81,000	1.29	23,300	233.0%

■ 투자방법별 이익승수

투자방법들의 이익승수와 이익승수를 구하기 위한 각종 지표를 나타낸 표다. 여기서는 월 단위로 끊어 이익 거래와 손실 거래를 구분했다. 전 월 대비 이익이 발생한 월들의 이익 금액을 합산하여 '월간 수익 총계'를 구한다. 또 전 월 대비 손실이 발생한 월들의 손실 금액을 합산하여 '월간 손실 총계'를 구한다. 그리고 '월간 수익 총계'를 '월간 손실 총계'로 나눠 '이익승수'를 구한다. 투자방법들의 '이익승수'를 비교해보면 대체로 앞서 살펴본 '샤프지수 변형 2'와 유사한 순위로 나타나는 것을 알 수 있다.

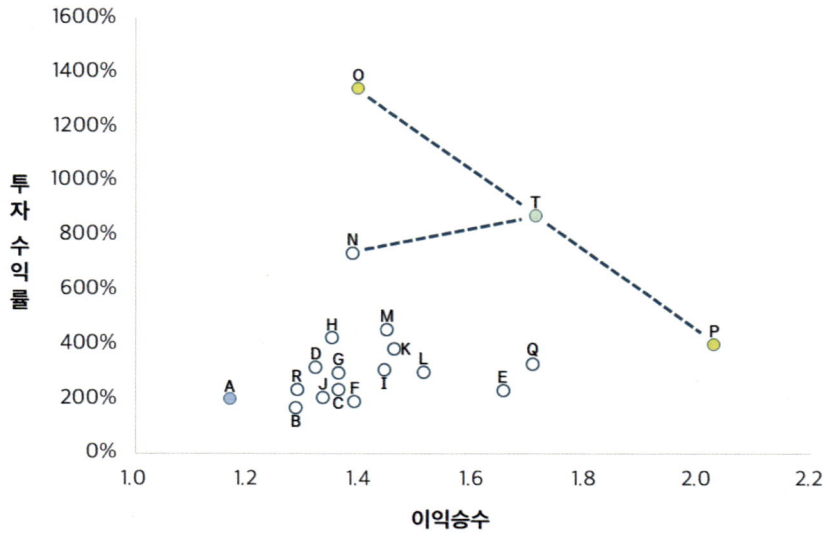

■ 이익승수(가로축)·투자 수익률(세로축) 그래프

위 그래프는 이익승수를 가로축으로, 최종적인 투자 수익률을 세로축으로 삼아 투자방법을 위치시킨 그래프이다. 우측 상단에 가장 가까운 '레버리지 투자(O)'와 '적립식 피라미딩(P)'이 가장 우수한 것으로 판별된다. 이때 레버리지 투자와 적립식 피라미딩에 투자금을 반반씩 나눠 운용하는 투자방법 'T'가 있다고 해보자. 두 투자방법의 중간에 위치하는 T는 가장 우수하면서도 수익과 리스크에서 밸런스가 잡힌 투자방법이며, 피라미딩(N)을 지배하는 투자기법이 된다.

새로이 구성된 T를 한 번 더 응용해보도록 하자. 위 그래프에서 '코스피(A)'는 모든 투자방법 중 가장 열등하다. 그렇다면 A를 반대로 구사하는 공매도를 한 뒤, 그 매도금과 원래의 투자금을 합쳐 T로 투자해보면 어떨까? 공매도를 활용해 레버리지를 발생시키는 것이다. A는 공매도 대상으로서 손실을 최소화할 수 있는 투자 대상이기도 하다. 그렇게 투자금을 두 배로 만들어 T로 투자하면 보다 높은 수익을 구현할 수 있을 것이다. A를 공매도 하여 원래 투자금의 두 배의 자금을 T에 투자하는데, 이를 '2T-A'라 하겠다.

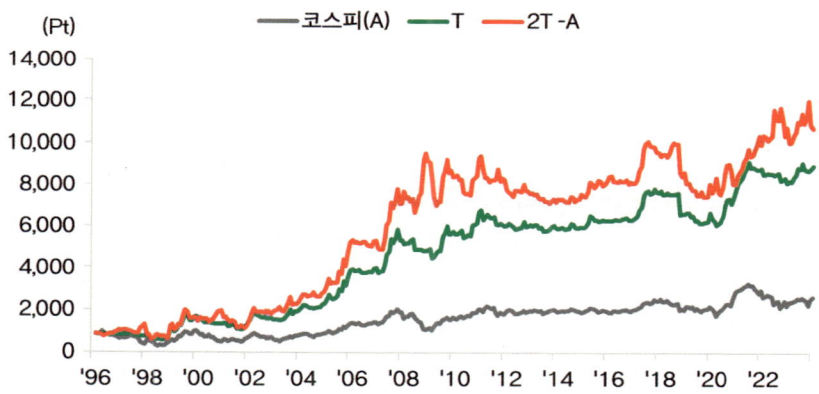

■ 2T-A 수익률 비교

위 그래프는 2T-A와 T의 수익률을 비교한 것이다. 기존의 T보다 더 높은 수익률을 기록한 것을 볼 수 있다. 이밖에도 '3T-2A'와 같은 방식으로 레버리지를 일으켜 투자방법을 무궁무진하게 파생시킬 수 있다. 여러 투자방법의 성과를 측정하다보면, 이처럼 그 투자방법들을 잘 활용하여 새로운 투자방법을 만들어낼 수 있게 된다.

아래 사례는 원 투자금의 두 배만큼 코스피를 공매도하여 미국 주식시장의 대표적인 지수 'S&P500'을 원 투자금의 세 배만큼 매수한 경우다. 나는 이 투자방법을 농담 삼아 '바이 코리아(Bye-Korea) 전략'이라고 이름 붙였다.

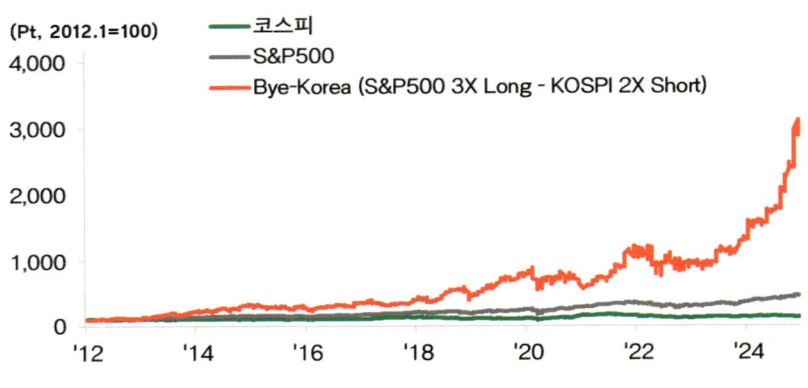

■ Bye-Korea 전략 수익률 비교

위 그래프는 Bye-Korea 전략과 S&P500의 수익률을 비교한 것이다. Bye-Korea 전략은 변동성이 크게 나온 편이지만 최종 시점에서의 수익이 엄청나다. 이 전략을 추천한다기보다는, 이런 식으로 파생되는 전략이 무궁무진함을 보여주기 위한 사례이다. 즉, 성과가 부진한 전략이나 자산군을 매도하고, 성과가 우수한 전략 또는 자산군을 매수하는 전략으로 파생될 수 있다는 의미이다.

MDD

시스템 트레이딩에서 중요하게 살펴보는 또 하나의 지표는 MDD이다.

앞서 설명하였듯 이 수치는 투자 수익선이 최고점에서 최대로 하락한 폭을 가리킨다. 보통 시스템 트레이딩에서는 거래 금액의 수준이 크게 변하지 않기 때문에 손실의 정도를 금액으로 파악하지만, 여기서는 투자 금액이 크게 변하기 때문에 손실률을 기준으로 살펴보기로 한다.

구분	전략	MDD A	투자 수익률 B	MDD PF -B÷A
A	코스피	-69.6%	202.1%	2.90
B	매입보유법	-33.5%	165.2%	4.94
C	정률투자법	-39.7%	233.4%	5.88
D	추세투자법	-36.2%	312.9%	8.65
E	정액투자법	-42.8%	228.7%	5.34
F	증액투자법	-23.1%	189.2%	8.20
G	정률-추세투자법	-27.2%	293.8%	10.82
H	스텝다운	-60.8%	421.1%	6.93
I	변율투자법	-46.1%	306.2%	6.65
J	정액적립식	-26.7%	202.6%	7.59
K	절대모멘텀	-33.2%	381.7%	11.48
L	점증적립식	-20.7%	297.8%	14.35
M	헤지거래	-36.5%	452.2%	12.39
N	피라미딩	-62.4%	731.3%	11.72
O	레버리지 투자	-59.5%	1,341.1%	22.56
P	적립식 피라미딩	-18.8%	400.6%	21.33
Q	투자중단법	-18.4%	327.3%	17.78
R	자산배분	-35.9%	233.0%	6.49

▮ 투자방법별 MDD

투자방법별로 'MDD'와 '투자 수익률'을 나타낸 표다. 'MDD PF'는 '투자 수익률'을 'MDD'로 나눈 수치로, 수익률을 손실률로 나눴다는 점에서 'MDD 이익승수'라고 말하기도 한다.

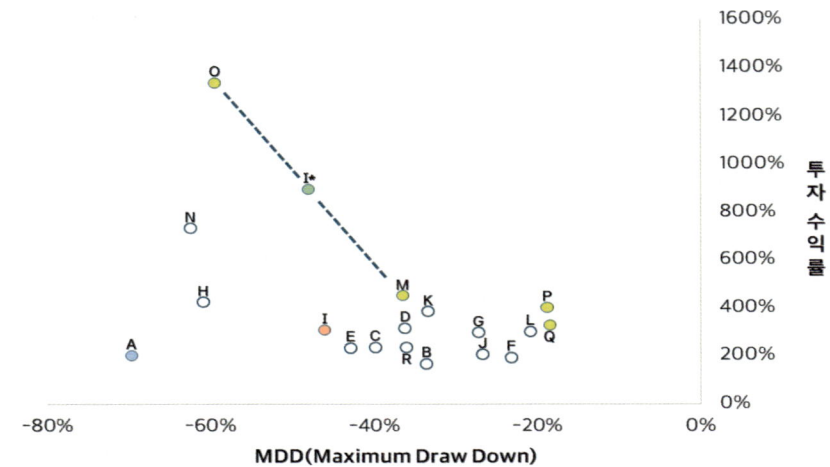

▎MDD(가로축)·투자 수익률(세로축) 그래프

'MDD'를 세로축으로, '투자 수익률'을 가로축으로 하여 투자방법들을 배치시킨 그래프다. 여기서도 우측 상단에 가까운 노란색 투자방법들이 추려진다. 좌측 상단부터 '레버리지 투자(O)', '헤지거래(M)', '적립식 피라미딩(P)', '투자중단법(Q)' 등이 나머지 방법에 비해 상대적으로 유리한 것으로 판별된다.

녹색 투자방법은 '레버리지 투자(O)'와 '헤지거래(M)'에 절반씩 투자한 경우다. 이 투자방법의 이름은, 마침 투자 수익률이 비슷한 '변율투자법(붉은색, I)'과 비교하기 위해 'I*'이라고 하겠다. MDD의 경우 I*(−48.0%)과 변율투자법(−46.1%)이 비슷하다. 하지만 투자 수익률의 경우 I*(896.6%)이 변율투자법(306.2%)보다 훨씬 우수하다. 만약 변율투자법 정도의 리스크를 감수하면서, 수익률이 더 우수한 투자법을 원하는 투자자라면 I*이 좋은 대안이 될 것이다.

이처럼 MDD와 관련된 그래프를 활용하면, 각 투자방법의 수익률과 리스크 정도를 파악 및 조합하여, 내가 원하는 수준의 수익률과 리스크를 갖춘 투자방법을 개발할 수 있다.

SUMMARY

샤프지수는 각 투자방법의 수익과 리스크가 얼마나 우수한지를 보여준다.

지배원리는 각 투자방법을 상호 비교하여, 수익률과 손실률처럼 서로 다른 방향의 두 가지 기준을 가장 효율적으로 충족시키는 투자방법들을 가려내는 개념이다.

이익승수를 통해 수익률이 가장 낮은 투자 대상을 공매도하여 레버리지를 일으킬 수 있다.

MDD와 관련 그래프는 각 투자방법을 조합하여 원하는 수준의 수익률과 손실률을 갖춘 투자방법을 개발할 때 용이하다.

CHAPTER 3
알파투자전략

3-1 알파투자전략에 들어가며

앞서 살펴본 베타투자전략 예시들에서 수익이 난 것은, 투자 기간 (1996~2023)을 28년으로 매우 길게 가져갔고 또 장기적으로 코스피 시장이 우상향했기 때문이다. 그러나 1997년부터 2023년까지 물가 상승률은 총 204.6%(통계청 소비자물가조사)로 그만큼 돈의 가치가 떨어진 셈인데, 해당 기간 동안 투자금의 2~3배 수익을 올린 일부 투자방법들은 제대로 된 수익을 냈다고 보기가 힘들다. 결국 레버리지나 MDD 면에서 리스크를 크게 진 투자방법만이 28년의 투자 기간 대비 유의미한 수익을 냈다.

그렇다면 우리가 앞으로 베타투자전략을 통해 수익을 내기 위해서도, 리스크 있는 투자방법으로 장기간 투자해야 한다는 얘기가 된다. 그러나 개인투자자들이 특정 투자방법을 20년 넘게 유지하기란 쉽지 않은 일이다. 여기에는 무엇보다 '앞으로도 계속해서 코스피가 우상향할 것'이라는 믿음이 필요하다. 현실적으로 베타투자전략을 이와 같이 수행하는 사람은 거의 없기 마련이다.

결국 현실에서 대부분의 투자자들이 수행하는 베타투자전략은, 현재 시장의 추세를 예측해 해당 구간에 맞는 투자방법을 구사하는 식으로 전개될 것이다. 시장이 상방 추세든 하방 추세든 비추세 박스권 구간이든 특정 추세를 보이고 있을 때, 해당 추세에 맞는 투자방법을 길면 1~2년 정도의 템포로 구사하여 수익을 낸다. 물론 이러한 투자방법의 기본 전제는 '추세에 대한 예측이 맞아야 한다'는 점이다. 추세 예측에 실패해 잘못된 투자방법을 구사하면 손실만 입을 확률이 높다.

결국 베타투자전략은 현재 추세에 대한 올바른 판단을 요한다. 또 시장이 진행되는 중에 갑작스러운 되돌림이 나와도, 제대로 대응할 수 있는 자질을 요한다. 다시 말해 베타투자전략은 투자(Investment)라기보다는 넓은 의미의 트레이딩(Trading)에 속한다. 그러므로 결과적으로 보면 절반 이상이 실패할 수밖에 없다. 실제 시스템 트레이딩으로 베타투자전략에 대한 모의거래를 해보면, 최고 승률이 겨우 40%에 불과했다.

상황이 이러한지라 어떤 투자자들은 시장의 움직임을 예측하는 데 자신이 없거나, 이를 정확히 예측하는 것은 불가능하고 무의미한 일이라 판단하기도 한다. **이런 이들은 시장의 추세에 집중하는 투자가 아닌 개별 종목에 집중하여 시장 수익률을 초과하는 것을 목표로 한 투자를 하는데, 이를 '바텀업**(Bottom Up)**투자전략' 또는 '알파투자전략'이라고 한다.**

알파투자전략 또한 베타투자전략과 마찬가지로 시장에서 수익을 낼 수 있는 전략적 요인들이 연구되어왔다. 대표적으로 유진 파마(Eugene Fama, 1939~)와 케네스 프렌치(Kenneth French, 1954~)가 발표한 '파마-프렌치 3팩터 모델(1993)'과 '파마-프렌치 5팩터 모델(2014)' 등이 있다. 개별 주식의 가치는 '규모, 가치, 영업이익, 투자, 시장' 등 5가지 요소에 의해 결정된다는 것이다. 이들의 연구의 흐름은 종목 판단에 영향을 미치는 가치체계를 규명하는 방향으로 집중되었는데, 이를 '팩터(Factor)'라 한다.

현재 시장에서 주요하게 거론되는 팩터들로는 '가치(Value)', '규모(Size)', '모멘텀(Momentum)', '변동성(Volatility)', '퀄리티(Quality)', '성장(Growth)', '배당(Dividend Yield)' 등이 있으며, 이러한 팩터들을 중심으로 한 투자를 '팩터투자(Factor Investing)' 혹은 '스마트 베타투자(Smart Beta Investing)'라고 한다. 이번 장의 제목이자 대주제인 알파투자전략은 바로 이 팩터투자를 중심으로 내용을 전개하며 알아볼 것이다.

팩터투자에서 각 팩터에 대한 개별적 인식은, 투자방법론적인 측면에서 다양한 조합을 이끌어내기 위한 밑바탕이 된다. 앞서 베타투자전략에서 투자방법들을 다양하게 조합했듯이, A와 B를 섞어 혹은 C와 D를 섞어 시너지가 발생할 가능성을 더 구체적으로 살필 수 있는 것이다. 그리고 이러한 조합을 응용하면 여러 투자 대가들의 투자방법을 간단하게 정리하고, 이를 재현·계량할 수 있다는 장점이 있다. 이러한 이유에서 팩터투자를 중심으로 알파투자전략을 진행시키기로 했다.

서문에서 밝힌 것처럼 본서의 개정판에서는 가치투자전략을 알파투자전략이라는 보다 포괄적인 개념으로 전달하기로 했다. 그 이유는 공교롭게도 본서의 구판이 발표된 2009년과 달리, 현재의 주식시장에서는 '가치투자의 종언'에 대한 논쟁이 벌어지고 있기 때문이다.

내가 이 책의 개정 작업에서 가치투자전략을 그대로 쓰는 것이 아닌 알파투자전략으로 선회한 이유는, 가치투자의 대안을 제시하고자 함이 아닌 팩터투자를 포함한 시장의 트렌드들과 가치투자를 연결시켜 가치투자의 의미를 보다 넓게 확장시키기 위해서다.

이를테면 가치투자자 중에도 단지 기업 가치에 비해 저렴한 주식만을 매입하는 '저가 매수자(Bargain-Hunter)'만 존재하는 것은 아니다. 추세 추종 투자를 채택한 가치투자자도 분명 존재하는데, 이들의 투자방법은 팩터투자의 팩터 중 '가치(Value)'와 '모멘텀(Momentum)'을 조합한 '밸류-모멘텀(Value-momentum Strategy)'이라고 부를 수 있겠다. 또한 성장 가능성이 높은 기업을 저가에 매수하여 장기간 보유하는 '퀄리티-가치(Quality Value)' 스타일의 가치투자자 또한 존재하는데, 워런 버핏 또한 퀄리티-가치 투자자라 정의할 수 있다. 이처럼 알파투자전략을 탐구하는 과정에서, 가치투자에 대한 기존의 좁은 인식에서 벗어날 필요가 있다.

물론 '우량주를 저렴한 가격에 매수하여 장기보유하는 것'과 '주식시장의 영원한 테마는 실적' 같은 가치투자의 정석에서 크게 벗어나지는 않을 것이다. 기업의 펀더멘털(Fundamental, 내재가치)을 중심으로 한 투자를 하되, 다양한 팩터를 활용하여 투자의 선택지를 넓혀나갈 것이다.

> **SUMMARY**
>
> 알파투자전략이란 시장의 추세에 집중하는 투자가 아닌 개별 종목에 집중하여 시장 수익률을 초과하는 것을 목표로 한 투자다.
>
> 알파투자전략에서 투자판단의 기준이 되는 팩터(요소)로는 '가치(Value)', '규모(Size)', '모멘텀(Momentum)', '변동성(Volatility)', '퀄리티(Quality)', '성장(Growth)', '배당(Dividend Yield)' 등이 있다.

3-2 가치투자 : 낮으면 매수 높으면 매도

기본적으로 '가치투자(Value Investment)'라 하면 주식의 실제 가치와 비교하여 현재의 주가보다 저렴하면 매수하고, 비싸면 매도하는 전략을 가리킨다. 주식시장에는 'BLASH(Buy Low and Sell High)', 즉 '싸게 사고, 비싸게 팔라'는 말이 있다. 이 말의 진짜 의미는 '(가치에 비해) 싸게 사고, (가치에 비해) 비싸게 팔라'라는 말이다.

'주식의 가치'를 파악하는 일은 결국 '기업의 가치'를 파악하는 일로 연결된다. 주식의 가치는 기업의 가치 외에도 시장 분위기 등 기타 요소의 영향을 받지만, 가장 크게 영향을 받는 것은 기업의 가치라는 점에 동의하지 않는 투자자는 없을 것이다.

기업의 가치를 제대로 판단하려면, 회사의 임직원보다도 회사의 사정에 밝아야 한다. 종합검사를 진행한 의사가 환자 자신보다 환자의 몸에 대해 더 잘 아는 것처럼, 투자자는 내부 구성원보다 회사의 사정에 정통해야 한다. 실제로 산업 현장에서는 기업의 경영자가 자기 회사의 구체적인 상황을 알아보기 위해 애널리스트에게 찾아오는 경우도 있다.

기업의 가치를 판단하는 방법은 다양한데, 대개 어느 한 방법보다는 여러 가지 방법론을 동시에 적용한다. 우선 가치투자의 대표적인 인물들을 살펴보며 기업의 가치 파악에 대한 방법론과 철학을 살펴보자. 이 과정에서 가치투자가 무엇인지에 대한 이미지를 명확하게 잡아나갈 수 있다.

벤저민 그레이엄

가치투자를 처음 제시한 벤저민 그레이엄은 변덕스러운 주식시장을, 마치 인격을 가진 것 같다 비유하여 '미스터 마켓(Mr. Market)'이라고 이름 붙이기도 했다. 그리하여 미스터 마켓을 이길 수 있는 투자방법은 가치투자뿐이라 강조하였다.

"미스터 마켓은 매우 변덕스럽고 히스테릭하기 때문에 순간적인 기분에 따라 터무니없는 가격을 제안하기도 한다. 투자자는 미스터 마켓이 터무니없이 높은 주가를 제안하면 주식을 팔면 되고, 반대로 터무니없이 낮은 주가를 제안하면 주식을 사면 된다. 가치투자자는 오로지 가치를 기준으로 투자하되 시장의 변동은 무시해야 한다. 상승하고 있기 때문에 매수하거나 하락하고 있기 때문이 매도해서는 안 된다."

그레이엄은 그의 저서인 『증권분석(Security Analysis)』에서 다음과 같이 언급하기도 했다.

"투자는 철저한 분석을 통하여 원금의 안전과 충분한 수익을 약속받는 행위이다. 이 요건을 충족하지 못하면 투기이다."

대부분의 투자자를 투기꾼으로 만드는 보수적인 정의이다. 다소 극단적이어 보일 수 있는 그레이엄의 투자에 대한 정의는, 그가 살아온 시대 배경을 살펴보면 어느 정도 이해가 되는 부분이 있다. 1894년에 태어나 20살에 월 스트리트로 뛰어든 그레이엄은 현업에서 1929년 대공황을 겪은 사람이다. 대공황 당시 미국 주식시장 시가총액의 약 90%가 증발했다. 그는 인류 역사상 최고로 극단적인 경제적 위기를 목도한 뒤 투자의 기준을 마련하다보니, 투자를 매우 엄격하게 정의하게 된 것이다.

다만 오늘날의 투자시장에 그레이엄의 투자 철학을 그대로 적용하는 것이 순탄치는 않다. 그때는 철도 회사가 성장산업으로 꼽히던 시절이었으며, 기업의 '유형자산(부동산, 설비 등)'을 토대로 이익이 창출되는 것이 당연시되던 시대였다. 때문에 기업의 가치를 판단할 때도 오로지 '자산가치(기업의 순자산액을 주식 발행량으로 나눈 값)'나 '수익가치(기업의 장래 수익력을 평가한 금액)' 같은 가시성이 높은 항목으로만 고려했다. 이러한 방법론에 기초해 '기업 이익의 질'을 분석하는 것이 『증권분석』의 주된 내용이다. 반면 현재 산업 생태계에서는 유형자산보다 무형자산(브랜드, 기술력, 인적자원 등)의 중요성이 강조되고 있다. 그렇기에 오늘날의 투자시장에는, 약 100년 전의 내용을 어느 정도 보완하여 적용하는 것이 현명하다.

오늘날 기업의 가치를 평가할 때 가장 많이 거론되는 수치는 'PBR(Price-To-Book Ratio, 주가순자산비율)'과 'PER(Price Earnings Ratio, 주가이익비율)'이다. 각각 기업의 주가를 장부가치(기업의 자산에서 총 부채를 뺀 금액)와 순이익으로 나눈 값인데, 많은 가치투자자들이 이 두 수치만 확인해 보고 기업의 가치를 평가했다고 자부한다. 퀀트(Quant, 통계학과 수학에 기반한 정량적 투자)투자자들과 금융학계는 PBR과 PER이 낮은 상위 20% 종목을 '가치주(Value Stock)'라고 정의하기도 한다.

그러나 가치투자의 개념을 처음 제시한 그레이엄은 '기업의 내재가치보다 저렴하게 구입해야 한다'고 말했지 'PBR과 PER이 낮은 기업만이 가치투자'라고 말하지는 않았다. 우리가 진정으로 기업의 가치를 파악하고자 한다면, 기업의 내재가치가 무엇인지를 끊임없이 고민해봐야지, PBR과 PER을 파악하는 것에 만족해서는 안 된다(주식시장 상규 상 이 책의 본문 전반에서, 가치주를 언급할 때는 PBR과 PER이 낮은 종목을 지칭한다).

그렇다면 그레이엄이 말한 기업의 내재가치는 무엇인가? 그레이엄은 이에 대해 명료하게 정의를 내리기는 했지만, 이 또한 현재 시점에서 그대로 적용하기엔 적합하지 않다. 오늘날 무엇이 내재가치인지와 내재가치를 계산하는 방법은 투자자마다 다양하게 나타나는데, 이에 대해서는 3장에서 상세히 살펴볼 수 있다.

그레이엄의 투자 공식 중 가장 중요한 것은 '시가총액이 기업의 순 유동자산 대비 3분의 2 이하면 매수하라'는 것이다. '유동자산'은 1년 안에 현금화할 수 있는 자산으로 현금, 예금, 주식, 외상매출금, 재고자산 등이며, '순 유동자산'은 유동자산에서 부채를 제외한 수치이다. 즉 기업이 당장 문을 닫는다 해도 손에 쥘 수 있는 현찰이 얼마인가에 주목하는 것이다. 절대로 손해 보지 않으려는 극단적으로 보수적인 투자이다.

그레이엄은 '공모주(증권시장에 막 상장하는 기업의 주식)'도 적극 회피하였다. 한 마디로 투자 판단에 있어 '기업의 장밋빛 미래'에 대한 인식을 완전히 접어둔 것이다. 하다못해 채권적 성격의 '우선주(배당이나 재산분배에 우선권을 가진 주식)' 또한 채권보다 안전하지 않고 주식보다 투자 매력이 없다는 이유로 싫어했다. '성장주(미래산업 분야의 주식)'는 미래를 정확히 예측할 수 없기 때문에 신뢰할 수 없다고 판단했다. 그중에서도 첨단기술주는 절대로 회피하였다.

그레이엄은 대단히 보수적인 투자자였다. 내재가치를 보수적으로 산정하여 아주 싼 가격에 매수하는 투자자였다. 이마저도 실패할 가능성을 염두에 두고 가급적 여러 종목에 분산투자를 하였다. 그럼에도 불구하고 그레이엄이 투자에서 많은 돈을 벌어들일 수 있었던 경쟁력은, 투자에 있어 '가치'라는 과학적인 기준을 제시하며 현대적인 투자방법론을 출범시킨 점에 있다.

필립 피셔

필립 피셔(Phillip Fisher, 1907~2004) 또한 대공황 시기에 투자를 시작하였기 때문에 기업 분석에 있어 매우 보수적이던 투자자였다. 그러나 그레이엄과 달리 필립 피셔는 기업에 대한 '현장조사'라는 정성적 분석을 제시하였다. 그는 해당 기업의 경영진은 물론이고 거래처나 경쟁사에 방문해서도 기업의 정보를 찾아냈다. 그렇게 끈질긴 현장조사를 실시하여 기업의 미래에 확신이 서면, 주식을 집중적으로 매수했다.

그레이엄이 기업이 당장 파산하여도 수익이 발생하는 소극적이며 정량적인 방법론을 중심으로 접근하였다면, 필립 피셔는 기업의 미래와 운명을 같이 하려는 적극적이며 정성적인 방법론을 채택하였다. 또한 그레이엄의 경우 주식을 매수하여도 주가가 기업의 가치에 근접하면 매도하고 다시 멀어지면 매수하는 등의 트레이딩을 한 반면, 필립 피셔는 한번 확신을 가지고 매수한 종목을 끈기 있게 보유하였다.

> "투자의 목적은 장기적으로 자산을 증식시키는 데에 있으므로, 단기 매매를 지양하고 정말 좋은 '위대한 기업'에 집중 투자하라."

필립 피셔는 '매출액대비이익률'과 '자본대비이익률'이 상승 기조에 있고, 업계의 선도 기업이며, 유능한 경영진이 이끄는 기업을 매력적으로 보았다. 장기적으로 높은 성장을 기록할 수 있는 기업의 요건이 거기에 있다고 본 것이다.

SUMMARY

가치투자란 주식의 실제 가치와 비교하여 현재의 주가보다 저렴하면 매수하고, 비싸면 매도하는 전략을 가리킨다.
오늘날 금융학계는 PBR과 PER이 낮은 상위 20% 종목을 가치주라고 정의하나, 가치투자를 처음 제시한 벤저민 그레이엄은 기업의 내재가치가 높은 기업을 가치주라고 정의했다.

심화❸ 가치투자는 죽었는가?

이 책의 개정판이 구판과 구분되는 분수령은 '금융위기 이후의 가치투자'를 다룬다는 점이다. 2008년 금융위기 이후로 '가치투자의 몰락'이라는 주제가 심심찮게 뉴스를 장식했다.

정말 가치투자는 이제 더 이상 작동하지 않는 투자방법론인가? 2009년에 나온 이 책의 구판을, 2024년에 개정하는 나의 입장에서는 이 질문에 답할 의무가 있다.

최근 15년간 투자 시장에서 가치투자는 장기적으로 부진하는 모습을 보여줬는데, 한국 시장 또한 예외가 아니었다. 2010년 이전에는 기업의 PER(주가÷주당순이익)만 보고 투자해도 '초과성과(종합주가지수보다 높은 수익)'를 낼 수 있었던 장이었지만, 이제는 이러한 저(低)PER 규칙이 제대로 작동되지 않고 있다.

이런 상황에 대해 일각에서는 '사실 어떤 투자 현인도 가치투자를 주장한 바 없었다'는 극단적인 주장을 하기도 한다. '가치라는 개념은 애초에 오염된 투자 문헌과 그럴듯한 이야기로 인하여 생겨난 불행한 거짓

긍정(Unfortunate False Positive)이다'라고 언급하는 사람도 있을 정도다.

그러나 '가치(Value)'는 '규모(Size)', '모멘텀(Momentum)', '변동성(Volatility)', '퀄리티(Quality)', '성장(Growth)', '배당(Dividend Yield)' 등 다른 시장 개념과 마찬가지로 오랜 시간 다양한 국가, 산업 환경, 자산군에서 초과수익을 창출해온 것이 검증된 투자 기준이다. 가치투자의 효과가 존재한다는 통계적 증거가 상당한데, 투자 관련 학계 및 업계에서는 교본처럼 받아들여지고 있다.

고작 15년가량의 성과 부진이 100년간의 연구 결과 및 통계적 유의성을 부정할 수는 없다. 이에 대해서는 '원래부터 투자 기준마다 10년씩 효력을 잃는 현상은 자주 일어난다'는 주장도 있다. Newfound Research의 창립자 코리 호프스타인(Corey Hoffstein)은 자사 홈페이지에 기고한 「Factor Fimbulwinter(팩터의 혹독한 겨울)」[*]라는 글에서 "일부 팩터가 10년 넘게 작동하지 않는 기간은 생각보다 자주 찾아볼 수 있다"고 주장하였다.

대표적인 예로 사이즈효과(Size Effect, 소형주 수익률이 높은 현상)의 30년간 효력 상실이 있다. 1981년 '소형주가 초과성과를 발생시킨다'는 논문이 발표된 이후로, 소형주에 대한 투자 성과가 부진했다가, 30년 뒤 2010년대 들어서야 효력이 되돌아온 게 관측된 것이다. 그는 현재의 가치투자가 과거의 사이즈효과와 비슷한 상황에 처해있다고 볼 수 있기에, 가치투자의 효과가 영구적으로 상실되었다는 사실이 입증되기 위해서는 총

---

* https://blog.thinknewfound.com/2018/06/factor-fimbulwinter/

67년의 성과 부진이 필요함을 강조하였다.

그렇다면 가치투자의 수익성이 낮아진 원인은 무엇인가? 바로 지난 15년간의 '저금리'가 그 원인이라 할 수 있다. 세계적인 저금리로 인해 기업의 자본조달이 쉬워지다보니 가치주 대비 성장주의 경쟁력이 올라가 버린 것이다.

켄 피셔(Ken Fisher, 1950~)는 저서 『3개의 질문으로 주식시장을 이기다(The Only Three Questions That Count)』에서 금리와 기업의 자본조달의 관계에 대해 설명한 바 있다. 먼저 그 내용을 요약해보면, 기업은 꼭 사업으로 수익을 내지 않아도 대출 및 자사주 매입을 통해 주당순이익을 올릴 수 있다는 얘기다.

기업의 주당순이익을 주가로 나눈 값(PER의 역수)을 '이익수익률'이라 하는데, 이는 기업이 주가에 대비하여 수익을 얼마나 잘 만들어내는지를 보여준다. 당연히 수익 구조가 불안정한 '성장주'는 이익수익률이 낮은 편이고, 자산가치와 수익가치가 높은 '가치주'는 이익수익률이 보다 높은 편이다.

동시에 이익수익률은 회사가 자사주 매집을 할 경우 주당순이익을 끌어올릴 수 있는 정도를 나타내기도 한다. 예를 들어 이익수익률이 20%(1÷5)인 기업이 자사주 매집을 진행하면, 해당 주식 보유자들의 지분이었던 20%의 수익이 회사에 확보되므로 회사의 주당순이익이 그만큼 올라가게 된다.

이는 주가에 즉각적으로 반영되는 요소이기에 금리보다 높은 이익수익률을 보이는 기업의 경우 대출을 통해 확보한 자본으로 자사주 매입을 진행하기도 한다. 물론 이익수익률이 낮은 성장주들은 대부분의 경우 이런 식의 대출 및 자사주 매입을 진행할 수 없다.

그런데 최근 15년간의 기록적인 저금리가 이를 가능하게 했다. 성장주는 원래 신규 산업에 적극적으로 투자할 수 있지만, 당장의 수익률을 기대하긴 힘들다는 한계를 갖고 있었다. 그런데 대출 및 자사주 매입을 통해 주당순이익을 높일 수 있게 되니, 두 마리 토끼를 동시에 잡게 된 것이다.

이로 인해 성장주의 가치가 비약적으로 상승되어 가치주가 상대적으로 외면을 받아왔다. 투자자 또한 저렴하게 대출을 받아 빠르게 수익을 낼 수 있는 종목을 찾으니, 주식시장에는 성장주 랠리가 펼쳐진다. 적자를 내더라도 벤처캐피탈 등으로부터 자본조달을 받아 투자와 성장을 반복해온 아마존이나 쿠팡 같은 기업이 이러한 모델에 속한다.

반면 이런 기업들은 금리가 높아지기 시작하면 대출 이자를 감당하기가 힘들어져 큰 고비를 맞게 된다. 최근 스타트업 폐업이 잇달아 일어나며, 카카오 같은 기업들이 힘겨워하고 있는 현상은 모두 이러한 맥락과 무관하지 않다.

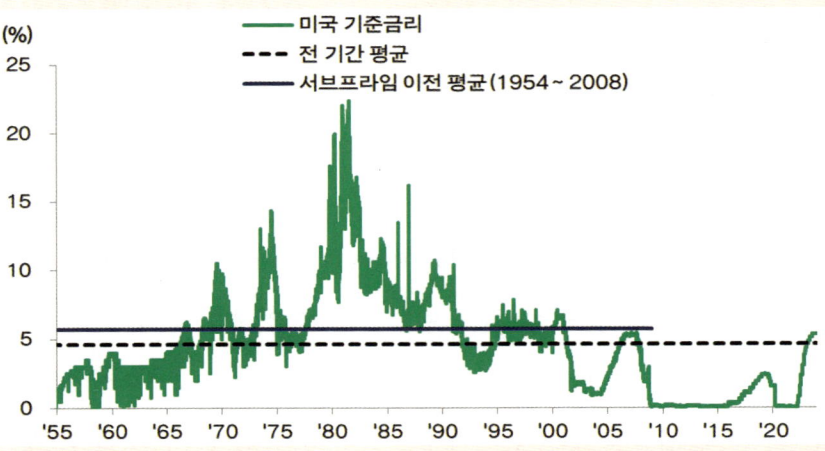

▎미국 연방준비제도이사회 실효금리 / 자료 : 세인트루이스 연방준비은행

　위 그래프는 1954년부터 2023년까지 미국 연방준비제도이사회의 실효금리(Federal Funds Effective Rate)를 나타낸다. 가치투자가 어려움을 겪어온 2008년 이후는 유례없는 저금리 시기라고 할 수 있다.

　서브프라임모기지 사태를 겪고 난 후 '제로 금리'라는 말이 시중에 등장하였다. 2009년부터 2021년까지 실효금리 평균은 무려 0.52%였다. 1954년부터 2008년까지의 평균 금리가 5.69%였다는 점을 고려하면, 우리는 최근 15년간 유례없는 저금리와 뉴노멀(New Normal) 시대에 살았던 셈이다.

　그렇다면 최근 수년간의 금리 상승 흐름은 다시금 가치주의 경쟁력이 상대적으로 유리해지는 국면이라 볼 수 있겠다.

	1위	2위	3위	4위	5위	6위	7위
2002	소형가치 (13.34%)	중형가치 (11.17%)	대형가치 (1.84%)	대형성장 (-6.79%)	MKF500 (-9.89%)	소형성장 (-32.07%)	중형성장 (-33.67%)
2003	소형가치 (70.97%)	대형가치 (57.01%)	중형가치 (45.8%)	MKF500 (28.79%)	중형성장 (28.14%)	소형성장 (22.96%)	대형성장 (18.1%)
2004	중형가치 (49.4%)	소형가치 (46.53%)	대형가치 (28.52%)	MKF500 (7.27%)	대형성장 (0.63%)	소형성장 (-7.41%)	중형성장 (-16.76%)
2005	소형가치 (129.09%)	중형가치 (120.42%)	소형성장 (78.58%)	중형성장 (67.29%)	MKF500 (54.68%)	대형가치 (50.46%)	대형성장 (38.41%)
2006	대형가치 (26.48%)	중형가치 (14.31%)	MKF500 (5.11%)	대형성장 (4.26%)	중형성장 (4.21%)	소형가치 (-9.07%)	소형성장 (-14.72%)
2007	대형성장 (64.88%)	중형성장 (50.31%)	소형가치 (48.35%)	중형가치 (46.02%)	대형가치 (43.3%)	MKF500 (32.58%)	소형성장 (8%)
2008	대형가치 (-35.76%)	MKF500 (-41.1%)	소형가치 (-42.92%)	중형가치 (-46%)	대형성장 (-46.74%)	소형성장 (-49.25%)	중형성장 (-56.96%)
2009	대형가치 (74.37%)	소형가치 (69.89%)	MKF500 (52.1%)	소형성장 (49.01%)	중형가치 (48.88%)	대형성장 (41.56%)	중형성장 (29.35%)
2010	대형가치 (34.59%)	대형성장 (28.59%)	중형가치 (27.6%)	MKF500 (20.61%)	소형가치 (1.99%)	소형성장 (-3.09%)	중형성장 (-6.06%)
2011	소형가치 (-8.26%)	MKF500 (-10.72%)	중형성장 (-10.94%)	소형성장 (-14.18%)	중형가치 (-19.5%)	대형성장 (-20.53%)	대형가치 (-23.53%)
2012	대형가치 (11.61%)	소형성장 (9.73%)	MKF500 (9.11%)	소형가치 (8.93%)	중형성장 (-1.23%)	대형성장 (-3.64%)	중형가치 (-10.04%)
2013	대형가치 (5.77%)	소형가치 (4.7%)	소형성장 (2.91%)	중형성장 (2.65%)	MKF500 (1.39%)	대형성장 (-5.83%)	중형가치 (-13.78%)
2014	소형성장 (16.18%)	중형가치 (11.99%)	중형성장 (5.29%)	소형가치 (-1.97%)	MKF500 (-6.52%)	대형성장 (-8.24%)	대형가치 (-12.17%)
2015	소형가치 (17%)	중형가치 (11.67%)	소형성장 (10.83%)	중형성장 (3.35%)	MKF500 (1.67%)	대형가치 (-9.53%)	대형성장 (-9.98%)
2016	대형가치 (19.49%)	MKF500 (4.73%)	소형가치 (4.63%)	중형가치 (3.17%)	대형성장 (-6.54%)	소형성장 (-16.52%)	중형성장 (-21.73%)
2017	MKF500 (26.43%)	소형성장 (24.86%)	대형가치 (23.61%)	중형가치 (21.39%)	대형성장 (19.6%)	중형성장 (14.2%)	소형가치 (6.01%)
2018	중형성장 (-8.17%)	대형가치 (-8.73%)	소형가치 (-13.64%)	대형성장 (-16.86%)	MKF500 (-17.78%)	중형가치 (-20.62%)	소형성장 (-24.99%)
2019	소형성장 (13.11%)	MKF500 (10.57%)	대형성장 (10.1%)	소형가치 (-0.41%)	대형가치 (-2.47%)	중형가치 (-5.21%)	중형성장 (-9.19%)
2020	대형성장 (70.88%)	중형성장 (54.08%)	소형성장 (38.82%)	MKF500 (34.26%)	소형가치 (14.68%)	중형가치 (12.39%)	대형가치 (4.54%)
2021	소형가치 (29.62%)	중형가치 (28.83%)	소형성장 (24.38%)	대형가치 (11.26%)	중형성장 (8.86%)	MKF500 (2.05%)	대형성장 (-0.58%)
2022	중형가치 (-13.15%)	대형가치 (-13.79%)	소형가치 (-15.77%)	대형성장 (-16.78%)	MKF500 (-26.75%)	대형성장 (-34.28%)	소형성장 (-34.47%)
2023	중형성장 (65.08%)	소형성장 (26.58%)	MKF500 (24.55%)	대형가치 (13.46%)	소형가치 (8.35%)	중형가치 (6.36%)	대형성장 (4.73%)

■ MFK500과 기업 규모 및 성장주·가치주 별 성과 비교 / 자료 : Fnguide

위 표는 2002년부터 2023년까지 MKF500(코스피·코스닥 시가총액 상위 500개) 종목을 '소형·중형·대형' 및 '가치주·성장주' 두 기준으로 구분해

Chapter 3 알파투자전략

성과를 비교해본 것이다. 2009년 이전에는 성장주가 상위권에 드는 일이 거의 없었다가, 2010년 이후로는 3위권 내에 항상 성장주가 있는 모습이 연출된다. 2018년부터 2020년까지는 계속해서 성장주가 1위를 차지했다. 그러다 2021년과 2022년에는 가치주의 대대적인 반격이 일어난다. 2023년에는 고금리에도 불구하고 성장주가 초과성과를 거두었는데, 이는 2022년의 충격적 하락에 따른 반작용으로 볼 수 있겠다.

지금까지의 내용을 정리해보자. 서브프라임모기지 사태 이후 구조적인 저금리로 인하여 인류 역사상 가장 낮은 대출 비용이 유지되었고, 이로 인하여 성장 기업들의 자본조달이 용이해졌다. 이로 인해 시장에서는 이익을 창출하는 기업보다 적자를 내더라도 가파르게 성장하는 기업이 더 높은 평가를 받게 되었다. 이익을 내서 정부에 세금을 내느니 적자를 내서 미래산업에 투자하고, 벤처캐피탈 등으로부터 자본을 조달해 주당순이익을 올리면 그만이었기 때문이다.

그러나 2022년 인플레이션이 부각되면서 약 15년간 이어져온 저금리의 시대는 종언을 고하였다. 금리는 5.25~5.50%까지 상승하여, 과거 20세기 평균으로 돌아왔다. 가치주에 상대적으로 유리한 환경이 조성되었음을 의미한다.

자연과학과 달리 사회과학은 어떤 이론이 옳은지 그른지를 명확하게 결론지을 수 없다는 한계가 있다. 실제로 대부분의 투자자들은 자신의 투자방법이 옳음을 증명하기 위해 평생을 바친다. 그러므로 어떠한 투자 철학을 활용하기 위해서는 믿음이 필요하다. 해당 철학이 재무적·경제적 이론에 근거해 타당하다면, 다양한 시간과 지역에 걸쳐 일관성 있게 작동하는지 검증해보았다면, 그저 그대로 믿고 수행하는 것이다.

금리의 정상화는 이제 막 시작되었고, 가치주가 향후 우수한 수익률을 보일 수 있는지는 좀 더 지켜보아야 하지만 개연성은 충분하다는 이야기를 해보고 싶다. 단, 상대적으로 한국이 저성장의 늪에 빠져 '성장'을 갈망하는 시대가 여전히 지속되고 있음은 이 주장을 입증하기에 불리한 환경이다. 즉, 가치주에 대하여 불리한 요소 중 하나였던 저금리 환경은 종언을 고했으나, 가치주에 상대적으로 불리한 저성장 환경이 도래해 있다. 그러나 최소한 불리한 요소 하나가 없어졌기 때문에, 과거 20년보다는 좀 더 나은 환경이 될 개연성이 있다고 생각을 한다.

3-3 모멘텀투자 : 오르면 매수 떨어지면 매도

앞서 추세추종 투자라는 이름으로 살펴본 '모멘텀투자(Momentum Investment)'는 흔히 '저점에 사서 고점에 팔라(Buy Low And Sell High)'는 격언과는 달리, '고점에 사서 더 고점에 파는 전략'이라고 할 수 있다. 지금까지 수익률이 좋았다면 앞으로도 수익률이 좋을 것이라는 예측을 전제로 하는 투자다.

모멘텀투자에는 많은 이점이 있는데, 특히 거래 데이터를 이용하기 용이하여 다양한 자산군에 적용할 수 있다는 점, 투자방법론이 단순하기에 위험관리 방법도 단순하다는 점이다. 때문에 개인투자자에게 있어서는 공부해볼 가치가 있는 투자방법이라 할 수 있다.

가치투자에서 가치에 대한 세간의 정의와 과거 구루(스승)들의 정의가 달랐던 것처럼, 모멘텀투자의 모멘텀 역시 학계의 정의와 세간의 정의가 나뉘는 모습을 보인다. 세간에서는 대체로 모멘텀에서 '추세의 돌파'라는 개념을 중시한 반면, 학계에서는 주로 12개월 수익률을 '가격 모멘텀(Price Momentum)'이라고 부르며 중시한다(주식시장 상규 상 이 책의 본문 전반에서 추세나 모멘텀을 언급할 때는 가격 모멘텀을 지칭한다).

가치투자자들은 모멘텀투자자들을 흔히 '다른 바보가 더 비싸게 사주기를 바라는 게임을 한다'고 비난하기도 한다. 그러나 이는 무엇이 옳다 그르다 할 필요 없는 소모적인 논쟁이다. 모멘텀투자 또한 역사적으로 검증된 투자방법론이기 때문이다. 합리적인 투자자라면 해당 전략을 이해하고 자신의 투자 가치관을 형성하는 데 있어 유효할지만 판단하면 된다.

가치투자 철학의 근간에 벤저민 그레이엄과 필립 피셔가 있다면, 모멘텀투자의 근간에는 제시 리버모어와 리처드 데니스가 있다. 다만 제시 리버모어는 4번의 파산과 3번의 재기를 겪었고, 리처드 데니스는 37세에 백만장자가 되었으나 이후 실패를 맛보았는데, 이러한 사실은 가치투자자들이 모멘텀투자자를 비판할 때 자주 거론된다. 높은 수익률을 보장하는 모멘텀투자이지만 그만큼 위험관리에 신경 써야 한다는 점을 배울 수 있다.

리처드 데니스

리처드 데니스는 17세 무렵부터 주식거래소에서 일을 했다. 400달러로 미니 선물거래를 시작한 그는 26세에 이미 백만장자가 되어있었고, 투자를 시작한 지 18년째에는 2억 달러를 만들었다.

데니스가 그의 친구이자 마찬가지로 세계적인 투자인 윌리엄 에크하르트(William Eckhardt, 1955~)와 나눈 '거북이 논쟁'은 꽤 유명하다. 어느 날 에크하르트와 함께 농장에서 거북이를 보던 데니스는 "거북이를 키우듯 트레이더도 훈련을 시킬 수 있다"라고 말했다. 에크하르트는 이에 반대하여 "트레이딩에 대한 자질은 선천적이다"라는 입장을 피력했다.

과연 트레이더의 자질은 선천적인가, 아니면 후천적인가? 당연히 입씨름으로 해결될 주제가 아니었다. 이에 데니스는 신문에 광고를 내, 자신에게서 투자방법을 배울 사람을 모집해 그들을 직접 훈련시키고 성과를 입증하게 했다. 거북이 농장에서 영감을 받았다는 점에서 이들을 '터틀(Turtle)'이라 불렀고 이들의 투자방법을 '터틀 트레이딩(Turtle Trading)'이라 했다. 이후 터틀들은 연평균 80% 정도에 해당하는 성과를 냈고, 4년간 1억 달러가 넘는 수익을 벌었다.

■ 1989년 9월 5일 월스트리트 저널에 실린 터틀 트레이딩의 성과

- 시스템 1 : 20일 신고가 진입, 10일 신저가 청산
- 시스템 2 : 55일 신고가 진입, 20일 신저가 청산

데니스가 가르친 투자방법은 기본적으로 위와 같은 모멘텀투자 형태의 매매 규칙으로 이루어졌다. 주가가 최근 20일 가격 중 가장 높아지는 시점에 매수하고, 그러다 최근 10일 가격 중 가장 낮아지는 시점에 매도한다. 이와 비슷하게 55일 신고가에 진입하고, 20일 신저가에 매도한다. 두 규칙을 시스템화시켜 반복 수행하는 것이다.

이때 중요한 것은 매수할 때 비중을 얼마나 잡을지 정하는 것이다. 데니스는 매수 당시의 주가 변동성을 기준으로 하여, 변동성이 높으면 비중을 적게 잡고 변동성이 낮으면 비중을 높게 잡도록 했다. 변동성의 측정은 'ATR(Average True Range)'이라 불리는, '20일 평균 변동성'을 'N'이라는 단위로 수치화하여 진행했다.

이러한 '변동성 반비례 매매'는 어떤 자산을 거래하든 리스크가 유사해지는 '리스크 패리티(Risk Parity)' 전략의 일종이기도 하다. 예를 들어 변동성이 일평균 ±2% 이내인 자산을 거래할 때 비중을 전체의 50%로 가져간다면, 일평균 변동성만큼(-2%) 하락하더라도 전체 포트폴리오의 손실은 -1%가 된다(-2%×50% = -1%). 유사하게 일평균 변동성이 ±10%인 자산을 거래할 때 비중을 10%만 가져간다면, 일평균 변동성만큼(-10%) 하락하더라도 전체 포트폴리오의 손실은 -1%가 된다(-10%×10% = -1%).

또한 이익이 발생할 때마다 추가 매수를 하는 피라미딩으로 이익을 극대화시켰다. 이는 리처드 데니스뿐만 아니라 제시 리버모어 등 추세추

종 투자를 하는 대부분의 투자자들이 일관성 있게 채택하는 전략이기도 하다. 이런 식으로 매매를 하다보면 소소한 추세에서 위험관리를 하다가, 큰 추세 한 번에 대부분의 이익을 올리는 추세추종 투자를 실현할 수 있다.

제거디쉬와 티트만

나라시만 제거디쉬(Narasimhan Jegadeesh)와 셰리던 티트만(Sheridan Titman)의 1993년 논문 「승리주식을 매수하고 패배 주식을 매도하는 것의 수익률(Returns to Buying Winners and Selling Losers : Implications for Stock Market Efficiency)」에는 추세추종 투자와 관련된 내용이 나온다. 해당 논문에서는 과거 3개월에서 12개월 사이의 수익률이 월등한 '승자 종목(Winner)'을 매수하고, 반대로 수익률이 부진한 '패자 종목(Loser)'을 매도하는 전략을 제시한다. 연구에 따르면 해당 전략은 장기간에 걸쳐 우수한 성과를 실현한 것으로 나타났다. 앞서 언급한 12개월 수익률을 가리키는 '가격 모멘텀'은 바로 여기서 파생된 개념이다.

제거디쉬와 티트만은 가격에 정확한 정보가 즉각 반영된다는 '효율적 시장 가설'과 달리, 모든 주식시장 참여자들이 매매에 있어 정확한 정보를 반영하지 못한다고 보았다. 그 까닭은 크게 '과민반응(Over Reaction)'과 '과소반응(Under Reaction)'으로 구분되는데, 제거디쉬와 티트만은 특히 과소반응에 주목했다.

과소반응이란 주식시장에 특정 종목의 상승 시그널이 발생했을 때 투자자들이 즉각적으로 반응하지 않고 미온적으로 대응하는 현상을 가리킨다. 기업에 대한 이해가 부족해서일 수도 있고, 새로운 정보를 의심하고 과소평가해서일 수도 있다. 그러다 뒤늦게 매수에 합류하면서 결국 비합리적인 상승으로 이어진다.

듀얼 모멘텀전략

투자 연구자 개리 안토나치(Gary Antonacci)는 저서 『듀얼 모멘텀투자전략(Dual-Momentum Investing)』에서 "절대모멘텀과 상대모멘텀이 모두 우수한 자산에 투자하라"고 이야기하였다. '절대모멘텀(Absolute Momentum)'은 자산의 현재 가격이 과거 일정 기간의 가격보다 높으면, 그 자산이 상승추세에 있다고 보는 것이다.

'상대모멘텀(Relative Momentum)'은 특정 자산의 수익률을 다른 자산이나 벤치마크 자산의 수익률과 비교하여 결정하는 방식이다. 예를 들어 S&P500의 수익률이 다른 지수나 자산군 대비 높으면 상대모멘텀이 긍정적이라고 보는 것이다.

'듀얼 모멘텀전략'은 다양한 자산 중 상대모멘텀이 좋은 자산들을 우선적으로 추린다. 그런 뒤 각 자산의 절대모멘텀 또한 긍정적인지를 체크한다. 이에 해당하는 종목이 없으면 매매하지 않고 투자금 전체를 현금 또는 채권으로 보유한다. 특정 종목에 투자했으면 이후 절대모멘텀 추세가 이어지는지를 살펴보며 정기적으로 포트폴리오를 리밸런싱한다. 절대모멘텀을 통한 포트폴리오 리밸런싱은 특히 하락장에서 뛰어난 방어율을 보인다.

지금까지 살펴본 내용을 종합해보자. 모멘텀투자는 다양한 변주를 줄 수 있으나, 기본적인 논리는 아주 간단하다. 먼저 주식시장 전반의 절대 모멘텀이 우수한지 확인하라. 그리고 12개월간 많이 오른 종목들에 분산투자하라. 그리고 주간, 월간, 분기별로 이를 모니터링하고 리밸런싱하라. 아주 쉽고 단순한 전략이다.

복잡한 지표를 살필 필요 없이 주가가 어떻게 되고 있는지만 보면 된다. 이러한 가격 데이터는 대부분 무료로 제공된다는 점에서, 모멘텀투자는 개인투자자에게 아주 유용한 전략이 될 수 있다. 또한 가격 데이터만 있으면 되기 때문에 다양한 자산군에 적용할 수 있다는 점이 매력적이다. 주식 외에 원자재, 채권, 통화시장, 코인 등 대부분의 투자자산 시장에서 가격 정보는 제공되기 때문이다.

전통적으로 원자재 투자자들이 모멘텀투자를 애용하곤 했다. 여러 투자자산의 모멘텀을 비교해보면 투자자산 간 경쟁력을 비교할 때도 아주 좋다. 이는 투자자들에게 현재 주식시장의 매력도가 높은지 여부를 점검할 수 있게 해준다.

또한 가치투자나 다른 전략을 쓰더라도 모멘텀투자를 일부 적용함으로써 성과를 개선시킬 수 있다는 이점이 있다.

이를테면 일부 해외 운용역들은 퀀트적 방법론을 통한 가치투자를 하되, 12개월 수익률이 하위 20%에 해당하는 패자 종목을 제거하고 포트폴리오를 구성한다. 이들은 아무리 특정 종목의 가치(Value)가 저렴하더라도, 기업의 펀더멘탈에 구조적인 문제가 있을 수 있는 '가치 함정(Value

Trap)'을 피하는 도구로서 모멘텀을 함께 살핀다고 밝힌다. 그 결과 수익률이 상당 부분 개선되는 효과가 있었다.

혹은 저(低)PER 및 저PBR 종목을 매수하되, 12개월 수익률을 함께 참고하는 방법이 있다. 가치투자가 장기간의 기다림과 인고의 시간에 따른 결실을 거두는 투자방법론이라면, 이것은 가치투자와 모멘텀투자를 결합하여 추세를 받아들이되 투자 성과를 다소 개선시키는 변형된 투자방법론이라 할 수 있겠다.

SUMMARY

모멘텀투자는 지금까지 수익률이 좋았다면 앞으로도 수익률이 좋을 것이라는 가정을 전제로 하는 투자다. 주로 시장 전반이 상승 추세인지와, 특정 종목의 12개월 수익률을 살펴 투자판단을 한다.

모멘텀투자는 가격 데이터만 있으면 되기에 단순하다는 점, 다양한 투자자산에 적용 가능하다는 점, 위험관리 측면에서 우수하다는 점에서 유용한 투자방법론이다.

3-4 퀄리티투자 : 뛰어난 사업성과 재무구조

'**퀄리티투자**(Quality Investment)'**란 재무적으로 건전하며, 신뢰할 수 있는 경영진을 갖춘 기업에 투자하는 전략이다.** 여기서 말하는 '퀄리티(Quality)'란 기업의 재무 안정성, 수익의 일관성을 중점적으로 평가해 판단한다. 정성적으로는 기업의 사업이 지속 가능성을 가지고 있는지, 해당 분야 내에서 경쟁우위를 갖고 있는지, 기업의 경영진이 신뢰할 수 있으며 우수한지를 따진다. 정량으로는 수익이 일관되게 유지되며 변동성이 적은지, 낮은 부채 비율과 높은 자본수익률(ROE) 등 재무 안정성을 갖추었는지를 따진다.

이러한 기업은 장기적으로 수익률이 우수한 것은 물론이고, 주가가 하락하더라도 기업의 경쟁우위와 재무의 우수함을 믿고 자신 있게 매수할 수 있다. 때문에 스텝다운과 같은 하락 시 매수 전략을 구사하는 투자자들에게 안성맞춤인 투자 대상이라고 할 수 있다.

워런 버핏

워런 버핏은 가치투자의 역사를 언급하는 데 있어 빠지지 않는 인물이다. 워런 버핏의 경우는 가치투자자이면서도 퀄리티투자자에 속하는데, 계량적 접근을 선호하는 투자자들은 워런 버핏을 '퀄리티-가치(Quality Value)' 투자자로 정의하기도 한다.

버핏은 고작 11세 무렵 신문 배달을 해서 마련한 돈으로 주식을 시작한다. 그러다 네브레스카 대학 재학 시절 벤저민 그레이엄의 『현명한 투자자』를 읽고 감명받아 컬럼비아 비즈니스 스쿨로 진학하여 그레이엄의 제자가 되었다. 졸업 후 고향에 돌아와 아버지와 증권회사에서 일하다가 스승인 그레이엄의 투자회사 그레이엄 뉴먼(Graham Newman)에서 근무할 기회를 얻었다. 1956년 회사가 해산하자 고향 오마하로 내려온 그는, 주변 친척들의 돈을 모아 10만 5,000달러로 투자조합 버핏 파트너십(Buffett Partnership)을 결성했다.

그레이엄의 영향을 받아 기업의 자산가치에 집착한 그는, 1961년 성장성이 별로 없는 농기구 업체인 뎀스터 밀(Dempster Mill Manufacturing)에 투자하였다가 별 재미를 보지 못했다. 1965년에도 기업의 자산가치에만 주목하여 거의 망해가는 섬유업체인 버크셔 헤서웨이(Berkshire Hathaway)를 인수하게 되는데, 후일에 버핏은 이를 가장 실패한 투자라고 고백한다. 이후 버크셔 헤서웨이는 섬유 사업을 포기하고 보험사로 변신하여 버핏의 투자 지주회사가 된다.

보험업은 가입자에게 보험료를 받다가 조건이 충족되면 보험금을 지급하는 사업이다. 따라서 보험금을 지급할 확률과 보험료 수입을 잘 따져서 적정한 마진을 확보해야 한다. 이러한 구조는 파생상품 시장에서

옵션을 사고파는 것과 유사하다. 다시 말해 보험 가입자는 옵션을 매수한 셈이고 보험 회사는 프리미엄을 받고 옵션을 매도한 셈이다. 이렇게 벌어들인 보험 수익은 버핏이 세계 최고의 갑부로 거듭나는 데 종잣돈이 된다.

버핏은 파생상품을 좋아하지 않는다고 알려져 있지만, 사는 것을 싫어했을 뿐 팔기는 잘 팔았다. 그가 보험이라는 옵션을 매도하여 사실상의 레버리지를 사용하였다는 점은 재해석할 필요가 있다. 또한 그는 주식시장이 단기적으로 부침이 심해도 장기적으로 상승할 것이라는 생각으로 지수 풋옵션을 매도한 적도 있다고 한다.

한때 워런 버핏은 필립 피셔의 『위대한 기업에 투자하라(Common Stocks and Uncommon Profits)』를 읽고 감명을 받아 직접 찾아간다. 이때 그는 피셔에게서 "정말 좋은 주식이란 유능한 경영자에 의해 꾸준히 성장하는 기업이며, 이러한 기업을 발견하면 집중적으로 투자하고 또한 장기적으로 보유해야 한다"는 가르침을 받는다. 또한 "위대한 기업은 다소 비싸더라도 미래 가치를 고려하여 적절한 가격에 매수할 수 있어야 한다"는 점도 배운다.

이로 인해 버핏은 그레이엄의 계량적 발판 위에 피셔의 질적 분석을 접목시켜 현 시대 가장 위대한 주식투자자로 거듭나게 된다. 그는 코카콜라와 같은 위대한 기업의 최대주주가 되는 것을 시작으로 마침내 세계 최고의 갑부가 된다.

버핏은 흔히 프랜차이즈(Franchise)라고 불리는 소비자 독점적인 지위에 있는 기업을 선호한다. 가치투자 이론에서는 '경제적 해자(Economical Moat)'라고 부르기도 한다. 해자란 중세 유럽에서 성곽을 둘러싸며 만들어놓은 길쭉한 연못을 말한다. 외부(경쟁 업체)의 침입으로부터 성(소비자)을 보호하는 방어 구조물이다.

추가적으로 버핏은 높은 'ROE(Return on Equity, 자기자본이익률)'를 유지하는 기업을 매력적으로 본다. 거기에 버핏이 따로 '주주 이익'이라고 이름 붙인, 잉여현금흐름이 풍부한 기업을 선호한다. 이렇게 발견한 위대한 기업을 버핏은 회사의 주인이 될 정도로 가급적 많이 매수한다.

또한 버핏은 단기적인 매매를 지양하고 긍정적인 전망의 기업을 지속적으로 보유한다. 그는 "주식시장이 10년간 문을 닫더라도 걱정하지 않을 주식을 사야 한다"고 말한다. 또 "10년간 보유할 주식이 아니라면 10분도 보유해서는 안 된다"고 말했다. 한 마디로 버핏은 종목을 사고파는 펀드매니저가 아니라 계열사를 추가하거나 제외하는 그룹의 회장 역할을 한 셈이다. 켄 피셔가 버핏을 주식투자자가 아니라 사업가라고 말한 것도 그런 의미이다.

생각해볼 만한 부분은 버핏은 B2B 기업이 아닌 B2C 기업을 주로 선호했다는 점이다. 코카콜라, 질레트, 월마트, 나이키, 애플과 같은 기업이다. 워런 버핏은 흔히 기술주를 싫어한다고 알려져있으나, 애플에 집중 투자한 것은 애플이 소비자 독점적 지위를 가진 B2C 기업이기도 했기 때문이다.

SUMMARY

퀄리티투자는 재무적으로 건전하고, 전망이 우수한 사업을 보유하고 있고, 신뢰할 수 있는 경영진을 갖춘 기업에 투자하는 전략이다.

워런 버핏은 대표적인 가치투자자이자 퀄리티투자자다. 그는 높은 ROE를 지녔으면서도, 소비자 독점적인 지위를 갖고 있는 B2C 기업에 장기 투자했다.

3-5 배당투자 : 확실하고 안정적인 자산 증식

애당초 주식이란 사업에서 발생한 이익을 소유주에게 정당하게 배분하기 위해 만들어졌다. 때문에 배당금에 기반한 투자는 가장 원론적인 의미의 주식투자일 수 있다. **정기적으로 배분되는 배당금은 장기적인 수익원이 되어, 안정적인 자산 증식을 가능케 한다.**

배당금은 주식 가격의 등락과 별개로, 기업이 얼마만큼 수익을 벌어들였는지, 그중에 얼마만큼을 주주들에게 환원하기로 했는지에 따라 결정된다. 외려 주가가 낮아질수록 배당수익률은 높아지게 된다. 때문에 주가 하락은 배당투자자들에게 훌륭한 기회가 될 수 있다.

또한 배당금을 지급하는 기업들은 안정적인 재무구조와 건전한 현금 흐름을 갖고 있는 경향이 있다. 기술 연구, 설비 투자와 같은 대규모 자본 집행이 필요 없는 사업구조를 가졌기 때문이다. 반대로 말하면 배당을 준다는 것은 기업이 대규모 자금을 활용해 성장할 여지가 없다는 의미이기도 하다. 애플이 배당을 주지 않는다고 해서 아무도 뭐라 하지 않는 것을 생각해보면 일리 있는 이야기다.

주가는 그다지 오르지 않더라도 지속적으로 배당금을 증가시키는 기업에 투자하면 인플레이션을 방어할 수 있기도 하다. 거기에 배당금을 재투자하면 복리효과를 누릴 수 있다는 점도 매력이다. 그러나 배당 소득은 주식 매매에서 발생하는 투자 소득보다 일반적으로 더 높은 세율을 적용받게 된다. 그렇기에 세금 문제를 잘 따져봐야 한다. 위와 같은 이유로 배당투자는 어떤 면에서는 호불호가 강한 투자방법론이기도 하다.

켈리 라이트

배당투자의 거물이자 저서 『절대로! 배당은 거짓말하지 않는다(Dividends Still Don't Lie)』를 집필한 켈리 라이트(Kelly Wright)는 "기업이 발표하는 순이익과 장부가치는 기업의 내재가치를 측정하는 데에 결정적인 역할을 하지 못하며, 배당이야말로 기업이 수익을 내고 있음을 보여주는 확실한 증거다"라고 주장하였다. 재무제표는 속일 수 있지만, 배당은 투자자에게 직접 현금을 살포하는 행위이기 때문에 절대로 거짓말을 할 수 없다는 논리다.

또한 투자금 대비 배당금을 나타내는 배당수익률을 통하여 기업의 적정 가치를 판단할 수 있으므로, 이를 통해서 배당수익률이 높을 때 주식을 매수하고 배당수익률이 낮을 때 주식을 매도하는 전략을 사용할 것을 제안하였다.

그러면서도 한편으로는 기업의 '배당 성향(당기순이익 대비 배당금의 비율)'이 과도하게 높으면 사업의 지속 가능성이 떨어지고 기업의 성장이 제한된다고 판단하였는데, 이러한 지점에서 그는 다른 배당투자자와 궤를 달리한다. 특히 배당 성향이 50%를 초과하는 기업(공공재화를 생산하는 유틸리티 산업의 경우 75%)을 피할 것을 제안하였다.

켈리 라이트는 최고의 배당주에 투자하기 위해 다음과 같은 기준을 제시하였다.

① 배당이 과거 12년간 5배 이상 증가했어야 한다.
② 신용평가회사인 S&P에서 부여하는 기업의 퀄리티 순위가 A등급 이어야 한다.
③ 적어도 500만 주 이상의 보통주가 거래되고 있어야 한다.
④ 최소 80명의 기관투자자가 해당 주식을 보유하고 있어야 한다.
⑤ 최소 25년간 배당이 중단된 적이 없어야 한다.
⑥ 과거 12년 중 최소 7년은 기업의 이익이 증가했어야 한다.

투자 요건을 살펴보면 단순히 배당만을 보는 것이 아니라 기업의 퀄리티를 함께 고려하므로, 이런 점에서 켈리 라이트는 '퀄리티-배당' 투자자로 정의하는 것이 가능해 보인다. 투자를 하다보면 높은 배당수익률을 보고 접근하였다가 주가가 하락해 낭패를 보는 케이스도 있는데, 기업의 퀄리티를 보아서 이를 다소 방어하는 개념인 셈이다.

배당의 역학관계는 매우 복잡하다. 높은 배당금을 주는 대신, 해당 금액을 기업이 유보하여 다른 곳에 투자할 수 있는 잠재적 기회도 분명 존재한다. 하지만 동시에 앞서 라이트가 '배당은 거짓말하지 않는다'라고 강조한 것처럼, 배당은 해당 기업의 눈에 보이지 않는 잠재력, 내부에 감취진 퀄리티를 보여주기도 한다.

이에 대한 대표적인 사례는 2012~2015년 포스코의 케이스를 예로 들 수 있다. 당시 포스코는 업황이 부진하여 지속적으로 이익이 감소하던 국면이었다. 2012년 2조 4,621억 원이었던 '지배순이익(모기업의 순이익에 자회사 등 지배기업의 순이익을 지분만큼 더한 것)'은 2015년에 1,806억 원까지 하락하였다.

구 분	2012년	2013년	2014년	2015년
매출액	636,042	618,646	650,984	581,923
영업이익	36,531	29,961	32,135	24,100
지배순이익	24,621	13,764	6,261	1,806
배당금	6,180	6,332	6,395	6,400
주당 배당금(DPS)	8,000원	8,000원	8,000원	8,000원
배당 성향	25.10	46.00	102.14	354.26

■ 포스코 손익계산서(단위 : 억 원) / 자료 : FnGuide

위 표는 '매출액', '배당금' 등이 포함된 포스코의 손익계산서다. 재밌는 것은 배당 성향이다. 2014년 포스코의 '배당 성향'은 102.14%를 찍어 '지배순이익'을 넘기더니, 2015년에는 무려 354.26%를 기록했다. 이는 포스코의 경영진이 '주당 배당금 8,000원'이라는 방침을 유지했기 때문이다. 그러나 회사가 정말 어렵다고 생각하면 이를 충분히 삭감할 수 있었다. 오히려 발행주식수는 해가 갈수록 늘어나 2015년에는 주당 8,000원 씩 지급하기 위해 총 6,400억 원을 들여야 했다.

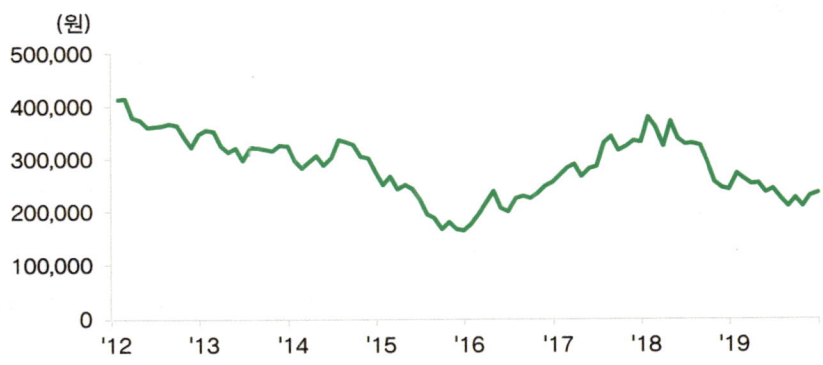

▌포스코 주가 / 자료 : 한국거래소

위 그래프는 2012~2019년의 포스코 주가 변화를 보여준다. 결국 2014년 중반까지 30만 원대에 머물러있던 주가는 2015년 10만 원대까지 떨어진다. 업황도 좋지 않은데, 배당으로 인해 발생한 부담이 주가에 영향을 미쳤기 때문이다.

그러나 켈리 라이트의 지적대로, 주주총회에서 그럴듯한 말을 하는 것은 얼마든지 가능하지만 현금이 직접 나가는 배당 지급은 쉽사리 할 수 있는 결정이 아니다. 지속적인 배당은 포스코가 다시금 회복하리라는 증거이기도 했던 셈이다.

결국 포스코의 주가는 2015년 바닥을 찍고 다시 일어나, 배당 결정이 이루어진 2016년 3월 말 21만 9,500원을 시작으로, 2018년 1월 말 38만 500원으로 약 +73.35%의 상승률을 보였다. '배당은 거짓말을 하지 않는다'는 사례로 볼 수 있다.

존 네프

배당투자를 논하는 데 있어 빠질 수 없는 또 한 명의 사람은 세계적인 뮤추얼펀드(Mutual Fund, 개인이 참여 가능한 주식·채권 투자 펀드) 매니저인 존 네프(John Neff, 1931~2019)다. 네프는 한국전쟁 당시 해군에 입대해 참전하기도 했는데, 입대 전 아버지 회사의 주식을 사면서 처음으로 주주가 되었다. 그는 군 복무 중에도 틈틈이 주식 책을 읽어 투자에 눈을 떴다고 한다. 제대 후 산업 마케팅을 배운 그는 우연히 벤저민 그레이엄의 『증권분석』개정 작업에 참여했는데, 그레이엄 학파에 속하였던 시드니 로빈스(Sydney Robbins) 박사로부터 가치투자를 배우게 되었다.

이후 월가의 내셔널시티뱅크(National City Bank)에서 애널리스트로 근무하게 되는데, 투자 종목 선정을 둘러싸고 은행의 신탁 위원회와 자주 마찰을 빚게 된다. 네프는 철저한 기본적 분석에 기초하여 시장에서 소외된 종목의 매수를 주장한 반면 위원회는 고객들이 안심할 수 있는 대형주에 투자할 것을 요구하였다. 결국 답답한 은행의 투자 스타일에 회의를 느낀 그는 은행을 그만두고, 자산운용사 웰링턴(Wellington Management)에 합류하였다. 이후 웰링턴이 세계적인 자산운용사 뱅가드그룹(Vanguard Group)에 인수되어, 그는 뱅가드그룹의 윈저펀드(Winsor Fund)를 이끌게 된다. 1964년부터 1995년까지 31년간 윈저펀드의 수익률은 총 5,546%(연평균 13.7%)로, 그는 뮤추얼펀드 업계에서 전설로 통하게 된다.

네프가 이처럼 높은 투자 수익률을 장기간 지속할 수 있었던 것은 자신의 투자 원칙을 끝까지 지켜낸 용기 때문이었다. 네프는 시장 분위기에 상관없이 자신의 목표 가격을 유지하는 '절대적인 가치투자자(Absolute

Value Investor)'였다. 때로는 모두가 주식을 매도할 때 혼자 매수하기도 했는데, 그래서 그를 역발상 투자자라고 부르기도 한다.

네프의 투자 원칙은 싼 주식을 고르는 것이다. 수많은 종목 중에서 싼 주식을 고르기 위해 일정한 기준을 제시하였는데, 이를 '네프공식(Neff Formula)'이라고 부른다.

$$총\ 회수율 = \frac{배당수익률 + 이익성장률}{PER}$$

그는 기업의 배당수익률과 '이익성장률(5년간 순이익증가율 평균)'을 더한 다음에 PER로 나눈 수치를 '총 회수율(Total Return Ratio)'이라고 부르며, 총 회수율이 2를 넘지 못하면 투자 후보 종목에서 제외하였다. 주가를 주당순이익으로 나눈 PER이 분모로 있기에, 해당 기업이 가져다주는 수익 대비 주가가 싼지 아닌지를 파악할 수 있다.

높은 총 회수율을 기록하기 위해서는 '배당수익률+이익성장률'의 값이 높거나 'PER'의 값이 낮아야 할 것이다. 이때 네프는 분자가 높은 기업보다는 분모가 낮은 기업을 더 선호하였다. 왜냐하면 높은 배당수익률과 이익성장률은 그것이 장기간 지속되리라는 보장이 없기 때문이다. 그에 반해 낮은 PER, 즉 낮은 주가는 한번 매수에 들어간 이상 계속해서 보장되는 이점이 있다.

네프는 스스로를 '저(低)PER 공략가(Low PER Shooter)'라고 표현할 정도로 낮은 PER을 강조하였다. 그러면서도 최소한 연평균 7% 정도의 이익성장률을 유지하고 건전한 대차대조표와 충분한 현금흐름을 가지고 있는지를 따져보았다. 또 해당 업종의 시장 전망이 밝고, 해당 업종의 ROE 평균을 상회하고, 제품과 서비스에 강점이 있고, 유능한 CEO가 있어야만 투자에 들어갔다. 네프가 매수 대상을 선정하는 과정은 이처럼 무척 까다로웠다. 그 스스로도 '최선을 다해 악착같이 일하는 것(Nose-to-the-grindstone Work)'만이 확신을 가져다준다고 말했다.

네프가 지켜온 방식은 시장과 대결하는 것이었다. 이처럼 까다로운 요건을 통과하면서 가격도 낮은 종목은 주식시장이 활황세에 있을 땐 거의 발견되지 않기 때문이다. 그렇기에 그는 대부분의 경우 주식시장이 하락세에 있을 때 평가절하된 종목을 매수했다. 이 방식은 말처럼 쉽지 않으며 대단한 용기가 필요하다. 그는 "스스로 판단할 수 있는 자유로운 영혼과 어느 정도의 정신력을 가지고 있다면 굳이 다수를 따라갈 필요가 없다"고 조언한다.

이러한 점에서 존 네프는 가치투자자로 정의되기도 한다. 네프공식 또한 가치투자의 이익수익률(주당순이익÷주가)과 비슷한 메커니즘을 수행한다. 그럼에도 네프를 배당투자자로 분류한 것은, 네프공식의 분자에 배당수익률이 포함되기 때문이다. 이는 다른 가치투자자들과 확연히 구분되는 지점이기에 그를 배당투자 쪽에 배치하였다.

SUMMARY

배당투자는 안정적인 수익원이 되며 장기적인 자산 증식을 가능하게 한다. 그러나 세금 문제를 잘 감안하여야 하며 배당주는 대체로 성장이 부진한 단점이 있다.

배당금은 실제로 현금의 지출이 발생하기 때문에 회사의 자신감을 엿볼 수 있으며, 믿을 수 있는 저가 매수 지표가 될 수 있다.

3-6 저변동성 투자 : 리스크 감소를 통한 수익 증대

가치투자, 모멘텀투자, 퀄리티투자, 배당투자의 대가는 한 사람쯤 들어보았겠지만, 저변동성 투자의 대가는 들어본 적이 없을 것이다. 실제로 저변동성이 초과수익을 창출할 수 있는 팩터 중 하나로 주목받은 지는 비교적 얼마 되지 않았다. 그렇다고 해서 저변동성 투자가 쓸모없다는 것은 아니다. 저변동성 투자는 굉장히 특이하지만 효과 있는 투자방법이다.

저변동성 투자란 말 그대로 변동성이 낮은 주식을 매수하여 수익률을 올리는 전략이다. 이는 위험과 보상은 비례한다는 전통적인 금융이론과 정면으로 대치되는 투자방법이기도 하다. 이러한 저변동성 투자가 가능한 것은, 보다 낮은 위험을 추구해도 수익은 어느 이상 줄어들지 않아 장기적으로 더 높은 수익을 내는 '저변동성 효과(Low Volatility Effect)'가 관측되었기 때문이다.

이러한 저변동성 효과가 처음 인식된 것은 1975년 로버트 하우겐(Robert Haugen, 1942~2013)과 제임스 하인스(James Heins)가 『금융자산의 위험과 수익률(Risk and the Rate of Return on Financial Assets)』이라는 논문을 발표할 때였다. 이는 상당히 충격적인 논문이었다. 우리의 통념은 높은 변동성을 감수해야 더 높은 수익률을 얻을 수 있다는 것이기 때문이었다. 아주 상식적인 이야기다. 그러나 해당 논문은 그와 반대로, 현실에서는 변동성이 낮은 종목이 우수한 성과로 돌아옴을 역설했다.

1992년 유진 파마(Eugene Fama, 1939~)와 케네스 프렌치(Kenneth French, 1954~)는 시장 움직임과의 격차를 의미하는 베타계수가 주식의 수익률을 설명하는 주요 요인이 아니라는 논문을 발표하였다. 수익과 손실을 항상 연결 지어 설명하는 변동성의 개념 외에, 수익을 설명하는 별도의 개념이 존재한다는 사실을 밝혀낸 것이다.

이후 저변동성이 수익을 가져오는 원리가 명확히 규명된 것은 행동경제학이 등장하고 나서이다. 행동경제학은 현실 투자자들이, 자신이 매력적이라 판단한 주식에 대해 과도한 가격을 매기는 경향이 있다는 사실을 밝혀냈다. 이러한 '과잉확신편견' 편향은 변동성이 높은 종목에 투자할수록 발동되기 쉬우며, 또한 매우 높은 확률로 투자자에게 손실을 입힌다. 반대로 말하면 이러한 편향을 억제할수록 수익률을 높일 수 있다는 얘기가 된다.

하락장에서 투자자의 오판으로 인한 손실을 줄이면, 이후 반등장에 활용할 투자금을 유지할 수 있게 된다. 심리적으로는 투자자가 용기를 가지고 포지션을 유지할 수 있게 한다. 이러한 연유로 변동성과 비례하지 않는 수익을 만들어 시장 대비 아웃퍼폼(Outperform)하는 것이 바로 저변동성 효과다.

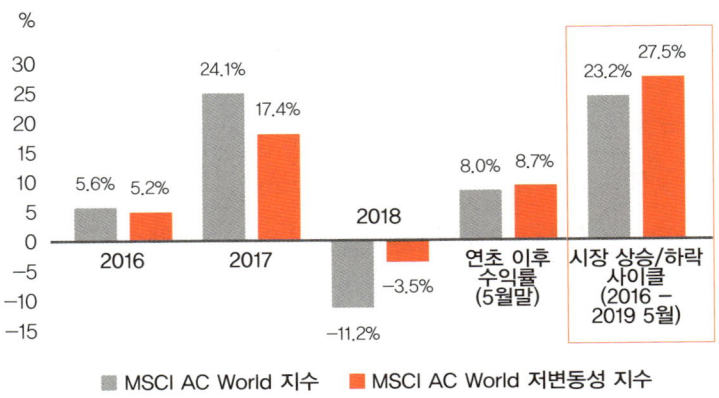

■ MSCI AC WORLD 지수·저변동성 지수 비교 / 자료 : 이스트스프링

위 그래프는 저변동성 효과의 대표적인 사례를 보여주는 2016~2019년 MSCI AC WORLD(Morgan Stanley Capital International All Country World, 모건스탠리 전 세계 자산시장 지수)의 일반 지수와 저변동성 지수를 비교한 것이다. 2019년 자산운용사 이스트스프링(Eastspring)에서 발표한 칼럼『저변동성 전략(by Ben Dunn)』은 위 그래프를 인용하여, "시장의 상승 사이클과 하락 사이클을 비교해보면, 저변동성 지수가 상승장과 하락장을 거치는 과정에서 더 우수한 성과를 보였다"고 밝힌다.

SUMMARY

저변동성 투자란 손실 위험을 줄이면 수익도 줄어든다는 상식을 깨고, 변동성을 줄일수록 수익이 증대되는 저변동성 효과에 착안한 투자방법이다.

3-7 성장투자 : 전도유망한 기업에 투자

'성장투자(Growth Investment)**'란 기업의 장기적인 성장 가능성으로 투자를 판단하는 전략이다.** 기업이 산업 내에서의 경쟁우위와 훌륭한 경영진을 가지고 있는지를 확인하는 것은 퀄리티투자와 일맥상통한다. 다만 성장투자의 경우 현재 가치보다는 미래 가치에 방점을 둔다는 점에서 훨씬 더 정성적이다. 그런 만큼 주가나 재무제표상에 나타나는 수치로 기업을 단정 짓지도 않는다.

이러한 성장투자에 대해서, 가치투자 계통의 고전 도서들은 많은 비판을 해왔다. '장밋빛 꿈은 대부분 비참한 결과로 끝났다'는 식의 서술을 종종 발견할 수 있다. 그러나 색안경을 끼고 볼 필요는 없다. 결국 기업의 목표는 현상 유지가 아닌 성장이다. 2008년 이후로도 수많은 성장주들이 꿈을 현실화시켜 공룡으로서 발돋움한 바 있다. 아마존과 테슬라가 대두될 당시에도 많은 가치투자자들은 이를 비판해왔다. 기업이 지속 가능한 경쟁우위와 훌륭한 경영진을 가지고 있는지를 확인하는 것은 퀄리티 투자자와 일맥상통한다.

피터 린치

피터 린치(Peter Lynch, 1944~)는 불우한 가정환경에서 태어나 11살부터 골프장 캐디로 아르바이트를 하였다. 거기서 우연히 미국 3위의 자산운용사 피델리티(Fidelity Investment)의 사장 조지 설리번(George Sullivan)을 만나게 되었는데, 그 인연을 바탕으로 주식투자에 입문하게 되었다.

와튼 스쿨에서 MBA까지 이수한 그는 1969년부터 피델리티에서 리서치 애널리스트로 근무하면서 다양한 산업을 분석하는 경험을 쌓았다. 그렇게 그는 1977년 피델리티 내에서 비교적 소규모 펀드였던 마젤란 펀드의 운용을 맡게 된다. 당시에는 1,800만 달러에 불과한 소규모 펀드였는데, 그는 1990년까지 13년 만에 펀드 자금을 140억 달러로 늘려놓았다. 연평균 29.2%의 경이로운 투자 수익률을 보인 것이다.

불철주야 주식투자에 매달리던 그는 어느날 자신이 지나치게 일에 중독되어 가족에게 소홀하였음을 깨닫는다. 그리고 한창 전성기인 47세에 가족과의 소중한 시간을 가지기 위해 돌연 은퇴를 선언한다. 이후 그는 방송 출연 및 도서 집필 외에 별다른 투자 활동을 하지 않았는데, 말 그대로 '전설로 떠난 월가의 영웅'이 되었다.

계산에 대한 잘못된 믿음은 탈레스가 밤하늘의 별을 세면서 걷다가 구덩이에 빠질 때 이미 보여주었다. 계량 분석에 머무르지 말고 발로 뛰며 확인하는 기업 분석을 강조한 말이다.

피터 린치는 장기적으로 주식시장을 상승할 것이라 확신하고 재산의 상당 부분을 투자하길 권고한다. 그가 투자에 성공할 수 있었던 가장 큰 이유는 규칙적인 시간표에 따라 투자했기 때문이다. 정해진 시간표에 따라 투자하면 앞으로 상승할지 하락할지 고민할 필요가 없고 충동적으로 매매하여 손해 볼 위험도 없다. 경제나 시장상황에 무심한 채 계획에 따라 장기적으로 투자하는 사람이 더 좋은 성과를 얻는다.

투자하려는 이유를 초등학생이 듣더라도 쉽게 이해할 수 있을 만큼 기업에 대해서 확실하게 분석해야 한다. 집중적인 관심을 받고 있는 인기 성장주보다는 변두리에 위치한 위대한 기업이 낫다. 성공적인 투자 비법 중 하나는 점점 악화되고 있다는 의견이 대세가 될 때까지 기다렸다가 그 산업에서 가장 선도적인 기업의 주식을 사는 것이다.

주가 하락은 공포에 사로잡혀 폭풍우 치는 주식시장을 빠져나가려는 투자자들이 내던진 좋은 주식을 싸게 살 수 있는 절호의 기회이다. 이처럼 주식시장에는 언제나 투자자를 행복하게 만드는 놀라운 기회가 숨어 있다. 뛰어난 기업의 주식을 보유하고 있다면 시간은 언제나 당신의 편이다.

린치는 타고난 천재가 아니라 발로 뛰어 성과를 이루어냈다는 점에서 다른 대가들에 비해 인간적인 면모를 보인다. 한국에서 그의 저서『전설로 떠나는 월가의 영웅(One up on Wall Street)』이 첫 출간되었을 당시 여의도의 증권인들이 얼마나 이 책에 심취했는지 모를 것이다. 어느 증권사에서나 모든 직원들에게 이 책을 배부할 정도였다.

이 책은 아무리 애를 써도 시장을 이기지 못하여 주눅들어있던 여의도 증권인들에게 '나도 노력하면 될 수 있구나' 하는 자신감을 불어넣어

주었다. 시장 지표에 의존하여 자금을 운용하던 관행을 지양하고 린치를 본받아 기업 탐방 붐이 일어날 정도였다. 펀드매니저와 애널리스트의 합성어인 '퍼널리스트(Funalyst)'라고 부르는 탐방형 펀드매니저가 대거 등장한 것도 이때다.

> **SUMMARY**
>
> 성장투자의 대가인 피터 린치는 발로 뛰며 기업을 분석하고 초등학생도 이유를 이해할 수 있는 기업에 투자하는 게 중요하다고 강조한다.

3-8 포트폴리오 : 계란을 한 바구니에 담지 말라

아무리 전망이 좋은 종목이라도 예상과 다르게 심각한 위험에 처할 수 있다. 갑자기 규제가 생기거나 산업의 판도가 바뀌어 실적이 악화되기도 하고, 사고나 재해가 발생해 사업에 차질이 발생할 수도 있다. 극단적으로는 숨겨져 있던 내부 문제로 인해 부도가 발생할 수도 있다. 다시 말해 기업에는 항시 위험 발생 가능성이 존재한다. 이러한 위험에 빠지지 않기 위해 앞에서 살펴본 바와 같이 가급적 가치 우량주를 선택하려고 노력하는 것이지만, 최악의 상황을 염두에 두고 대비하는 지혜가 필요하다. 건강한 사람도 교통사고는 날 수 있다.

최악의 상황을 예방하는 가장 바람직한 방법은 모든 투자금을 한 종목에 집중하지 않는 것이다. 이렇게 다수의 종목에 투자한 상황을 주식투자 업계에서는 '포트폴리오(Portfolio)'라고 한다. 포트폴리오란 본디 서류를 담는 가방이나 서류철을 말하는데, 상품 목록을 나열한 홈쇼핑의 안내 카탈로그나 사진작가 등의 예술가가 자신의 작품 목록을 소개하는 안내책자의 의미로 사용된다. '계란을 한 바구니에 담지 말라'는 격언이 있듯이, 가급적 여러 종목에 분산해서 투자하면 특정 종목에서 문제가 발생하여 손실을 입을 위험을 완화시킬 수 있다.

해리 마코위츠

포트폴리오 개념은 주식투자의 위험을 완화시키는 목적에서 출발하였다. 그렇다면 종목을 다양화할 경우 위험이 얼마나 감소되는 것일까? 또 종목을 무한정 늘리면 위험은 완전히 제거되는 것일까? 이러한 의문을 명쾌하게 풀어준 사람이 바로, 주식투자의 세계에 수학적 접근을 시도한 해리 마코위츠(Harry Markowitz, 1927~2023)이다. 1952년 마코위츠는 『불확실성 하의 포트폴리오 배분』을 발표했는데, 이에 대한 공로로 1990년 노벨경제학상을 수상하게 된다.

그는 위험을 줄이면서 수익률을 높이기 위해 다수의 다른 자산을 어떻게 결합하는 것이 가장 효율적인가 하는 문제에 대한 해답을 정리하고 실질적인 응용 방안을 제시하였다. 이를 위해 포트폴리오 위험을 변동성 즉 통계학의 분산(Variance)의 개념으로 정의하였다.

이러한 위험의 정의로부터 분산 투자에 있어서 고려해야 할 자산간의 특성으로 자산의 수익률이 같은 방향으로 움직이는 정도, 즉 통계적 개념으로 상관계수를 밝혔다. 상관계수가 낮은 자산을 서로 결합하여 투자하는 것이 최적의 포트폴리오를 구성하는 비결이라는 것이다.

두 주식에서 상관계수가 완전히 +1이 되는 경우는 존재하지 않기 때문에 일반적인 경우에는 기대수익률이 높아지는데도 불구하고 위험이 낮아지는 현상이 발생한다. 이때 가장 낮은 위험에서 구성되는 포트폴리오를 '최소 분산 포트폴리오(Minimum Variance Portfolio, MVP)라고 한다.

여기서 주식의 숫자를 더 늘릴수록 분산에 따른 위험 감소 효과가 발생하여 효율적인 분산 투자가 된다. 이렇게 다수의 주식으로 포트폴리오를 구성하면 개별 주식에 따른 위험은 거의 없어지고 더 이상 줄어들지 않는 위험만 남게 된다.

이렇게 제거 불가능한 위험을 체계적 위험(Systematic Risk) 또는 시장 위험(Market Risk)이라고 한다. 반면에, 포트폴리오를 통하여 제거 가능한 위험을 비체계적 위험(Non-Systematic Risk)이라고 한다. 많은 연구에 따르면 30개 정도의 주식 수로 포트폴리오를 구성하면 개별 주식의 위험은 거의 사라지는 것으로 밝혀지고 있다.

극단적으로 시장의 모든 주식으로 구성된 포트폴리오(코스피 지수라고 생각하면 이해가 쉽다)를 가정하여 최소 분산 포트폴리오를 나타낸 것이 마코위츠가 '효율적 투자선(Efficient Frontier)'라고 이름 붙인 것이다. 여기에 국채와 같은 무위험 자산(Risk Free Asset)을 포트폴리오에 추가하여 효율적인 투자선과 접하게 되는 선을 자본배분선(Capital Allocation Line)이라고 한다.

이러한 자본배분선 상에서 투자자들은 자신의 위험 성향에 따라 시장 포트폴리오와 무위험 자산간의 비중을 선택함으로써 시장 포트폴리오보다 우월한 포트폴리오를 추구하게 된다.

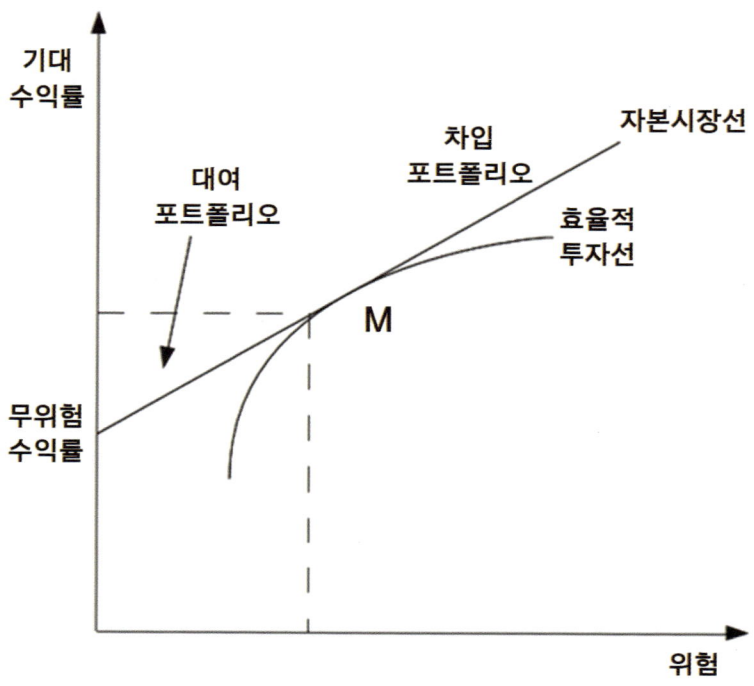

▎마코위츠의 효율적 투자선

　마코위츠의 분산투자이론의 결론은 다수의 주식을 동시에 선택하는 포트폴리오를 구성하면 개별 주식의 위험을 거의 제로 상태로 감소시킬 수 있으며, 극단적으로 모든 주식이 포함되는 시장 포트폴리오를 채택하면 개별 주식의 위험은 전혀 고려할 필요 없이 시장 전체적인 위험만 남게 된다는 것이다. 이 책의 앞부분에서 주가는 개별 기업의 요인과 시장 요인으로 나누어 생각해본 것과 일맥상통하는 요인이다.

　그리고 투자자는 시장 포트폴리오와 무위험자산의 비중을 자신의 위험 성향에 따라 선택함으로써 어떠한 포트폴리오 조합보다 우월한 상태를 추구할 수 있다는 것이다. 그러므로 개별 주식의 위험을 통제하려는 취지에서 출발하여 결국에는 주식과 채권의 자산배분 문제로 전환된 셈이다.

복잡한 수학적 과정을 완벽하게 이해하지 않더라도 다수의 종목을 동시에 채택하는 방법이 단일 종목에 투자하는 경우보다 위험도 감소시키면서 기대수익률도 높일 수 있다는 결론을 이해하면 충분하다.

SUMMARY

주식투자 업계에서는 '포트폴리오(Portfolio)'라고 한다. 가급적 여러 종목에 분산해서 투자하면 특정 종목에서 발생하는 위험을 완화시킬 수 있다.
상관계수가 낮은 다른 종목들을 포트폴리오에 추가하면, 투자 위험이 낮아지면서 기대수익률이 높아지는 현상이 발생한다. 이는 한 자산이 하락할 때 다른 자산이 상승하여 손실을 상쇄하는 분산투자 효과가 강력하게 작용하기 때문이다.

심화 ❹ 집중 투자 vs 분산투자, 최적의 종목 수는?

분산투자의 원리에 따라, 투자 종목 수를 늘리면 개별 종목이 지닌 비체계적 위험은 줄어든다. 앞서 30개 종목 정도에 분산하면 개별 종목에 대한 위험은 거의 줄어든다고 간략하게 언급하였으나, 개인투자자가 30종목에 분산투자하는 것은 꽤 부담이 된다. 또한 종목 수에 따라 얼마나 리스크가 줄어드는지도 알아둘 필요가 있다.

먼저 벤저민 그레이엄은 보수적 재무구조를 가진 유명 대기업 10~30개를 추천한 바 있고, 워런 버핏은 5~10개의 종목 수를 권한 바 있다. 또한 세스 클라만은 안전마진에서 10~15개를 추천한 바 있다.

다음 표는 종목 수와 포트폴리오 리스크 정도에 대해, 1987년 메어 스타트만(Meir Statman)이 미국 시장을 대상으로 분석한 내용이다. 이에 의하면 6개 종목으로 구성된 포트폴리오는 분산 가능한 체계적 위험의 75%를 제거할 수 있었다. 또한 10개 종목으로 구성된 포트폴리오는 분산 가능한 비체계적 위험의 84%를 제거할 수 있었다. 또한 20개 종목으로 구성된 포트폴리오는 비체계적 위험의 92%를 제거할 수 있었다.

종목 수	포트폴리오 리스크 (연간 수익률 표준편차)	단일 종목 포트폴리오 대비 리스크 수준
1	49.236%	1.00
2	37.358%	0.76
4	29.687%	0.60
6	26.643%	0.54
8	24.983%	0.51
10	23.932%	0.49
12	23.204%	0.47
14	22.670%	0.46
16	22.261%	0.45
18	21.939%	0.45
20	21.677%	0.44
25	21.196%	0.43
30	20.870%	0.42
40	20.456%	0.42
50	20.203%	0.41
75	19.860%	0.40
100	19.686%	0.40
200	19.423%	0.39
300	19.336%	0.39
500	19.265%	0.39
1,000	19.211%	0.39
무 한	19.158%	0.39

▌메어 스타트만의 종목 수에 따른 포트폴리오 리스크 경감 정도

그런데 75%, 84%, 92%가 어떻게 나온 숫자일까? 먼저 포트폴리오 구성 종목 수가 무한인 경우 남아있는 포트폴리오 리스크는 19.158%이었다. 이는 개별 종목의 분산으로 제거되지 않는 체계적 위험의 대용물로 사용할 수 있다. 아무리 분산해도 줄어들지 않는 리스크라는 점에서 동일하다. 그렇다면 1개 종목의 포트폴리오 리스크는 49.236%이며, 여기서 19.158%를 차감한 30.078%가 개별종목 리스크라고 볼 수 있겠다.

그렇다면 여섯 종목으로 구성된 포트폴리오의 리스크는 26.643%이므로, 한 종목에 집중 투자한 포트폴리오에 대비해서 22.593%p의 리스크를 감소시켰다. 한 종목 포트폴리오의 리스크는 49.236%이고 여섯 종목 포트폴리오의 리스크는 26.643%이므로 비교하면 22.593%p 차이가 난다. 22.593%p는 앞서 언급한 개별종목 리스크인 30.078%의 75.1% 수준이다(22.593% ÷ 30.078% = 75.1%). 마찬가지로 10종목인 경우는 84.1%의 비체계적 위험이 감소한다. 이 내용은 다음과 같이 표로 만들 수 있다.

즉, 포트폴리오 종목 수가 20개를 넘어설 경우 위험 분산 효과는 한정적이고, 30개가 되면 비체계적 위험은 거의 사라진다고 보는 것이 타당하다. 때문에 논문에서는 잘 분산된 포트폴리오를 위해서는 30개 이상의 주식이 필요하다고 언급하였다.

그러나 현실적으로 네 종목만 되어도 비체계적 위험의 65%가 제거된다는 점을 생각해보면, 일단 다섯 종목을 넘어서면 종목 추가에 따른 리스크는 현저히 줄어든다. 여덟 종목일 시 비체계적 위험의 80%가 제거된다. 반면 비체계적 위험의 감소폭을 80%에서 90%로 늘리는 데 필요한 추가적인 종목의 개수는 여덟 종목에서 열두 종목이 더 추가 된 20개

포트폴리오 구성 종목 수	포트폴리오 리스크	한 종목으로 구성된 포트폴리오 대비 포트폴리오 리스크 수준	제거된 비체계적 위험	1개 종목 추가에 따른 리스크 감소 폭
1	49.236	1	0	-
2	37.358	0.76	39.5%	11.88
4	29.687	0.60	65.0%	6.52
6	26.643	0.54	75.1%	4.52
8	24.983	0.51	80.6%	3.46
10	23.932	0.49	84.1%	2.81
12	23.204	0.47	86.5%	2.37
14	22.670	0.46	88.3%	2.04
16	22.261	0.45	89.7%	1.80
18	21.939	0.45	90.8%	1.61
20	21.677	0.44	91.6%	1.45
25	21.196	0.43	93.2%	1.17
30	20.870	0.42	94.3%	0.98
40	20.456	0.42	95.7%	0.74
50	20.203	0.41	96.5%	0.59
75	19.860	0.40	97.7%	0.40
100	19.686	0.40	98.2%	0.30
200	19.423	0.39	99.1%	0.15
300	19.336	0.39	99.4%	0.10
500	19.265	0.39	99.6%	0.06
1,000	19.211	0.39	99.8%	0.03
무 한	19.158	0.39	100%	0

▮ 포트폴리오 종목 수에 따른 리스크 감소 비율

종목이다. 때문에, 개별 기업의 분석에 들어가는 노력을 감안하면 20개 종목으로 종목 수를 늘려서 얻는 실익이 크다고 말하기는 힘들다.

이렇게 본다면, 개인투자자는 최소 세 종목 이상은 가져가는 게 타당하다고 보인다. 단, 동일 비중 기준이기 때문에 특정 종목에 50% 이상 비중이 실리면 그때부터는 비체계적 위험이 훨씬 커진다. 또한 20개 종목 이상으로 늘릴 유인도 개인투자자에게 있어서는 없다시피 하다.

퀀트 투자자라면 5~20개 종목, 바텀업 투자자라면 3~10개 종목이 적절하다는 것이 개인적인 의견이다. 여기서 수익률의 편차가 낮아진다는 것은 개별 종목으로 인한 상승 가능성도 다소 제한시킨다는 의미이기 때문에, 투자자가 어느 정도로 개별 종목의 위험을 감수할지를 스스로가 냉정하게 판단하면 된다.

과거 자동차, 화학, 정유 업종이 각광이었던 2010년에는 투자자문사의 랩어카운트가 대세였고 집중 투자 포트폴리오가 관심을 끌었다. 많게는 40%p의 초과수익률을 올리기도 했다. 이들은 10개 종목 내외로 구성한 집중 투자 포트폴리오를 구성하여 큰 수익률을 올렸다. 이는 기관투자자도 10~20개 종목으로 어느 정도 리스크 관리가 가능하다는 점을 시사한다.

3-9 분산투자 : 개별 종목의 리스크 상쇄

1996년 1월 기준으로 주식에 처음 입문하는 투자자가 있다고 가정해보자. 마침 주식시장을 맨날 들여다볼 수 있는 투자자는 아니라서, 적당한 우량주를 매매하지 않고 장기보유하고 있다. 투자 종목으로는 대한민국 대표 주자인 삼성전자, SK텔레콤, 포스코를 선정하였다.

이렇게 3개의 종목을 선정하여 투자금 1억 원을 각각 3분의 1씩 균등하게 배분하여 투자하기로 한다. 이후 전혀 매매를 하지 않는다고 가정해보자. 이를 실천하면 다음과 같이 투자하게 된다.

투자방법
① 투자금 1억 원을 3등분하여 우량주인 삼성전자, SK텔레콤, 포스코 주식을 매수한다.
② 추가 매매 없이 보유한다

투자 결과
- 1996년 1월 말 투자원금 : 100,000,000원(기준가 878.82)
- 2023년 12월 말 평가금액 : 1,891,679,772원(기준가 16,624.46)

- 투자 수익 : 1,791,679,772원(투자 수익률 1,791.68%, 연복리 11.07%)
- 고점 대비 최대 손실(MDD) : -50.07%

결과적으로 해당 투자방법론의 수익은 매우 크게 나타났다. 1996년 1월 말 1억 원 전부를 코스피에 투자한 것과 비교할 때에도 상당히 유리했다. 그리고 그동안 주식시장이 침체하였으나 2023년까지의 투자 수익률이 1,791.68%로 코스피 지수의 수익률을 훨씬 상회하였다.

자세히 살펴보니 IMF 외환위기가 닥친 이후 주가 급락으로 인하여 투자 금액의 절반을 상회하는 손실을 보았지만, 포트폴리오가 세 종목으로 구성되어 있었기 때문에 그중 가장 많이 하락한 삼성전자를 보유하였을 때보다는 약간 방어가 되었다.

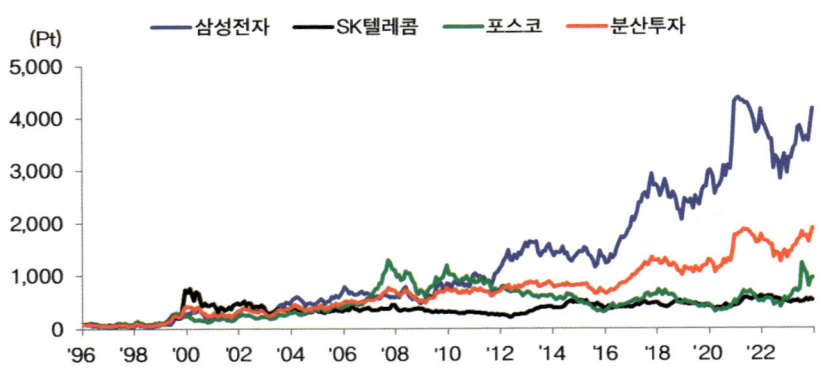

▮분산투자 수익률 비교

초반에는 코스피 지수를 보유한 것과 크게 다르지 않았지만, 장기보유할수록 우량주의 진가가 발휘되어 급격히 투자 수익이 확대되었다. 이렇게 세 종목에 분산투자를 한 경우의 수익률과 종목별 비중을 살펴보자. 비교 대상인 분산투자의 그래프는 투자 금액을 삼성전자, 포스코, SK텔레콤에 모두 투자하였을 경우를 코스피 지수로 환산하여 그린 그림이다.

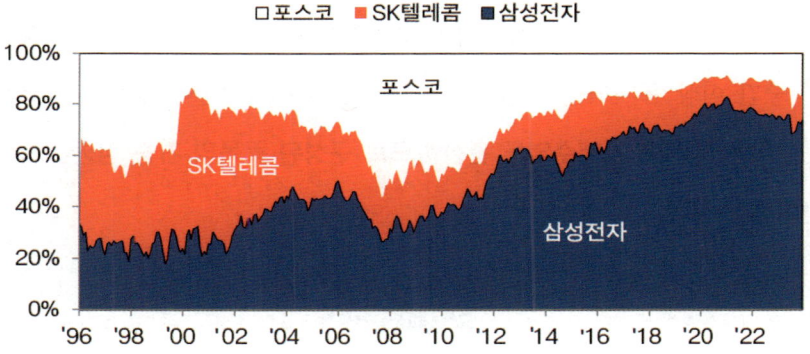

▎포트폴리오 내 종목별 비중 변화

위 그래프는 주식별 보유 비중을 나타낸다. 매매를 하지 않고 가만히 보유하였기 때문에 주가 등락에 따라 보유 비중이 달라진다. 그래프를 살펴보면 SK텔레콤이 닷컴버블로 인하여 어마어마한 수익을 거둔 적이 있었다. 1999년 형성된 이 고점은 2023년이 되어서도 회복하지 못하고 있다. 삼성전자에 모두 투자하였을 때에는 최종적으로 어마무시한 수익을 거두었으나 중간 손실이 컸다.

한 종목에 전부 투자하지 않고 세 종목에 분산투자한 이유는 아무리 우량주라고 하더라도 만일의 경우에 대비하여 손해볼 위험을 회피하기 위해서이다. 다행히 세 종목 모두 최초의 예상대로 장기 투자한 결과 높은 수익을 가져다주었기 때문에 위험한 상황이 발생하지는 않았다. 그러므로 가장 유리하지는 않았지만, 세 종목의 평균값인 1,791.68%의 수익률이 발생한 것이다.

여기서 우리는 분산투자의 의미와 효과에 대해서 알 수 있다. **첫 번째로 분산투자는 한 종목에 전부 투자하는 경우보다 위험을 낮출 수 있다.** 그래프에서 아무리 투자 실적이 나빠지더라도 분산투자의 성과는 최소한 중간 이상 유지됨을 확인할 수 있었다. **두 번째로 분산투자는 위험을 분산하는 동시에 기대수익도 분산하므로 구성된 종목의 가중 평균값으로 만족해야 한다.**

SUMMARY

분산투자는 한 종목에 전부 투자하는 경우보다 위험을 낮출 수 있다. 그러나 동시에 기대수익도 분산되어 구성된 종목의 평균으로 산정된다.

3-10 분산매매 : 주식 종목간 정률투자법

앞서 베타투자전략에서, 매입보유법보다 등락에 따라 매매를 하는 정률투자법 등이 유리함을 알아보았다. 마찬가지로 항상 모든 종목이 똑같이 움직이는 것이 아니기 때문에 상대적으로 많이 상승한 종목을 줄이고 상대적으로 저렴해진 종목을 늘리는 매매를 병행하면 성과가 개선될 수 있지 않을까?

간편한 방법부터 시작해 보겠다. 매월 말 평가하여 각 종목별로 비중이 3분의 1이 되도록 조정해보자. 즉, 처음에 3분의 1씩 투자하였는데, 다음 달 어느 종목이 올라서 3분의 1을 넘는다면 초과분만큼 매도하여 3분의 1에서 부족한 다른 종목을 매수하는 식이다. 이를 실천하면 다음과 같이 투자하게 된다.

투자방법
① 투자금 1억 원을 3등분하여 우량주인 삼성전자, SK텔레콤, 포스코 주식을 매수한다.
② 매월 보유 가치를 평가하여 상승한 종목은 일부 매도하고 하락한 종목은 추

가 매수하여 종목별 비중이 3분의 1이 되도록 유지한다.

💡 **투자 결과**
- 1996년 1월 말 투자원금 : 100,000,000원(기준가 878.82)
- 2023년 12월 말 평가금액 : 2,743,974,020원(기준가 24,114.59)
- 투자 수익 : 2,643,974,020원(투자 수익률 2,643.97%, 연복리 12.56%)
- 고점 대비 최대 손실(MDD) : -49.52%

결과적으로 분산매매 전략의 투자 수익은 아주 크게 나타났다. 1996년 1월 말에 1억 원 전부를 코스피 지수에 투자한 것과 비교했을 때보다 훨씬 유리했다. 그동안 주식시장이 침체하였지만, 2023년 말 투자 수익률이 2,643.97%로 코스피 지수의 상승률인 202.14%를 훨씬 상회하였다.

자세히 살펴보면 IMF, 금융위기, 코로나 등을 맞아 큰 손실이 났으나 삼성전자를 모두 보유한 경우보다는 방어가 되었다. 초반에는 분산투자 이후 매입 보유한 경우와 큰 차이가 없었지만, 시간이 경과할수록 주가 등락에 따른 조절 매매가 발휘되어 급격히 투자 수익이 확대되었다. 역시 주가 등락을 활용한 약간의 매매가 유리함을 알 수 있다.

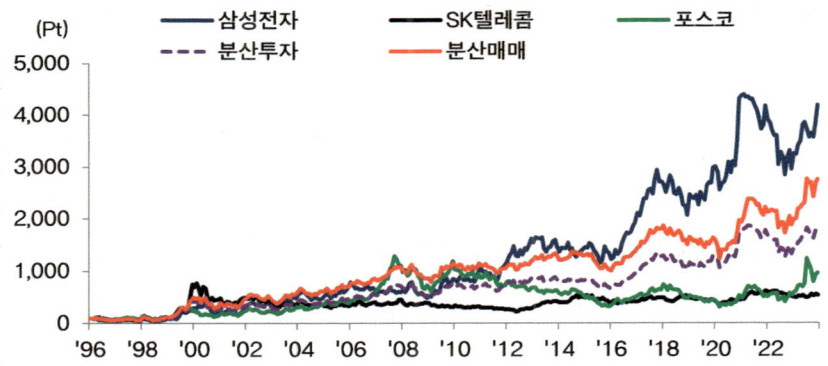

▌분산매매 수익률 비교

위 그래프는 분산투자의 경우와 분산매매의 경우를 비교한 것이다. 거의 전 기간에 걸쳐 분산매매가 우월함을 알 수 있다. 특히, 분산투자의 단점인 기대수익의 평준화 문제도 다소 줄어들었다. 일부 구간에서는 종목에 '몰빵'을 한 것보다도 유리하였다. 분산투자의 안정성을 가져가면서도, 수익성 또한 개선할 수 있었다.

자세히 살펴보니 종목간의 등락이 크게 다르지 않은 구간에서는 분산투자와 분산매매가 차이가 거의 나지 않았다. 그런데 갑자기 SK텔레콤에서 닷컴버블로 인하여 급등이 나타나면서부터 전혀 다른 양상을 보이기 시작한다. 해당 구간에서 분산투자법은 SK텔레콤을 지속적으로 들고 있는 반면, 분산매매법은 일부 차익 실현을 누적해 나가면서 삼성전자와 포스코를 매수하게 된다. 때문에, 자연스럽게 비중 축소가 이루어지게 된 셈이다. 종목별로 엇박자가 날수록 분산매매의 효과가 커지게 된다.

통계학에서 주가가 비슷하게 움직이는 정도를 상관관계가 높다고 표현하는데, 상관관계가 낮을수록 이러한 분산매매의 효과가 높아지게 된다. 그러므로 애초에 보유 종목을 구성할 때, 상관관계를 고려하여 가급적 이를 낮춘다면 향후 분산매매의 효과가 커지게 됨을 유념해야 한다.

이 사례에서 선정한 3개의 종목은 공교롭게도 오르는 시기가 다소 다르게 나타나는 등 세 종목간의 상관관계가 높지 않은 편이었기 때문에, 분산매매의 효과가 높게 나타났다.

여기서 우리는 분산매매의 의미와 효과에 대해서 알 수 있다. **첫 번째로 분산매매는 분산투자와 마찬가지로 한 종목에 전부 투자하는 경우보다 위험을 낮출 수 있다.** 그래프에서 아무리 투자 실적이 나빠지더라도 최소한 중간 이상은 하는 것을 볼 수 있다. **두 번째로 분산투자의 기대수익이 가중 평균값인데 비하여, 분산매매의 기대수익은 분산투자보다 더 커질 수 있는데, 보유 종목 간의 상관관계가 낮을수록 유리하다.** 일부 구간에서는 분산매매가 한 종목에 집중 투자한 것보다도 높은 수익률을 거뒀음이 이를 시사한다.

SUMMARY

분산매매는 여러 종목에 투자하되, 보유 비율이 일정해지도록 매매를 하는 투자법이다. 한 종목에 전부 투자하는 경우보다 위험을 낮출 수 있으며, 기대수익은 분산투자보다 더 커질 수 있다.

3-11 코어&새틀라이트 : 리스크 있는 투자는 작은 시드로

각종 투자 도서들을 보면 글로벌 지수에 장기 투자하라는 말을 하곤 한다. 그런데 투자를 하다보니 각종 좋은 종목의 추천을 자연스럽게 듣게 되고, 이에 솔깃하다보니 자꾸만 흔들리는 게 투자자의 심리이다. 충동적으로 매매를 하였다가 손해를 보고 후회하는 경우가 적지 않다. 이런 투자자들이 고민해볼 만한 전략으로 코어&새틀라이트(Core & Satellite) 전략이 있다. 이를 실천하면 다음과 같이 투자하게 된다.

투자방법
① S&P500에 70%를 투자한다.
② 나머지 자금 30%는 앞서 살펴본 분산매매 전략을 채택한다.
③ 매월 원화 기준으로 리밸런싱하여 S&P500 70% : 분산매매 30%로 맞춘다.

투자 결과
- 1996년 1월 말 투자원금 : 100,000,000원(기준가 878.82)
- 2023년 12월 말 평가금액 : 2,092,663,717원(기준가 18,390.75)
- 투자 수익 : 1,992,663,717원(투자 수익률 1,992.66%, 연복리 11.47%)
- 고점 대비 최대 손실(MDD) : -31.77%

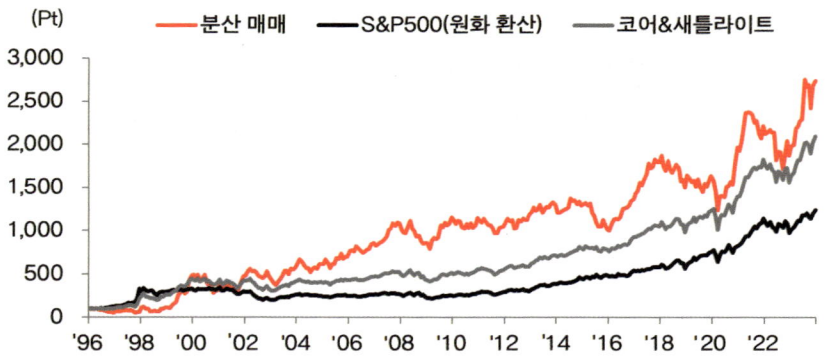

■ 코어&새틀라이트 수익률 비교

구 분	분산매매	S&P500(원화 환산)	코어&새틀라이트
총 수익률	2,643.97%	1,140.68%	1,992.66%
CAGR	12.56%	9.41%	11.47%
MDD	-49.52%	-42.14%	-31.77%
Stdev	0.32	0.18	0.17
Sharpe	0.39	0.54	0.68
기준가	24,114.59	10,903.37	18,390.75

■ 코어&새틀라이트 전략 수익률

　분산매매와 S&P500(원화 환산)으로 구성된 '코어&새틀라이트 전략'의 성과 지표는 위와 같다. MDD는 분산매매 또는 S&P500을 단일로 매매하였을 때보다 훨씬 낮았으며, CAGR(연평균 수익률)도 분산매매를 100% 진행한 것과 거의 엇비슷하게 나왔다. 9.41%의 CAGR을 보인 S&P500에 70% 비중으로 투자하고, 12.56%의 CAGR을 보인 분산매매에 30%의 비중으로 투자하였기 때문에, 이를 7:3의 비중으로 투자하면 10.35%(9.41% ×30% 비중+12.56%×70% 비중 = 10.35%) 정도의 CAGR이 나올 것 같았지만, 리밸런싱으로 인하여 수익률이 실제로는 더 높았다.

코어&새틀라이트 전략은 시장 대표지수를 코어(Core, 큰 비중)**로 채택하고, 개별 종목, 섹터, 원자재, 스타일 등을 새틀라이트**(Satellite, 작은 비중) **로 선정하여 초과수익을 노리는 포트폴리오를 운용하는 것이다.** 새틀라이트는 우리말로 '위성'을 뜻한다. 이 사례에서는 코어에 해당하는 것이 S&P500 지수였으며, 위성(Satellite)이 되는 것이 분산매매에 해당한다.

이 전략은 강력한 코어를 통하여 주식시장이 우상향한다는 믿음으로 투자를 진행하는 한편, 위성에 해당하는 새틀라이트로서 초과수익률을 노린다. 초과수익을 노리는 투자 판단이 틀렸다 하더라도 핵심 코어 자산이 건재하다면 손실은 제한적이다.

때문에 이 전략은 코어를 어떻게 선정하는지가 핵심 중의 핵심이라고 말할 수 있다. 미국 주식에 투자하는 S&P500 지수, 혹은 전 세계에 분산투자하는 MSCI ACWI 등은 훌륭한 코어 자산이 될 수 있다. 특히 MSCI ACWI는 미국 이외의 전 세계 자산에도 분산투자하여 국가별로 리스크를 분산하기 때문에 S&P500보다는 수익률이 덜할지 몰라도 신뢰도는 더 뛰어나다고 보인다.

또한 이 전략은 투자에 입문하는 주린이 또는 사회생활이 바빠 투자에 많은 여력을 할애하지 못하는 직장인들에게 아주 유효하다. 믿을만한 코어에 자산을 깔아놓고 시작하는 개념이기 때문이다. 코어의 비중은 50~80% 정도가 일반적이다.

또한 주변에서 들리는 좋은 종목, 좋은 투자 대상에 대한 정보 등으로 인하여 원칙을 어기고 후회하는 투자자들이 종종 있다. 그러한 정보의 홍수에 대처하는 투자방법들이 인터넷상에 많이 돌아다니지만, 그 전략이 얼마나 유효할지도 항상 의구심이 들기 마련이다. 이들에게 코어&새틀라이트 전략은 핵심 원칙을 지켜가면서 '솔깃한 정보'나 '그럴듯한 투자방법'에도 일부 참여할 수 있어 일관성 있는 투자를 가능하게 한다. 솔깃한 정보와 그럴듯한 투자는 분명 피해야 할 대상이지만, 사람인 이상 그것이 쉽지 않은 것이 현실이다. 일종의 타협안인 셈이다.

이 도서에서 제시하는 다양한 투자방법들이 얼마나 지속이 될지 의구심이 든다면, 핵심 코어 자산을 선정한 후 제시한 전략들을 새틀라이트로서 운용하는 방법도 충분히 가능하다. 혹은, 최근 나오는 트렌디한 ETF로 새틀라이트를 대체하여도 좋다. 혹은, 공모주펀드나 부동산, 원자재 등이 새틀라이트가 될 수도 있다.

SUMMARY

코어&새틀라이트 전략은 시장 대표지수를 코어 즉, 큰 비중으로 채택하고, 개별 종목, 섹터, 원자재, 스타일 등을 새틀라이트 즉, 작은 비중으로 선정하여 초과수익을 노리는 포트폴리오를 운용하는 것이다.

3-12 시가총액 가중 : 시가총액이 높을수록 비중 배분

대부분의 펀드매니저들은 코스피 지수를 하회한다. 그래서 코스피 지수를 구성하는 주요 종목을 지수 구성비 그대로 가져가는 것도 방법이 될 수 있을 것 같다.

다만 모든 종목을 매수하기는 어렵고, 시가총액 상위 대형주 몇 종목으로 대신한다고 가정해보자. 그러면 벤치마크를 따라잡을 뿐만 아니라, 시장 상황이나 실적 전망 등을 고려하여 본인 판단으로 약간만 종목 비중을 조절해도 승산이 있을 수 있다.

1996년 1월 31일 기준 시가총액 상위 주를 조사해 보았다. 우선주는 배제하였다. 시가총액에 비례하여, 종목별 비중을 채우고 이를 그대로 보유하도록 한다. 증자 등이 없다면 시가총액은 주가가 오르는 데에 비례하여 오르게 될 것이고, 매수 후 보유만 하더라도 시가총액 가중 포트폴리오가 지속적으로 유지된다. 때문에 자연히 매입보유법을 수행하는 것과 같다.

종목명	1996. 01. 31. 시가총액(억 원)	비중
한국전력	183,359	40.9%
삼성전자	95,178	21.3%
포스코	51,176	11.4%
SK텔레콤	37,717	8.4%
현대건설	17,427	3.9%
현대차	13,845	3.1%
기아	12,742	2.8%
대한항공	12,448	2.8%
S-Oil	11,202	2.5%
삼성중공업	12,712	2.8%

▎종목별 시가총액 및 포트폴리오 내 비중

이를 실천하면 다음과 같이 투자하게 된다.

투자방법
① 벤치마크인 코스피 지수를 구성하는 종목 중 시가총액 규모 순으로 10종목을 선정한다.
② 선정된 10개의 종목을 시가총액 규모에 비례하여 매수한 후 그대로 보유한다.
③ 단, 1996년 1월부터 2023년 12월까지 모두 거래된 종목으로 한정하며 기간 중 증자 및 배당은 무시한다.

투자 결과
- 1996년 1월 말 투자원금 : 100,000,000원(기준가 878.82)

- 2023년 12월 말 평가금액 : 1,132,631,740원(기준가 9,953.79)
- 투자 수익 : 1,032,631,740원(투자 수익률 1,032.63%, 연복리 9.06%)
- 고점 대비 최대 손실(MDD) : -49.52%

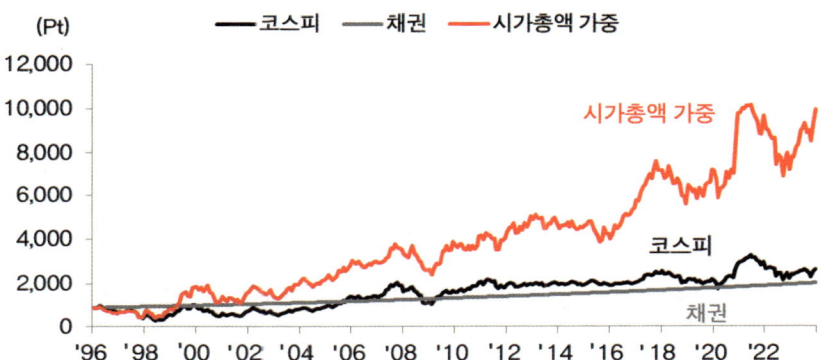

▌시가총액 가중 수익률 비교

　1996년 1월 말 기준 시가총액의 규모에 비례하여 각 종목에 투자한 이후에 전혀 매매를 하지 않고 그대로 방치한 결과이다. 시가총액 가중 포트폴리오는 기간 중 총 1,032.63%의 수익률을 올렸다. 다만 IMF 외환위기 당시에 고점 대비 -49.52%라는 큰 손실을 비켜가지 못했다. 즉, 종목별 위험은 분산투자를 통하여 방어하였지만 시장 전체가 영향을 받는 시장 위험에서는 자유로울 수 없었다.

　벤치마크인 코스피 지수가 같은 기간 중 128%의 투자 수익률을 거둔 것에 비하면 우수한 운용 실적이다. 무책임해 보이지만 나름대로 애쓴 펀드매니저보다 개선된 결과였기에 만족스럽다.

그러나 자세히 살펴보면, 하락 장세에서는 다소 불리하기도 하였다. 업종 대표주로 꼽힐 만큼 대기업들이었기 때문에, 시간이 흘러갈수록 성장을 지속하여 시장 평균인 코스피 지수보다 앞설 수 있었다. 즉 시가총액 규모가 큰 대형주들은 흥망성쇠하는 역사 속에서도 살아남을 만큼 어느 정도 우량한 점이 검증된 기업이라 볼 수 있기 때문에 자연스럽게 펀드가 우량주에 투자한 결과가 된 셈이다.

다만, 살아남는 것과 성과를 내는 것은 전혀 다른 영역이다. 아래 그래프는 시가총액 가중 포트폴리오의 종목별 비중 변화이다. 시간이 흐르면서 자연히 삼성전자 집중 포트폴리오가 되었고, 시가총액 1위에 빛나던 한국전력은 시가총액 Top 10에도 들지 못했다. 2012년 이후로는 사실상 '삼성전자 몰빵 포트폴리오'가 된 것이나 마찬가지다.

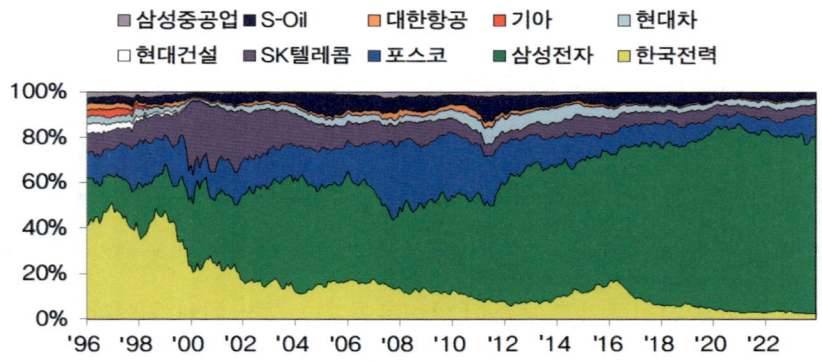

■ 시가총액 가중 포트폴리오 내 종목별 비중

위 그래프는 시가총액 가중 포트폴리오 내에서 각 종목의 비율을 보여준다. 1996년 기준 시가총액 1위였던 한국전력의 비중은 40.9%로 시작한다. 삼성전자의 비중은 21.3%에 불과했다. 현대건설의 비중은 1996년 3.89%로 시작하였지만, IMF와 '왕자의 난'을 겪으면서 2002년 1월에는 0.06%로 줄어들었다. IMF 전이었다면 현대건설은 대한민국 고도성장의 상징이었지만, 이야기가 완전히 달라져버리게 된 것이다. 이름을 들어 본 대형주를 일반인들은 흔히 우량주라고 하지만, 그렇다고 해서 장기 투자가 마냥 능사는 아님을 보여주는 사례이다.

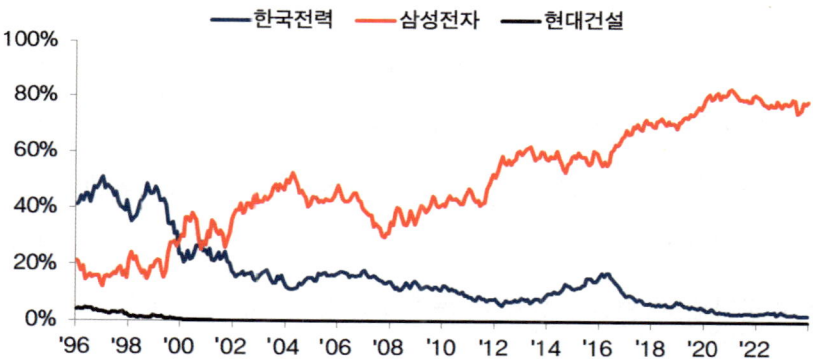

■ 시가총액 가중 포트폴리오 내 종목별 비중

일단 주식시장에 상장되어 거래되는 종목이 유일하게 A종목뿐이라고 가정해보자. 그러면 우리의 결정은 단지 A종목을 매수하거나 매도하는 일이 될 것이다. 이런 경우의 바람직한 매매 기법은 이미 코스피 지수를 매매하는 베타투자전략의 사례들에서 참고할 수 있다.

그러나 시장에 또 하나의 종목이 있다면 이야기는 많이 달라진다. 즉 투자자는 A종목만 매수하든지, B종목만 매수하든지, 아니면 둘 다 매수하든지, 둘 다 매수하지 않는 4가지 경우의 수가 발생한다. 그리고 둘 다 매수하는 경우에도 A와 B의 투자 비중을 어떻게 가져갈 것인지에 따라 많은 차이가 발생하게 된다.

현금을 C라고 한다면 간단하게 다음과 같이 표현할 수 있다.

$$A:B:C = x:y:z$$

x, y, z는 각각 A, B, C의 비중을 나타내며, 이때 $0 \leq x \leq 1$, $0 \leq y \leq 1$, $0 \leq z \leq 1$, x+y+z = 1이 성립한다고 해보자. A와 B 중에서 더 많이 상승하는 종목에 주력할수록 투자 결과는 좋아지겠지만, 정반대의 결과가 나올 위험도 있는 것이다. 시장 전체를 대변하는 코스피 지수를 M이라고 한다면, 이는 A종목과 B종목의 모든 움직임을 포괄하게 된다.

펀드를 운용하는 포트폴리오 매니저들은 대체로 코스피 지수, 또는 코스피200 지수를 기준으로 보수적인 운용을 하고자 한다. 완벽하게 코스피 지수인 M과 동일하게 움직이게 만든다면 이는 인덱스 펀드가 될 것이다.

시가총액 = 발행주식수×주가

시가총액이란 상장되어 있는 종목의 시장가치를 의미하며 '발행주식

수×주가'가 된다.

만약 A종목의 시장 가격이 1만 원이고, 발행주식수가 1만 주라면 해당 종목의 시가총액은 1억 원이 된다. B종목의 시장 가격이 2만 원이고, 발행주식수가 2만 주이면 시가총액은 4억 원이 된다. 이 경우 시장에는 A종목 1억 원어치와 B종목 4억 원어치 등 총 5억 원어치가 거래되고 있는 것이다. 이렇게 되면, 코스피 지수는 시가총액이 작은 A종목보다는 시가총액이 큰 B종목의 영향을 더 많이 받게 된다.

따라서 각 종목의 시가총액에 비례하여 투자할 경우 시장의 움직임과 100% 동일하게 움직이게 된다. 즉, 자신의 투자 자금을 두 종목에 배분할 때, A:B의 구성비를 정확하게 1:4의 비율로 만들면 코스피 지수와 동일하게 된다. 이렇게 시가총액에 비례하여 투자 자금을 배분하는 방법을 '시가총액 가중 포트폴리오(Market Capital Weighted Portfolio)'라고 한다.

여기서 주의할 점은 시가총액의 상승분과 지수의 상승분이 꼭 같지 않을 수 있다는 점이다. 아래 그림을 살펴보자. 코스피 지수의 시가총액은 1996년 1월 말 대비 +1,601% 상승한 반면, 코스피 지수 그 자체는 +212% 상승한 데 그쳤다. 발행주식수가 늘어나기 때문이다. 또한 비상장 종목 중 신규로 상장하여 지수에 편입된 종목이 있을 수 있다. 또한 코스닥 지수에서 코스피 지수로 이전상장하여 오는 경우도 있다. 즉, 코스피 시가총액과 지수의 괴리는 발행주식수의 차이라고 볼 수 있다.

■ 코스피 지수·코스피 시가총액 비교

때문에, 코스피 지수가 2,000Pt이므로 1980년 1월 1일 대비 20배가 올랐다고 말하면 맞는 말이다. 그러나 코스피의 시가총액이 20배가 되었다고 하면 틀린 말이 된다.

다시 사례로 돌아가자. 사례의 포트폴리오는 비교적 우량주인 핵심 블루칩 종목으로 구성되어 코스피 지수 대비 우수한 수익률을 거둘 수 있었다. 그러나 자세히 살펴보면 시가총액 규모가 큰 삼성전자와 한국전력에 편중된 투자를 하고 있음을 확인할 수 있다. 때문에 시가총액이 큰 종목들이 별로 상승하지 않았다면 우수한 결과가 나오지 않았을 가능성도 있다. 2023년 12월 시점에는 삼성전자 한 종목의 비중이 78.52%를 구성하고 있다. 이렇게 한 종목에 크게 좌우된다면 굳이 여러 종목으로 분산하여 투자할 이유가 없다. 즉, 시가총액 가중 포트폴리오는 분산투자의 효과를 제대로 내지 못함을 알 수 있다.

극단적으로 코스피200 지수를 구성하는 종목들 그대로 포트폴리오를 구성하면 그것이 바로 인덱스 펀드가 된다. 사실상 인덱스 펀드 펀드매니저의 역할은 현금의 유출입을 관리하는 정도다. 그러므로 일반적인 펀드매니저는 인덱스 펀드를 기준으로 자신의 판단에 따라 종목별로 비중을 가감하거나 종목을 추려 운용을 한다.

보통 애널리스트들의 종목 보고서를 보면 '비중 확대(Overweight)', '비중 축소(Underweight)', '시장 비중(Market Weight)' 이라는 단어를 쓰기도 한다. 이는 시가총액 가중 구성비보다 '더 많이 사라', '적게 가져가라', '동일하게 가져가라'는 의미로, 시가총액 가중 포트폴리오 개념을 근거로 하고 있는 용어들이다.

이렇듯 넓은 의미에서 시가총액 가중 구성비를 기준으로 종목 비중을 가감하는 기법을 통틀어 시가총액 가중이라고 할 수 있다. 이러한 시가총액 가중 포트폴리오는 그 원리상 시장 전체의 움직임에 가장 크게 영향을 받을 수밖에 없다.

애널리스트나 펀드매니저가 아무리 탁월하다 하더라도 그 영향력이 펀드의 20~30%를 조절하는 데 그치기 때문에 그 효과는 코스피 지수 대비 약간의 오차 정도에 불과하다. 오히려 대부분의 경우 종합주가지수보다 못 미치는 경우가 허다하다.

그래서 아이러니하게도 펀드매니저의 1차 목표는 주가지수를 따라잡는 데 있다. 이 경우 주가지수를 '벤치마크(Benchmark)'라고 하며, 주가지수를 따라잡거나 초과하는 행위를 '비트(Beat)'한다고 하거나 혹은 '초과

성과(Outperform)'를 시현하였다고 한다.

펀드매니저를 위한 변명을 해보겠다. 펀드매니저들의 움직임을 종합한 것이 종합주가지수인 코스피이다. 또한 환매 또는 신규 매수가 나오면 당연히 매매가 나올 수밖에 없고, 이에 따른 거래비용이 나오게 된다. 또한, 펀드의 보수가 차감된다. 펀드매니저들은 일종의 쇠사슬을 묶고 운용에 임하는 것이라고 할 수 있다. 때문에 종합주가지수인 코스피를 이기는 것이 1차적인 목표가 되기에, 대부분의 주식형 펀드들은 시가총액 가중 지수를 기본으로 한다.

그런데 우리가 투자하고자 하는 종목은 상대적으로 투자할 만한 가치가 있는 유망한 종목이어야 함에도 불구하고, 단지 대형주라는 이유만으로 전망이 좋지 않은데도 보유하고 있어야 한다는 것은 정말 이상하지 않은가? 또한 대단히 좋은 전망에도 불구하고 단지 소형주라는 이유만으로 적게 투자하는 것도 이상하다. 즉, 대단히 좋은 전망의 소형주에는 적게 투자하고, 안 좋은 전망의 대형주에 집중 투자하는 것이 정말 현명한 것인가? 이처럼 시가총액 가중 포트폴리오는 벤치마크를 지나치게 의식하였다는 한계에서 벗어나지 못하고 있다.

SUMMARY

시가총액 가중은 시가총액을 기준으로 종목 비중을 가감하는 기법이다. 원리상 시장 전체의 움직임에 가장 크게 영향을 받을 수밖에 없다.

3-13 지표 가중 : 이동평균에 따라 매매하기

앞서 우리가 베타투자전략에서 정률투자법 등을 통하여 공부하였던 바로는, 주가가 상승하였을 때 일부 차익실현을 하고, 주가가 하락하였을 때 일부 매수하는 것을 반복해 나가다보면 점차 유리해진다.

그래서 간단하게 각 종목의 이동평균을 계산하여 이를 근거로 종목별 비중을 결정하는 방법을 사용해보자. 즉, 종목별 3개월 이동평균을 구하여 이보다 높을 경우에는 해당 차이만큼을 일부 매도하고, 하락하여 주가가 이동평균보다 낮을 때에는 그 차이만큼을 추가 매수하는 것이다. 이를 실천하면 다음과 같이 투자하게 된다.

투자방법
① 시가총액 가중 포트폴리오를 구성한다.
② 구성된 종목의 3개월 이동평균(월간)을 구하여, 주가가 아닌 3개월 평균 시가총액을 구한다.
③ 3개월 이동평균을 감안한 시가총액에 비례하여 각 종목의 비중을 맞춘다.

💡 투자 결과

- 1996년 1월 말 투자원금 : 100,000,000원(기준가 878.82)
- 2023년 12월 말 평가금액 : 1,352,009,843원(기준가 11,881.73)
- 투자 수익 : 1,252,009,843원(투자 수익률 1,252.01%, 연복리 9.75%)
- 고점 대비 최대 손실(MDD) : -54.26%

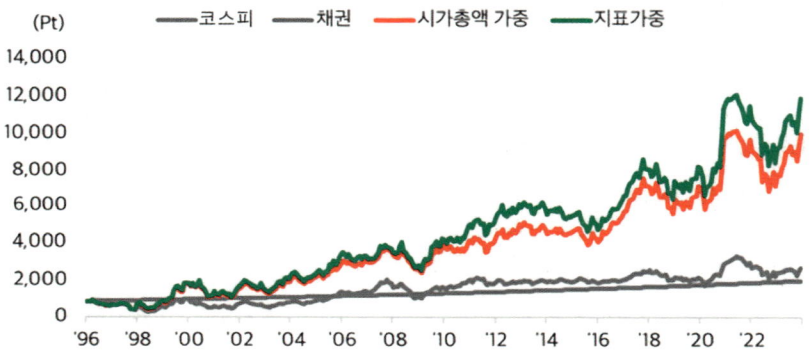

▌지표 가중 수익률 비교

    약간의 조절 매매를 했을 뿐인데도 시가총액 가중 포트폴리오에 비해 월등히 우수한 수익률을 거두게 되었다. 특히 눈여겨보게 된 부분은 시가총액 가중 포트폴리오에서는 그다지 수익에 기여하지 못한 삼성물산과 같은 종목에서도 높은 수익률을 거두었다는 점이다.

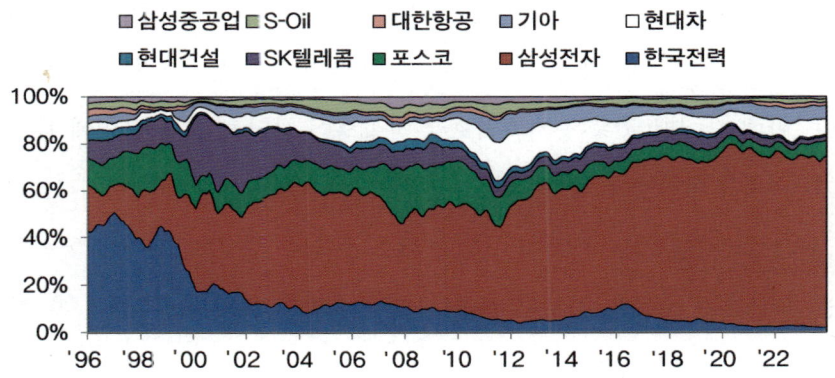

■ 지표 가중 포트폴리오 비중

표에서 보듯이 시가총액 가중 포트폴리오의 구성비와 비교할 때, 약간의 차이는 있으나 크게 벗어나지는 않고 있다는 점을 확인할 수 있다. 이는 위에서 연구한 지표 가중 포트폴리오가 시가총액 가중 포트폴리오에 기반한다는 점에서 기인한다.

그림에서 보면 정확하게 일치하지 않으나 종목의 구성비가 꾸준하게 유사한 수준을 유지하고 있음을 확인할 수 있다. 이는 각 종목이 제각각 앞에서 연구한 베타투자전략의 정률투자법을 채택하고 있는 셈이다. 일반적으로 포트폴리오 구성 종목에 대하여 비중 조절을 하는 것은 그 종목의 실적 전망이나 최근 주가의 움직임을 고려하기 때문이다. 즉, 가치분석에 입각한 목표가 등의 변경과 상승 또는 하락에 근거한 기술적 경험 반영의 근거가 된다.

애널리스트의 분석 보고서에서 발표되는 목표가나 이를 통계적으로 가공한 시장 컨센서스를 활용할 여지가 있다는 점 또한 착안할 필요가 있다. 예를 들어 어떤 종목이 지속적으로 상승하여 상당히 과열 국면에 들어섰다면, 머지않아 약간이라도 조정을 받을 가능성이 높아지게 된다. 반대로 어떤 종목이 지속적으로 하락하여 상당히 침체 국면에 들어가 있다면 머지않아 약간이라도 반등을 보일 가능성이 높아지게 된다. 그러므로 과열 국면에 들어가 있는 종목을 일부 축소하고 침체 국면에 들어가 있는 종목을 일부 추가한다면, 전체적인 포트폴리오는 향후 약간이라도 유리한 입장이 될 것이다.

앞에서 말한 시가총액 가중 포트폴리오의 각 3개월 이동평균을 구해서 이동평균과 주가의 차이만큼을 조절한다고 가정해보자. 즉, 상승 중에 있는 종목은 주가가 이동평균보다 높은 상태이므로 그 차이 만큼을 일부 매도하고, 하락 중에 있는 종목은 주가가 이동평균보다 낮은 상태이므로 그 차이 만큼을 추가 매수한다.

좀 더 정확하게 말하면 시가총액은 주가를 기준으로 하였는데, 여기서는 이동평균을 기준으로 한다는 의미이다. 이렇게 이동평균이라는 기술적 지표를 활용한다는 점에서 '지표 가중 포트폴리오(Technical Index Weighted Portfolio)'라고 부를 수 있다.

이동평균과 주가의 차이 또는 장기 이동평균과 단기 이동평균의 차이를 'MACD(Moving Average Convergence Divergence)'라고 하는데, 기술적 분석에서는 이 MACD의 흐름을 포착하여 매수 또는 매도의 신호를 찾는다. 그런데 여기서는 MACD의 크기로 종목별 비중을 관리하는 수단으로 삼는다는 데에 차이가 있다. **이동평균과 같은 기술적 지표들은 과거의**

데이터를 가공한 것이기 때문에, 대체로 지연성(Slowness) 또는 후행성의 특징을 가진다.

기술적 분석에서는 이러한 지연성을 단점으로 인식하고 보다 빠른 신호를 찾기 위해 수정된 이동평균 지표를 개발하곤 한다. 그러나 여기서는 오히려 이동평균의 지연성이 유용하게 활용되는 사례임을 주목하길 바란다.

이 사례에서는 가장 대표적인 기술적 지표인 이동평균을 활용했으나, RSI나 스토캐스틱(Stochastic) 등 다른 기술적 지표를 사용하여도 아마 결과는 유사할 것으로 보인다. 이처럼 기술적 지표들은 그 자체가 독자적으로 매매를 결정하는 근거로 활용되는 경우보다는 다른 기법들에 보조적인 수단으로 활용되는 경우 유용성이 돋보인다는 점에서 무조건 배척하거나 무시하는 태도는 현명하지 못하다고 볼 수 있다.

SUMMARY

지표 가중 포트폴리오는 각 종목의 이동평균을 계산하여 이를 근거로 종목별 비중을 결정하는 투자방법이다. 종목별 3개월 이동평균을 구하여 이보다 높을 경우에는 해당 차이만큼을 일부 매도하고, 주가가 이동평균보다 낮을 때에는 그 차이만큼을 추가 매수한다.

3-14 동일 비중 : 종목별 보유 비중을 동일하게

주식투자를 하려고 할 때, 어느 기업이 우량한지, 얼마나 투자해야 하는지는 가장 중요하고 어려운 문제다. 그래서 코스피 지수를 대표하는 종목 10개를 선정하고, 이에 대하여 무조건 전체 자산의 10%를 투자하기로 한다. 다만, 매월 말 보유액을 평가한 뒤 약간의 매매를 통하여 모든 종목을 10%로 맞추어 나가기로 하였다. 이를 실천하면 다음과 같이 투자하게 된다.

투자방법
① 시가총액 규모 순으로 10개 종목을 선정한다.
② 전체 투자자산의 10%씩 선정된 종목을 매수한다.
③ 매월 말 평가하여 종목별 비중을 10%로 맞춘다.

투자 결과
- 1996년 1월 말 투자원금 : 100,000,000원(기준가 878.82)
- 2023년 12월 말 평가금액 : 1,118,619,674원(기준가 9,830.65)
- 투자 수익 : 1,018,619,674원(투자 수익률 1,018.62%, 연복리 9.01%)
- 고점 대비 최대 손실(MDD) : -54.39%

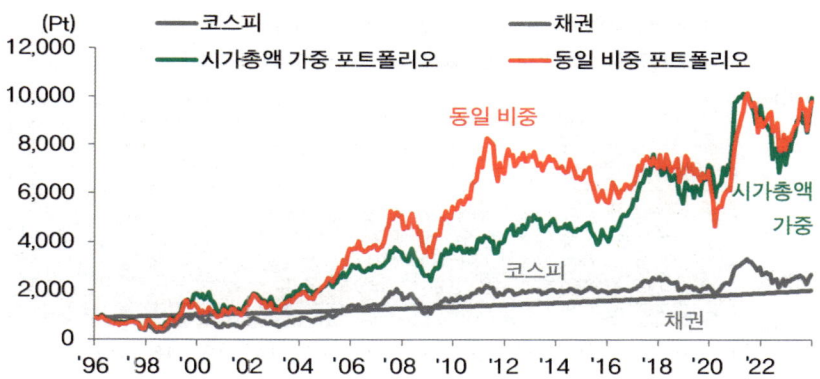

■ 동일 비중 수익률 비교

　최종 수익률은 시가총액 가중 포트폴리오 대비 차이가 없다시피 하지만, 대부분의 구간에서는 시가총액 가중 포트폴리오를 이겼음에 주목할 필요가 있다. 종목별로 아무런 차이도 주지 않고 특별한 고민도 없이 말 그대로 '단순무식'하게 분산투자한 결과임에도 불구하고, 의외로 우수한 수익이 발생하였다. 사실 이와 같은 결과가 나올 것이라고 예상하는 전문가도 별로 없었을 것이다.

　그러나 사례에 포함된 종목이 아니라 다른 종목으로 바꾸어 실험해 보아도 대부분 시가총액 가중 포트폴리오 대비해서 괜찮은 성과를 낸다. 나름대로 노력한 펀드매니저보다 우수한 투자 결과가 나온다는 것이 재미있는 점이다. 그러나 2013년 이후 삼성전자의 영향력이 커지면서 성과가 다소 부진하였다.

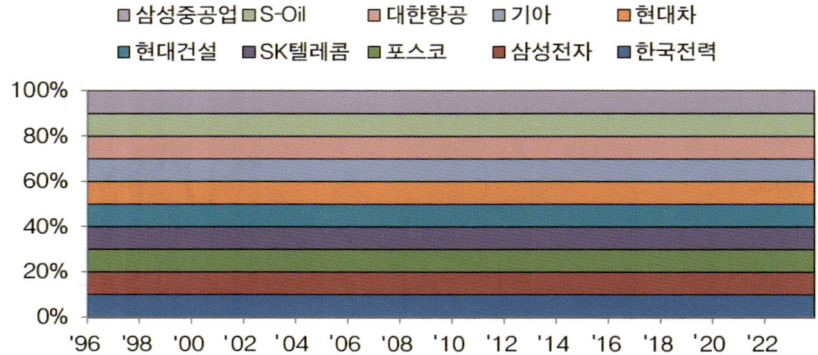

▌동일 비중 포트폴리오 내 종목 비중

　기업의 실적이나 전망에 관계없이 시가총액이 큰 대형주에 많은 투자를 하는 시가총액 가중 포트폴리오는, 주가지수를 대표한다는 의미 외에는 별다른 투자의 근거를 찾을 수 없었다. 그럼에도 불구하고 종목별로 시가총액을 계산해야 하는 복잡함을 갖고 있었다. 그래서 '시가총액이라는 개념을 완전히 무시하고 그냥 종목별로 동일하게 투자하면 어떨까?' 하는 발상을 하게 된다.

　앞에서 연구한 시가총액 가중 포트폴리오의 10개 종목을 각 종목당 10%씩 투자하고 이후 줄곧 10%의 구성비를 유지한다고 가정해 보자. 여기서 10%의 구성비를 유지한다는 것은 10%가 초과하는 종목의 일부를 매도하고, 10%에 미달하는 종목의 부족분을 추가 매수한다는 의미이다. **매월 말 모든 종목의 주가를 반영한 전체 평가 금액을 구한 다음 모든 종목이 동일하게 10%가 되도록 다시 맞추는 것이다.** 이처럼 양적인 조절을 통하여 다시 균형을 맞추는 행위를 '포트폴리오 리밸런싱(Portfolio

Rebalancing)'이라고 한다. 이에 반해 애초에 구성된 10개의 종목 중의 어떤 종목을 제외하거나, 다른 종목을 추가 또는 교체하여 포트폴리오에 질적인 변화가 생기게 하는 행위는 '포트폴리오 업그레이딩(Portfolio Upgrading)'이라고 한다.

포트폴리오에 포함되는 종목들이 대형주이든 소형주이든 관계없이, 또 그동안 상승하였든 하락하였든 관계없이 모두 동일한 비중으로 유지하는 방법을 '동일 비중 포트폴리오(Equally Weighted Portfolio)'라고 한다. 앞에서 연구한 베타투자전략의 정률투자법을 다수의 종목에 동시에 적용한 투자방법이 된다. 실제로 일부 펀드에서도 반드시 똑같지는 않으나, 대체로 동일 비중 포트폴리오를 구사하는 경우가 있다. 예를 들어 50개 종목으로 구성되는 주식형 펀드의 경우 모든 종목을 2% 수준으로 맞추는 것이다.

동일 비중 포트폴리오를 구사하는 펀드들이 톱클래스에 랭크되는 경우도 있는 것을 감안하면 개인투자자가 선택하기에 매우 유용하고 편리하다는 장점이 있다. 그러나 모든 종목을 동일하게 취급한다는 점은 사실 논리적으로 설득력이 떨어진다는 한계를 극복하기 어렵다.

SUMMARY

포트폴리오 종목들을 대형주이든 소형주이든 관계없이, 그동안 상승하였든 하락하였든 관계없이 동일한 비중으로 유지하는 방법을 동일 비중이라고 한다.

3-15 모멘텀 가중 : 상승하는 종목 비중 늘리기

우리는 앞서 베타투자전략의 추세투자법에서 모멘텀이라는 것을 배웠다. 가격이 상승하는 추세가 발생할수록 추가적인 수익률을 얻는 데 도움이 될 것이라는 논리이다. 동일 비중 포트폴리오는 어떠한 논리나 전망에 대한 판단이 없이 비중이 들어간다는 문제가 있다. 그렇다면 종목의 모멘텀에 근거하여 비중을 편입한다면 이는 투자 수익률이 개선이 될 것이라는 생각을 해볼 수 있다.

먼저 현재 주가를 12개월 전 주가로 나누어 12개월 수익률을 계산한다. 그리고 이에 비례하여 종목의 비중을 넣기로 한다. 그리고 매월 말 다시 평가하여 12개월 수익률이 높은 종목에 비중을 더 실어주고, 12개월 수익률이 부진한 종목의 비중을 줄이게 되는 전략이다.

다음 표를 보면 1년간 64% 상승한 삼성전자의 비중이 14.6%로 가장 많이 들어가고, 그다음으로 SK텔레콤, 기아 순으로 비중을 편입한다. 가장 비중이 적게 들어가는 종목은 삼성중공업이었다. 이를 실천하면 다음과 같이 투자하게 된다.

종목	수정주가(원) 1995. 01. 31.	수정주가(원) 1996. 01. 31.	상승률	비중
한국전력	25,050	28,975	1.16	10.3%
삼성전자	1,147	1,876	1.64	14.6%
포스코	55,154	51,998	0.94	8.4%
SK텔레콤	6,321	9,453	1.50	13.4%
현대건설	1,607,509	1,570,332	0.98	8.7%
현대차	22,004	21,756	0.99	8.8%
기아	113,776	150,139	1.32	11.8%
대한항공	10,633	11,558	1.09	9.7%
S-Oil	8,478	7,485	0.88	7.9%
삼성중공업	13,894	9,914	0.71	6.4%

▎코스피 10개 종목의 상승률 및 산정 비중

투자방법
① 시가총액 상위 10개 종목을 선정한다.
② '현재 주가÷12개월 전 주가'를 구하여 이에 비례하여 비중을 선정한다.
③ 매월 말 평가하여 12개월 수익률에 비례한 비중으로 다시 맞춘다.

투자 결과
- 1996년 1월 말 투자원금 : 100,000,000원(기준가 878.82)
- 2023년 12월 말 평가금액 : 1,275,987,628원(기준가 11,213.63)
- 투자 수익 : 1,175,987,628원(투자 수익률 1,175.99%, 연복리 9.52%)
- 고점 대비 최대 손실(MDD) : -57.80%

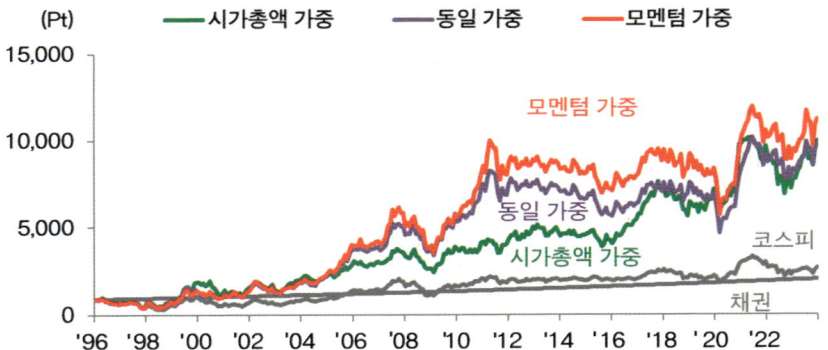

■ 모멘텀 가중 수익률 비교

　모멘텀 가중 포트폴리오는 시가총액 가중 및 동일 비중 포트폴리오 대비 우수한 성과를 거두었다. 특히 대부분의 구간에서 동일 비중 포트폴리오 대비 우수한 성과를 거두었음에 주목하길 바란다.

　그러나 자세히 살펴보면 고점 대비 하락률인 MDD가 -57.80%로 시가총액 가중 포트폴리오 또는 동일 비중 포트폴리오 대비 확연히 높은 것을 알 수 있다. 추세가 진행되는 와중에는 아주 훌륭하나, 추세가 반전되는 지점에서는 큰 손실로 돌아오기 때문이다. 때문에 고점 대비 하락률이 높은 것은 당연해 보인다.

　또한 시가총액 가중 지수 대비 부진한 국면이 종종 발견이 되는데, 이는 동일 비중 전략과 동일한 문제다. 삼성전자라는 한국 시가총액 부동의 1위가 랠리를 보이면 시가총액 가중지수보다 부진할 수밖에 없다.

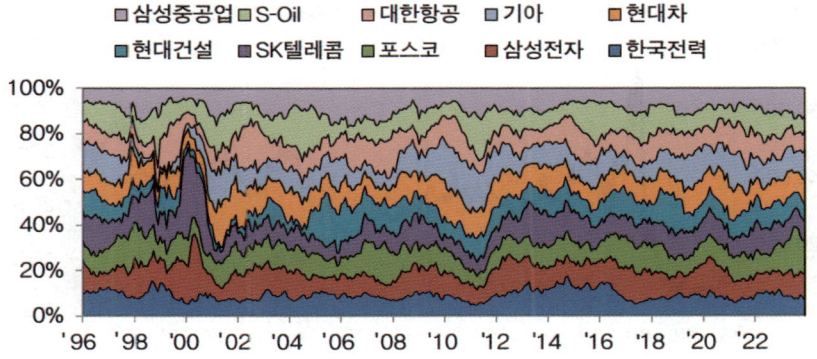

▌모멘텀 가중 포트폴리오 내 종목별 비중 변화

실제 포트폴리오 내 종목별 비중 변화를 보면, 굉장히 변화무쌍하게 움직임을 알 수 있다. 닷컴버블 구간에는 SK텔레콤의 비중이 급격하게 늘어났다가, 닷컴버블이 끝날 무렵엔 비중을 급격히 축소시키고 기아, 현대차 등을 빠르게 매수하는 것을 확인할 수 있다. 차화정(자동차·화학·정유) 시기였던 2009~2011년에도 기아 및 현대차의 비중이 빠르게 올라갔다.

그러나 동일 비중과 비슷하게 어느 정도의 비중은 종목별로 가져가기도 한다. 좀 더 파악하기 쉽게 주가와 비중만을 놓고 살펴보자. 분량의 한계로 SK텔레콤 및 현대차만을 가지고 살펴보겠다.

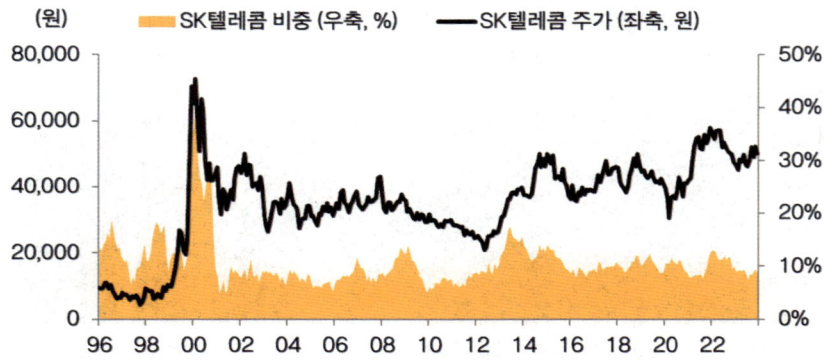

■ SK텔레콤 주가 및 포트폴리오 내 SK텔레콤 비중 변화

SK텔레콤의 경우 1998년 12월 31일 주가 10,287원(수정주가 기준)에서 비중이 8.8%에 불과하였다. 그러다 점진적으로 비중이 상향되고, 1999년 9월 주가 19,410원에서 비중은 10.6%, 동년 10월 주가 23,896원에서는 비중 12.3%, 동년 11월 주가 46,222원에서 비중 23.2%, 동년 12월 주가 70,222원에서 비중을 35.6%까지 채우게 된다.

여기서 닷컴버블이 끝나게 되고, 비중은 급격히 줄어들게 된다. 2000년 12월 31일 기준 주가 4만 3,652원에서 비중은 9.3%로 동일 비중의 기준이 되는 10% 대비 비중이 낮아지게 된다. 닷컴버블의 끄트머리에서 제법 피해를 입기는 했으나, 수익을 거둔 것을 생각해보면 나쁘지는 않았다고 보인다.

2012년부터 2014년까지 나왔던 랠리에서도 고점 부근에서 차익을 실현하는 등의 움직임이 존재하였다. 그리고 2008~2012년의 주가 하락 구간에서도 SK텔레콤의 비중은 상대적으로 낮았다. 즉, 주가가 하락 추세인 경우에는 비중을 줄여 사실상 동일 비중 대비 비중이 축소됐던 셈 (Under Weight)이다. 결론적으로, 추세가 존재할 때에만 비중을 늘려 투자하는 움직임을 보였다고 결론을 내릴 수 있다.

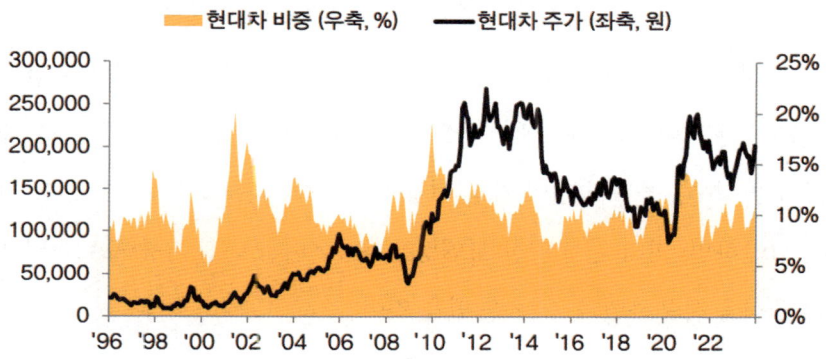

▌현대차 주가 및 포트폴리오 내 현대차 비중 변화

현대차도 동일하게 진행이 되었다. 닷컴버블의 붕괴 이후 급격하게 현대차 비중을 올렸다가 비중 축소가 2006년까지 점진적으로 이루어졌다. 그러다, 2009년 5월 6만 9,300원에서 비중 10.4%를 시작으로 2009년 12월 31일 주가 12만 1,000원에서 비중 19%까지 상향시키는 움직임이 나왔다. 이후 2012년 9월 25만 2,000원까지 동일 비중의 기준 10% 대비 초과 비중(Overweight)으로 유지를 하다가 2013년부터는 비중이 낮아졌고, 2018년까지 동일 비중 대비 하회로 대응하였음을 볼 수 있다. 2021년쯤에는 비중 확대로 대응이 되었다.

결론적으로 추세가 존재할 때 비중을 늘리고, 하락 추세에 비중을 축소하여 대응하는 모습이 일관되게 관찰된다.

결론적으로 모멘텀 가중 방식은 현재 모멘텀이 강한 주식에 집중 투자하는 방법론이라고 할 수 있다. 피터 린치는 『전설로 떠나는 월가의 영웅』에서 '꽃을 뽑고 잡초를 심지 마라'라는 표현을 한 바 있다. 오르는 주식을 보유하고 주가가 내려가는 주식을 저렴하다고 보유하는 것을 잡초를 심는 것으로 표현한 것이다. 또한, 해당 도서의 '가장 어리석고 위험한 12가지 생각'이라는 파트에서는, '더는 안 내린다는 실수', '오를 만큼 올랐다는 실수', '동트기 전이 가장 어둡다는 실수' 등을 언급한 바 있다. 이를 감안하면, 피터 린치 또한 모멘텀투자자이며 모멘텀 가중 포트폴리오의 개념을 사용하였다고 볼 수 있을 것이다.

또한 가치 가중 포트폴리오의 경우 내재가치를 계산하는 번거로운 작업이 필요한데 대부분의 개인투자자가 내재가치 계산에 어려움을 겪어 현실적으로 사용하기 힘들다. 이를 감안하면, 모멘텀 가중 포트폴리오의 경우 내재가치를 계산하는 번거로운 작업에서 해방된다는 점이 개인투자자들에게 유용하다.

SUMMARY

모멘텀 가중 포트폴리오는 개별 종목의 모멘텀에 근거하여 비중을 조절하는 투자방법이다.

3-16 가중계수 : 제곱하여 비중 산정

흔히들 액티브 투자자들은 '집중 투자'를 예찬하고는 한다. 확신이 드는 종목 하나에 집중적으로 투자하여 초대형 홈런을 날려 떼돈을 벌었다는 무용담을, 주식투자를 하다보면 심심찮게 들을 수 있다. 그러나 집중 투자에 실패하여 사라진 사람도 만만치 않다보니 걱정이 드는 것도 사실이다. 이를 어느 정도 절충할 수 있는 방법이 없을까? 가중계수의 개념을 소개한다.

모멘텀 가중 포트폴리오가 그렇게 좋은데도 불구하고 동일 비중 포트폴리오 대비 약간의 변화만 있는 것이 불만일 수 있다. 좀 더 화끈하게 질러보는 전략을 원할 수도 있다. 고심 끝에, 주가 상승률에 3제곱을 한 숫자를 가지고 투자를 하면 어떨지를 테스트해보았다.

다음 표에서 보듯 상승률에 제곱을 하면 상승률이 더 높은 종목에 비중이 더 강하게 들어간다. 1년간 64% 상승한 삼성전자의 비중이 모멘텀 가중 포트폴리오에서는 14.6% 들어갔던 반면, 3제곱을 한 모멘텀 가중계수3의 포트폴리오에서는 비중이 26.3%가 들어간다.

반면 가장 부진하여 주가가 -22% 하락하였던 S-Oil의 경우 모멘텀 가중 포트폴리오에서는 비중이 6.4%가 들어갔던 반면 모멘텀 가중계수를 3제곱을 해준 포트폴리오에서는 2.2%가 들어가는 식이다. 이를 실천하면 다음과 같이 투자하게 된다.

구 분	1995. 12. 31. A	1996. 12. 31. B	상승률 B÷A	비중	상승률 3제곱 $[B÷A]^3$	비중
한국전력	25,050	28,975	1.16	10.3%	1.55	9.3%
삼성전자	1,147	1,876	1.64	14.6%	4.38	26.3%
포스코	55,154	51,998	0.94	8.4%	0.84	5.0%
SK텔레콤	6,321	9,453	1.50	13.4%	3.34	20.1%
현대건설	1,607,509	1,570,332	0.98	8.7%	0.93	5.6%
현대차	22,004	21,756	0.99	8.8%	0.97	5.8%
기아	113,776	150,139	1.32	11.8%	2.30	13.8%
대한항공	10,633	11,558	1.09	9.7%	1.28	7.7%
S-Oil	8,478	7,485	0.88	7.9%	0.69	4.1%
삼성중공업	13,894	9,914	0.71	6.4%	0.51	3.8%

▋종목별 상승률 및 산정 비중, 3제곱 상승률 및 산정 비중

투자방법
① 시가총액 규모 순으로 10개 종목을 선정한다.
② 현재 주가를 1년 전 주가로 나눈 수치를 구한다.
③ ②에서 나온 값에 3제곱을 한다.
④ ③에서 나온 수치에 비례하여 주식 비중을 결정한다.
⑤ 매월 말 ②~④를 반복하여 비중을 리밸런싱한다.

💡 투자 결과

- 1996년 1월 말 투자원금 : 100,000,000원(기준가 878.82)
- 2023년 12월 말 평가금액 : 1,480,856,494원(기준가 13,014.06)
- 투자 수익 : 1,380,856,494원(투자 수익률 1,380.86%, 연복리 10.10%)
- 고점 대비 최대 손실(MDD) : -61.81%

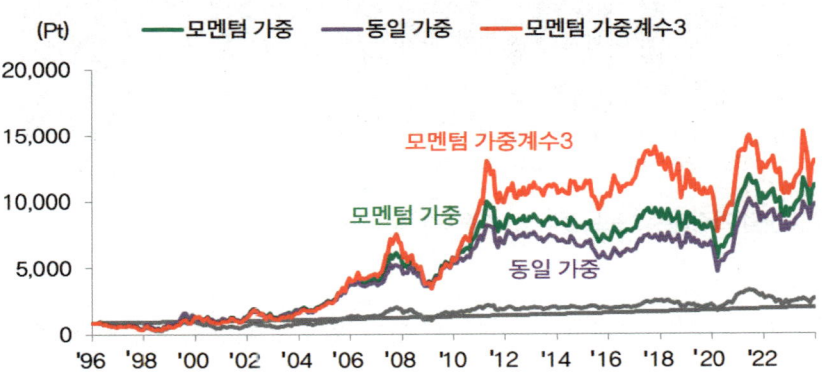

▌모멘텀 가중계수3 수익률 비교

    위 그래프는 모멘텀 가중계수3의 수익률을 보여준다. 변동성이 좀 더 높아진 대신 수익률은 훨씬 높아졌다. 모멘텀이 강한 종목에 집중 투자함으로써 빼어난 수익률을 거둔 것이다. 그렇기 때문에 추세가 끝나는 변곡점에서는 더 크게 손실이 나온다는 단점도 있다.

    3제곱을 함으로써 주가 모멘텀이 강한 종목에 더욱 집중 투자하는 경향성이 발생하였고, 이로 인하여 발생한 결과이다. 즉, 2:3:4의 구성비를 8:27:64로 변환시키는 방법으로, 포트폴리오 비중의 지수화를 통하여 격차를 더 벌리는 방법론이다. 참고로 모든 수의 0제곱은 1이 되기 때문에

Chapter 3 알파투자전략

0제곱을 하면 1:1:1의 구성비가 되므로 동일 비중이 된다.

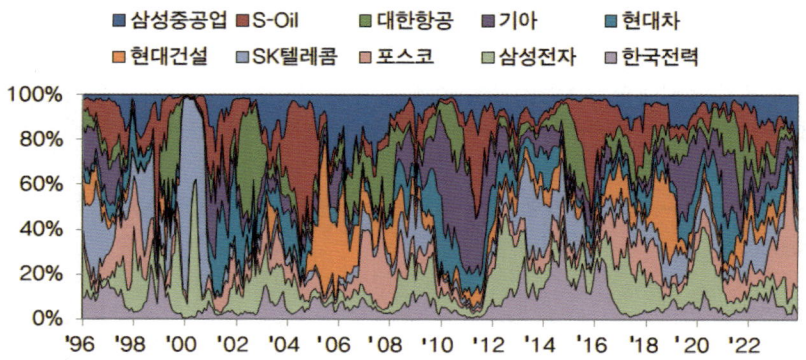

■ 모멘텀 가중계수3 포트폴리오 내 종목별 비중 변화

위 그래프는 모멘텀 가중계수3 포트폴리오에 굉장히 현란한 비중 변화가 일어남을 보여준다. 그러나 본질은 앞에서 우리가 살펴보았던 모멘텀 포트폴리오와 별다를 것이 없다. 단지 집중도가 높아졌을 뿐이다. 앞서 SK텔레콤과 현대차를 중심으로 살펴보았으니, 이번에는 삼성전자와 한국전력을 기준으로 살펴보도록 하자.

한국전력의 사례를 보면 1998년 1월에는 비중이 2.9%에 불과하였으나, 1998년 8월 1만 7,400원에서 14.2% 편입을 시작했다. 이후 1999년 1월 3만 2,350원에서 비중 24.3%로 최고 수준을 기록한다. 이후 주가는 4만 8,100원까지 올랐고 1999년 1월부터 지속적으로 비중이 축소됐다. 1999년 12월 31일 기준으로는 3만 5,200원에서 비중 0.4%로 거의 전량 매도되었다.

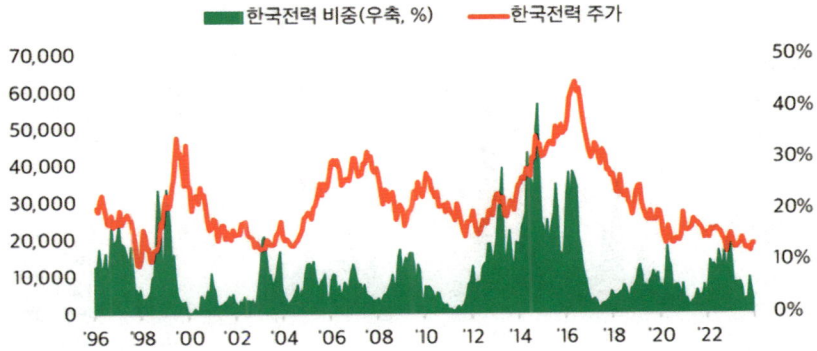
■ 한국전력 비중 및 한국전력 주가 변화

위 그래프는 모멘텀 가중계수3 포트폴리오 내 한국전력의 비중 및 주가 변화를 보여준다. 한국전력은 2011년 이후 의미 있는 움직임을 보였다. 2011년 7월 한국전력 주가 2만 5,650원에서 비중 0.9%로 거의 편입이 없다시피 하였고, 이후 2014년 10월 4만 6,450원까지 비중이 40.8%까지 상향되었다. 이후 지속적으로 비중이 줄어 고가 근처에서 지속적으로 매도했음을 확인할 수 있다.

삼성전자를 살펴보자. 삼성전자 역시 변화무쌍한 비중 변화가 보인다. 삼성전자의 주가가 우상향해온 관계로 그림을 좀 더 자세히 살펴보기 위해 10년 단위로 끊어서 살펴보겠다.

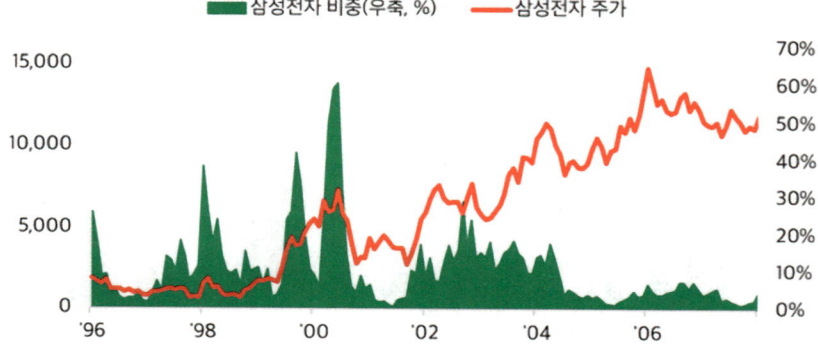

■ 삼성전자 주가 및 포트폴리오 내 삼성전자 비중 변화

　1996년 1월 주가 1,876원(현재 액면분할 반영)에서 비중 26.3%로 시작했으나, 1997년 1월 838원으로 떨어져 1.7%까지 비중이 낮아졌다.
　이후 1997년부터 비중의 적극적인 상승이 보인다. 1997년 1월 주가 838원에서 비중 1.7%를 시작으로 1998년 1,616원에서 비중 38.4%가 정점이었다. 이후 비중 축소로 대응이 되었다.
　이후 1999년 9월 30일 3,940원에서 비중 42.1%에서, 2000년 5월 주가 7,380원에서 비중 60.7%를 정점으로 매도에 나섰다. 이후 2002년부터 장기간 비중 상향으로 대응하고 2005년부터는 다른 종목의 모멘텀을 추종하였다.

　다음으로는 2006년 이후 구간을 살펴보겠다. 2007년 9월 주가 1만 1,500원에서의 비중 1.4%로 시작이 되어, 2009년 9월 1만 6,300원에서 20.5%로 비중 확대가 종결되었다.

이후 장기간 공백을 거쳐 2011년 4월 1만 7,860원에서 비중 1.8%를 시작으로 비중을 늘려 2012년 4월 2만 7,800원에서 비중 38.8% 이후 비중을 지속 축소하였다.

이후 다시 공백을 가지다가, 2016년 1월 주가 2만 3,000원에서 비중 7.8%를 시작으로 비중을 지속 상향시켰고, 5만 5,080원에서 비중 24.0%를 정점으로 비중 축소를 해나갔다.

2020년도 동일하다. 재미있게도 2020년 3월은 코로나라는 유례없는 대격변 시기를 맞이하였는데, 2019년 5월 4만 2,500원 비중 6.8%를 시작으로 코로나 공포가 정점에 달했던 2020년 3월 31일에는 비중 33.9%, 주가 4만 7,750원으로 아주 높은 비중 확대를 보였다.

이는 다른 종목에 비해서 삼성전자의 가격 하락 추세가 크지 않았기 때문이다. 삼성전자와 같은 저변동성 대형주 종목에 집중 투자하여 위기를 방어하였다는 점에서 해당 전략은 방어적인 면모 또한 겸비하고 있음을 보여준다.

이렇듯 지수화를 통하여 유력한 종목에 집중 투자하는 방법이 있는데, 정확한 명칭은 존재하지 않는다. 원전에서는 소개되지 않았으나 '가치 가중계수'라고 부르던 개념이다. 액티브 투자자들은 확신이 있는 종목에 집중 투자하여 수익률을 끌어올리기도 하는데, 가치 가중계수는 이를 정량적 개념으로 조절할 수 있다는 것을 의미한다.

또한, 확신이 있을 경우 계수를 조절함에 따라 집중 투자의 강도를 달리할 수 있다. 계수를 상승시킴에 따라 집중 투자의 정도도 높아지고, 리스

크를 감수하는 정도도 높아지기 때문이다. 이를 가격 모멘텀에 적용하여도 동일하게 사용할 수 있음을 독자들에게 제시하고 싶었다. 본 사례에서는 이를 가격 모멘텀에 적용하였으니 '모멘텀 가중계수'라고 부를 만하다.

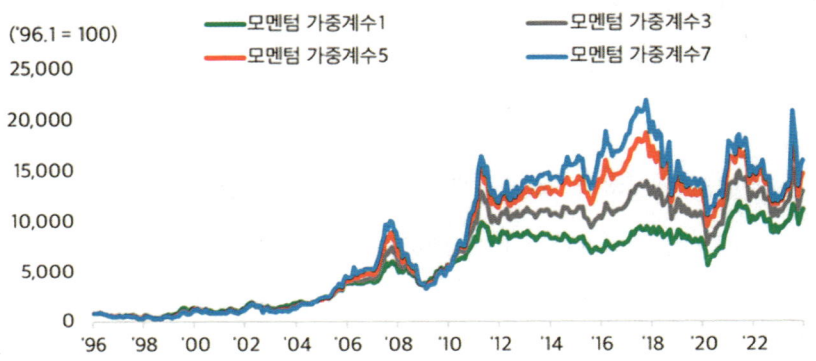

■ 모멘텀 가중계수에 따른 수익률 비교

위 그래프는 모멘텀 가중계수를 달리함에 따라 투자 결과가 어떻게 달라지는지를 제시한 것이다. 여기서는 3제곱을 했지만, 이보다 낮은 숫자를 제곱하면 집중투자보다 분산투자에 더 가까워진다. 모든 자연수의 0제곱은 1이므로, 0에 가까워질수록 동일 비중 포트폴리오가 되며, 0을 제곱하면 동일 비중 포트폴리오가 된다. 함께 참고하기 바란다.

> **SUMMARY**
>
> 투자 비중을 선정할 때 제곱수를 취함으로 유리한 종목의 비중을 더 극적으로 늘리고, 부진할 것으로 예상되는 종목의 비중을 더 극적으로 줄일 수 있다. 계수를 상승시킴에 따라 집중 투자의 정도도 높아지고, 리스크를 감수하는 정도도 높아진다.

3-17 가치 가중 : 내재가치가 높은 종목에 집중 투자

　모멘텀 가중계수는 기업의 전망 및 내재가치에 근거하지 않고 주가만을 이용하여 포트폴리오 내 종목별 비중을 산정하였다. 때문에 버블 국면에서 수익을 올릴 수도 있지만, 버블이 급격히 꺼지거나 하는 모멘텀 크러시 국면에서 취약함을 알 수 있었다.

　이에 기업별 내재가치를 구하여 적정 주가를 현재 주가로 나눈 수치에 비례하여 종목별로 투자한다면, 내재가치가 주가에 비해 더 높은 종목에 집중 투자가 될 것이라고 판단된다. 이를 실천하면 다음과 같이 투자하게 된다.

투자방법
① 시가총액 규모 순으로 10개 종목을 선정한다.
② 종목별 내재가치를 나름대로 계산한다. 내재가치 계산은 분기별로 발표되는 기업 실적에 맞추어 업데이트를 지속한다.
③ 내재가치를 주가로 나눈 수치를 종목별로 모두 합한 다음에, 이 수치가 전체에서 차지하는 구성비만큼 종목별 투자 금액을 결정한다.

④ 매월 말 평가하여 약간의 매매를 통하여 종목별 비중을 다시 맞춘다.

💡 **투자 결과**
- 1996년 1월 말 투자원금 : 100,000,000원(기준가 878.82)
- 2023년 12월 말 평가금액 : 2,449,582,456원(기준가 21,527.42)
- 투자 수익 : 2,349,582,456원(투자 수익률 2,349.58%, 연복리 12.10%)
- 고점 대비 최대 손실(MDD) : -52.73%

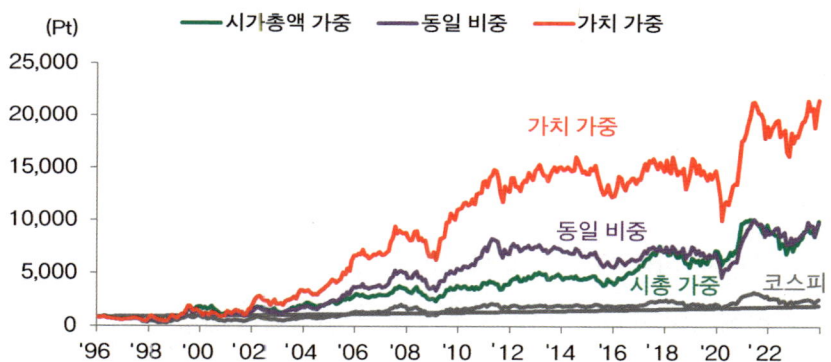

▍가치 가중 수익률 비교

　위 그래프는 1996년 말부터 종목별 가치에 근거한 기대수익률에 따라 투자한 결과이다. 매월 주가 등락에 따른 기대수익률의 변화를 반영하여 비중을 조절했다. 가치 가중 포트폴리오는 해당 기간 중 총 2,349.58%의 투자 수익률을 거두었다.

　다만 IMF 외환위기 당시에 원금 대비 -52.73%라는 큰 손실을 비켜가지 못하였다. 즉, 종목별 위험은 분산투자를 통하여 방어하였지만 시장 전체가 받는 시장 위험에서는 자유로울 수 없었다.

먼저 원전에서는 내재가치의 계산법을 다음과 같이 제시하였다.

5년 후의 내재가치 = BPS+Minimum
(지난 5년간 EPS 합계, 지난 5년간 OCPS 합계)

사실 전문가들의 입장에서 보기에는 다소 황당한 내재가치 계산 방식이다. 그럼 이러한 계산 방식이 왜 나왔는가? 이 질문의 답은 의외로 간단하다. 이 책의 구판은 원래 원저자의 초등학교 동창회 게시판에서 동창들에게 투자를 가르치기 위한 글이었고, 이 이상의 어려운 방법론을 일반인에게 제시하는 것은 무리가 있다고 판단하였기 때문이다.

자산가치인 BPS(주당 순자산)에 지난 5년간의 EPS 합을 더하여 이익 가치를 함께 고려하였고, 여기서 혹시나 본업인 영업 활동에서의 문제가 있는지를 살펴보기 위해 주당 영업 활동 현금흐름(OCPS)을 함께 고려하였다. 혹시라도 영업 활동 현금흐름이 적자를 기록하였다면 그 문제를 반영하기 위해서다.

일종의 간편식인데, 사실 전문적으로 투자를 하는 사람들의 입장에서는 너무 단순화하였다고 보여진다. 어쨌건 결과는 아주 우수한 성적이 나왔다. 적정 가치를 계산해 보았는지가 중요한 것이지, 복잡하게 하든 간편하게 하든 종목을 서로 비교하는 데에는 큰 불편이 없다는 것을 보여준다. 숙련된 투자자라면 나름대로 밸류에이션을 구해 적용해볼 수도 있다. 실제로 2010년대 초반 NH투자증권의 박선오 연구원이 RIM을 활용한 가치 가중 포트폴리오를 제시한 적이 있었다. 여기서는 편의상 5년 간 평균 EPS와 영업현금흐름을 활용하였으나 합계로 하여도 큰 차이는 없다.

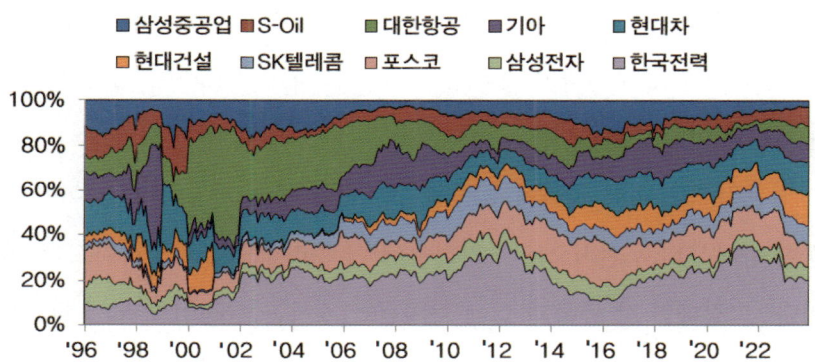

▮가치 가중 포트폴리오 내 종목별 비중 변화

위 그래프는 가치 가중 포트폴리오 내의 종목별 비중 변화를 보여준다. 자세히 살펴보면 시가총액 포트폴리오에서 상대적으로 큰 비중을 차지하는 삼성전자 등은 평균 수치인 10%보다도 적은 금액이 투자되고 있다는 것을 확인할 수 있다. 반면에 시가총액 가중 포트폴리오에서 아주 적은 비중이었던 포스코, 대한항공, 한국전력 등은 가치 가중 포트폴리오에서 상대적으로 많이 투자되고 있다는 것도 확인할 수 있다.

여러 종목을 선택하여 포트폴리오를 구성할 경우 대부분의 펀드에서는 시가총액의 구성비를 기준으로 약간 가감하여 투자 금액을 배분하는 시가총액 가중 포트폴리오를 적용한다. 이는 대규모 기업에 투자금을 집중하는 결과가 되어 주가지수의 움직임에는 방어적이지만 기업의 실제 가치를 무시한다는 문제를 가지고 있다.

일반 투자자들이 자주 활용하는 것처럼 각 종목별 투자 금액을 동일하게 유지하는 동일 비중 포트폴리오는 결과적으로 시가총액 가중 포트폴리오보다는 투자 수익률이 개선되는 결과를 가져오기는 하지만, 이 역시 실제 가치를 무시하고 모든 종목을 동일하게 취급하는 데에서 오는 문제를 벗어나지 못한다.

결론적으로 여러 종목에 동시에 투자할 때에는 가장 실제 가치가 우량한 종목부터 우선적으로 투자하는 것이 논리적으로 합당하다고 할 것이다. 그렇다면 각 종목의 실제 가치를 산정하는 과정이 반드시 필요한데, 이 부분은 상당히 전문적일 뿐만 아니라 전문가들 사이에서도 방법론의 차이를 많이 보이고 있다.

앞의 가치투자 편에서 살펴보았듯이 가치를 판단하여 투자 매력도를 점검(Valuation)하는 여러 방법이 존재하는데, 반드시 어느 방법이 우수하다고는 할 수 없으며, 대개 여러 방법을 동시에 적용하거나 다소 변형시켜 적용하는 게 일반적이다. 그러나 어떻게 하든 가치 판단의 궁극적인 목표는 어느 기업의 과거, 현재, 미래를 두루 살펴서 과연 얼마의 가격이 합당한지를 찾아보는 작업이므로 숫자로 명시되어야 한다.

직접 가치 판단을 하기가 어려운 경우는 여러 증권회사 리서치센터에서 제시하는 목표주가를 활용하여도 무방하다. 이렇게 많은 자료를 모두 참고할 때 시장에서 합의되고 있는 가치를 시장 컨센서스라고 부른다. 이 수치를 전문적으로 제공하는 사이트나 프로그램도 있는데 유료로 활용 가능하다.

여기서는 어떤 방법을 쓰든지 개별 기업의 가치를 분석했다고 가정한다. 그런데 주가는 가치와 반드시 일치하지는 않는다. 때문에 가치와 주가의 차이 나는 정도에 따라서 투자하고자 하는 발상을 할 수 있다. 이때 가치와 주가의 괴리를 안전마진이라고 한다고 앞에서 언급했다. 이 안전마진을 미래에 기대되는 투자 수익이라고 간주한다면 종목별로 기대되는 투자 수익률이 계산될 수 있다. 그런데 주가가 등락을 하게 되면 기대수익률이 조금씩 달라진다.

따라서 변화된 주가 수준에 따라 기대수익률이 높은 종목으로 약간씩 교체 매매를 지속하게 된다. 즉 주가가 상승한 종목은 기대수익률이 낮아졌으므로 그만큼 일부 매도하게 되고, 주가가 하락한 종목은 기대수익률이 높아졌으므로 그만큼 추가 매수하게 된다.

여기서 교체 매매되는 부분만을 주목하면, 보다 가치를 우선하여 투자 매력이 높은 종목으로 바꾸는 행위이므로 교체 매매라고 볼 수도 있고, 상대적으로 투자 매력이 낮아진 종목을 매도하고 동시에 상대적으로 투자 매력이 높아진 종목을 매수하는 행위이므로 '가치 차익 거래(Value Arbitrage)'라고 부를 수도 있다. 만약 이를 실시간으로 리밸런싱한다면 단기적으로 급락하여 투자 매력이 높아진 종목을 일부 추가 매수하고, 주가가 단기적으로 상승하였을 때에 일부 매도하기 때문에 단기 차익거래 성격을 지닌다. 나는 우스갯소리로 이를 '가치 단타 거래'라고 부른다.

이렇게 포트폴리오의 종목별 비중을 가치에 근거하여 조절하는 방법을 '가치 가중 포트폴리오(Value Weighted Portfolio)'라고 부른다. 이 사례와 세부적으로 똑같지는 않지만 이렇게 펀더멘털에 기초한 방식을 '펀더멘털 인덱스(Fundamental Index)'라고 부르기도 한다.

가치를 기준으로 투자 비중을 결정한다는 것은 다른 투자자들에 부화뇌동하지 않고 소신을 지킨다는 점에서 매우 용기가 필요한 일이다. 결과적으로 가치 가중 포트폴리오는 애초에 기대했던 바를 훨씬 뛰어넘는 월등한 투자 수익률을 거두게 된다.

내재가치 계산이 어렵다면 5년 평균 PBR 또는 PSR(Price Sales Ratio, 주가매출비율), 애널리스트 목표 주가 등을 활용하여도 결국 유사한 결론이 나온다. 필자가 애널리스트로 근무하던 시절에, 한 애널리스트 출신 펀드매니저의 요청을 받아 해당 펀드매니저가 애널리스트 시절 발간한 커버리지 기업들의 목표 주가를 기준으로 가치 가중 포트폴리오를 백테스트 했던 적이 있었다. 그 결과 커버리지 기업을 시가총액 가중 또는 동일 비중으로 투자한 것보다 훨씬 우월한 성과가 나왔다.

5년 평균 PER의 경우 순이익이 적자가 나거나 PER이 100이 넘어가는 경우가 있는데, 이는 앞서 살펴보았듯 PER의 역수인 Earnings Yield를 사용하면 된다. 또한 가치 가중계수를 적용해 보아도 우수한 성과가 나온다. 이는 분량의 한계로 서술하지 않으나 연구해봐도 좋을 주제일 것이다. 다시 말하지만 밸류에이션 방법론을 고도화하는 것보다 밸류에이션을 해보았다는 것이 중요하다는 점을 명심해야 한다.

> **SUMMARY**
>
> 기업별 내재가치를 구하여 적정 주가를 현재 주가로 나눈 수치에 비례하여 종목별로 투자 비중을 정하는 것을 가치 가중 포트폴리오라고 한다. 이렇게 하면 내재가치가 주가에 비해 더 높은 종목에 집중 투자할 수 있다.

3-18 종목의 정태적 합성과 동태적 합성

시장에 두 개의 종목만이 있다고 가정해보겠다. A종목은 PBR 0.5배, ROE = 0%이다. B종목은 PBR 2.0배, ROE 20%이다. 그렇다면 PBR을 우선시해야 하는가, 아니면 ROE를 우선시해야 하는가? 꼭 양자택일을 할 문제는 아니다. 해당 종목을 적당히 섞어 투자할 수도 있다.

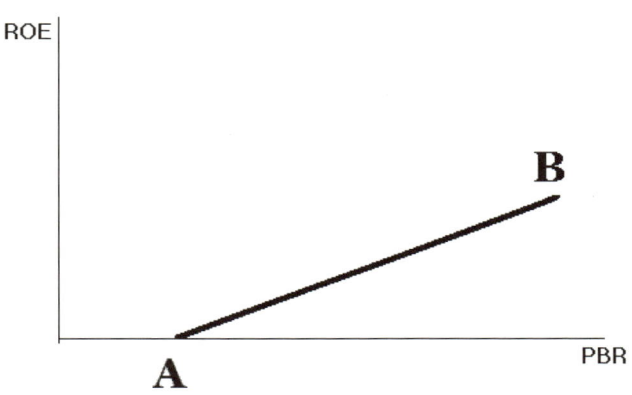

■ A·B종목의 PBR·ROE 그래프

그렇다면 두 종목의 적정 비중은 어떻게 정할까? 위 그래프는 A종목과 B종목의 PBR과 ROE 지점을 표시한 것이다. 직선 AB는 A종목과 B종목의 비중에 따른 포트폴리오의 PBR과 ROE 변화를 보여준다. 이는 A, B 두 종목만 투자하는 것을 가정한 일종의 효율적 투자선이다. 만약 시장에서 직선 AB의 좌상향 부분에 위치하는 다른 종목이 있다면 그 종목은 PBR은 낮고 ROE는 높아 직선 AB를 지배하는 더욱 유리한 투자 대상이라고 할 수 있다.

투자자의 입장에서는 A종목의 PBR 수준이면서 B종목 수준의 ROE를 유지하는 기업이 있다면 환상적인 투자 대상이다. 그런 종목의 이름을 V종목이라고 불러보겠다. 그리고 환상적인 V종목과는 다르게 못난이 종목을 가정해 보겠다. B종목처럼 PBR이 부담스러우면서도 ROE는 A수준인 종목이다. V종목은 현실적으로 찾기 힘든 반면 못난이 종목은 도처에 널려있다. 이런 못난이 종목을 C라고 부르겠다. 그러면 그래프는 이렇게 바뀐다.

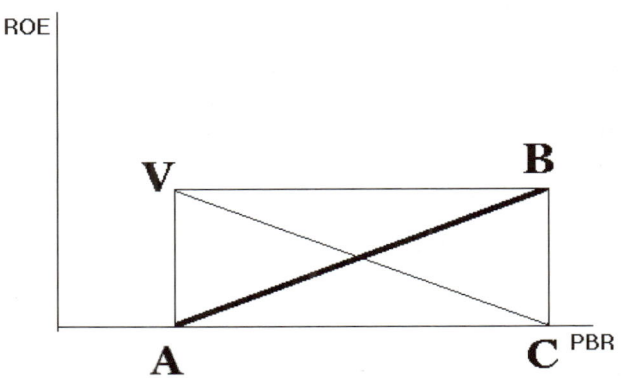

■ A·B·C·V종목의 PBR·ROE 그래프

A종목은 C종목과 ROE가 똑같은데 PBR이 낮으므로 상대적으로 우량하다. 또한 B종목은 C종족과 PBR은 같은데 ROE가 높으므로 우량하다. 앞에서 A와 B를 가지고 투자를 했던 것처럼 C종목을 활용하여 투자를 해보자.

C종목은 A종목에 비해 상대적으로 불량한 종목이므로, A종목을 두 단위 매수하고 C종목을 한 단위 매도(공매도)하는 방법을 생각해 볼 수 있다. 즉, 2A-C인 셈이다. A종목과 C종목이 동일하게 주가가 1만 원이라면 A의 BPS(Book-value Per Share, 주당순자산가치)는 2만 원이고, C의 BPS는 5,000원이다. 그러면 2A-C 포트폴리오의 BPS는 3만 5,000원이 된다. 그러므로 포트폴리오의 PBR은 10,000÷35,000 = 0.28로 급격하게 낮아진다. 이 포트폴리오를 D라고 해보자.

마찬가지로 C종목은 B종목에 비해 상대적으로 열위에 있다. 때문에 B종목을 한 단위 매수하는 대신, B를 두 단위 매수하고 C를 한 단위 매도하는 방법이 있다. 그러면 B와 C가 모두 1만 원일 시, PBR이 2배이므로 BPS는 5,000원이다. ROE = EPS÷BPS이므로 B종목의 EPS는 1,000원, C종목의 EPS는 0원임을 역산할 수 있다.

결론적으로 2B-C 포트폴리오의 EPS는 2,000원이 된다. 그러므로 포트폴리오의 ROE는 40%(40% = 2,000÷5,000)로 급격히 높아진다. 이 포트폴리오를 E라고 해보겠다.

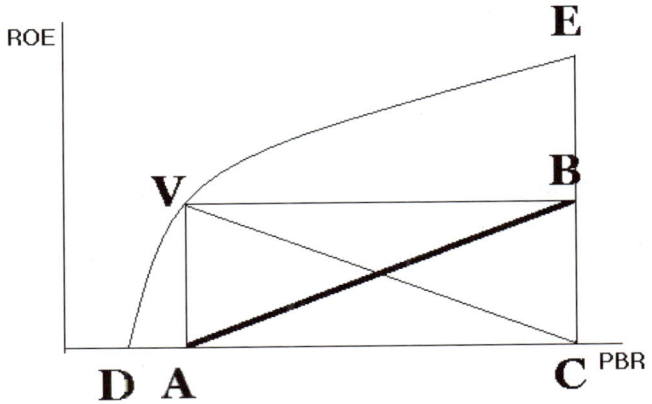

■ A·B·C·V종목과 D·E의 PBR·ROE 그래프

PBR·ROE 그래프에 포트폴리오 D와 E를 추가했다. 앞에서 A, B 두 종목을 적당히 섞어서 직선 AB가 만들어진 것처럼 이번에는 포트폴리오 D, E를 적당히 섞어서 새로운 포트폴리오를 구성할 수 있다. 이 결과가 곡선 DE이다.

이 중에서 D와 E를 절반씩 섞은 포트폴리오를 G라고 하겠다.

$$G = (D+E) \div 2 = \{(2A-C)+(2B-C)\} \div 2 = (2A+2B-2C) \div 2 = A+B-C$$

즉 G는 간단하게 A+B-C로 도출된다. 여기서 포트폴리오 G의 BPS는 20,000+5,000-5,000이므로 2만 원이며, PBR은 0.5이다. 또한 G의 EPS는 0+1,000-0이므로 1,000원이다. 그러므로 ROE = 20%가 된다. 이것이 처음 현실적으로 존재하기 힘들다고 언급한 V종목의 상태이다.

즉, 현실적으로 존재하기 어려운 종목 V를 저PBR 종목 A와 고ROE 종목 B, 불량 종목 C를 활용하여 인공적으로 합성한 셈이다. 기업이 시간이 지나며 성장하거나 저평가 및 고평가되는 상황을 고려하지 않았으므로, 이를 정태적 합성(Static Synthesization)**이라고 부른다.**

실무적으로는 C를 공매도할 때 주의를 요한다. 어쨌건 기업이기 때문에 잘해보려고 노력을 하다보면 갑작스러운 변화가 일어나기도 한다. 그렇기에 C와 같은 종목을 묶음(Basket)으로 공매도하는 것이 안전하다. 또한 기업의 세부적인 펀더멘털 분석이 이루어져야 한다.

다음으로 살펴볼 점은 시간이 지나며 기업의 이익 및 자산이 증감하는 경우를 살펴보자. 실적 변화에 따라 주가도 상당한 움직임을 보인다. 대부분의 경우 실적의 움직임보다 주가의 움직임이 더 큰 경우가 많다. 따라서, PER과 PBR의 수치도 큰 폭으로 변동하는 경우가 많다.

B종목의 경우 높은 ROE를 인정받아 부담스러운 PBR과 주가를 형성하고 있다. 그런데 어떤 경기 침체 사이클을 맞이하여 ROE가 20%에서 10% 수준으로 낮아졌다고 가정하자. 이 경우 주가는 크게 하락하게 된다. 때문에 PBR도 상당히 낮아지게 된다.

어려운 시기를 지나 다시 업황이 좋아질 무렵에는 부실기업의 점유율까지 넘겨받게 되어 예전보다 더 좋은 실적을 가져오게 된다. 즉 예전의 ROE 또는 그 이상으로 회복되기도 하고, 주가도 상승을 보이게 된다. 종합적으로 불황 이전보다 더 우량한 기업으로 인정받게 된다. 이러한 B

종목의 변화를 그래프로 나타내면 다음과 같다.

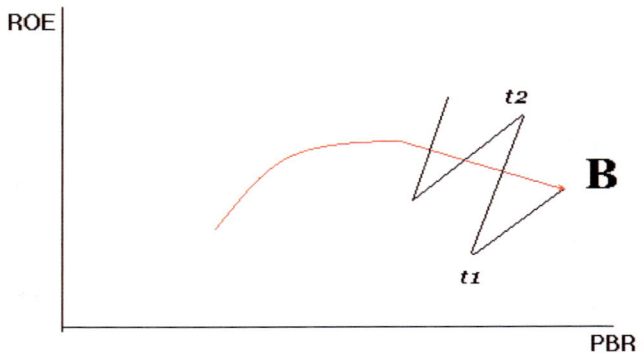

■ B종목의 PBR·ROE 변화

불황 국면인 t1에서 B종목은 PBR과 ROE가 동시에 낮아지면서 좌하향하게 되고, 다시 호황 국면인 t2에서 우상향하게 된다. 그런데 예전의 위치보다 더 좋은 위치로 개선된다. 물론 시장이 포화 상태로 들어가거나 사양산업이 되면 점차 ROE의 개선은 이루어지지 않으면서 B종목은 A종목처럼 저PBR이 된다.

그림에서 주목할 점은 적색 선의 이동 방향이다. 즉 높은 ROE 수준의 경우는 경기 사이클이 반복될 때마다 점차 좌상향으로 움직이게 된다는 점이다.

이번에는 A종목을 함께 살펴보자. PBR은 낮으나 ROE가 낮은 종목이다. 하지만 이 종목 또한 경기의 영향을 받기는 받는다. 때문에 주가 변동 및 PBR 변화도 크지 않다. 이 변화를 반영하여 그래프를 그리면 다음과 같다.

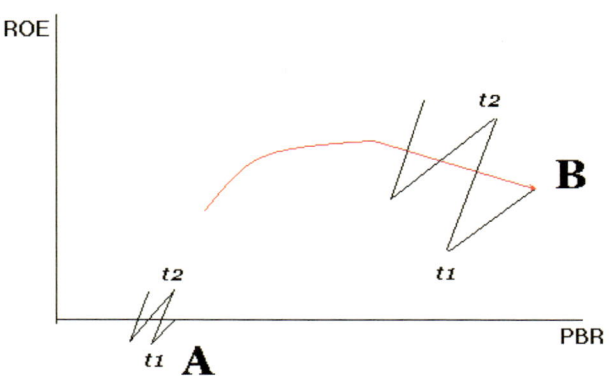

▌A·B종목의 PBR·ROE 변화

이제 우리가 볼 수 있는 것은 큰 W를 그리며 좌상향하는 B종목과 작은 w를 그리며 왼쪽으로 움직이는 A종목이다. 양자택일 문제는 앞서 정태적 합성에서 설명을 한 바 있다. 이제 A, B 두 종목으로 구성하는 포트폴리오를 생각해보자.

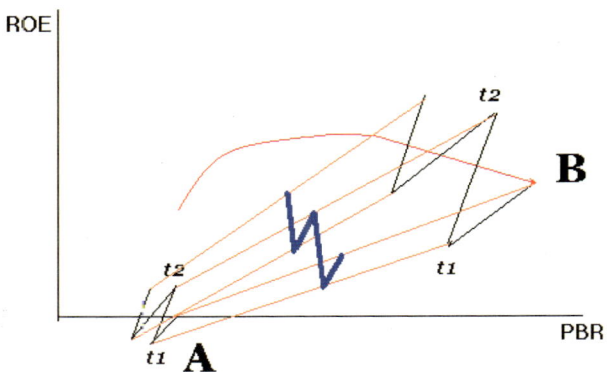

■ A·B종목을 섞은 포트폴리오의 PBR·ROE 변화

가장 간단한 사례로 A종목과 B종목을 절반씩 섞어 투자하는 포트폴리오의 경우 위의 그래프가 다음과 같이 표현된다. 그래프의 청색 선이 A와 B를 절반씩 섞어 매매 없이 유지한 포트폴리오의 PBR과 ROE의 예상 진로이다. 마찬가지로 W를 그리면서 좌상향하게 된다. 그런데 경기 변동에 따라 크게 움직이는 종목은 B종목이다.

그러므로 우리는 불황 국면에서 B종목의 비중을 조금씩 늘리고, 호황 국면에서 A종목의 비중을 조금씩 늘리는 매매를 한다면 포트폴리오를 조금 더 우량하게 개선시킬 수 있을 것이다. 여기서 호황과 불황의 기준을 잡기 어렵기 때문에 A와 B의 거리가 수렴(Convergence)하거나 확대(Divergence)하는 것을 기준으로 삼는 것이 편리하다.

불황 국면에서 A:B = 1:3까지를 한계로 하고, 호황 국면에서 A:B = 3:1까지를 한계로 하여 구성된 포트폴리오를 반영하여 그림을 그려보면 다음과 같이 요약된다.

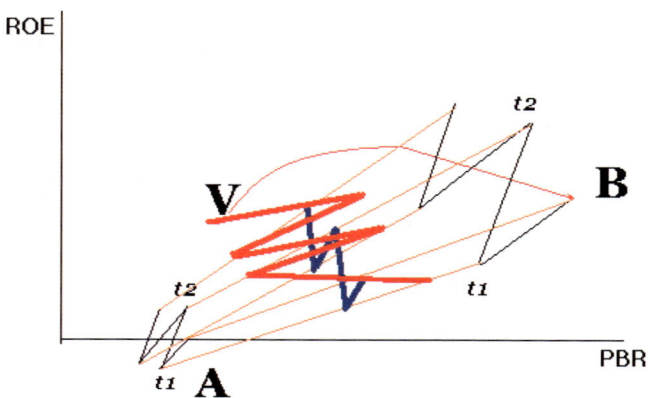

■ 불황 및 호황 국면에서 PBR·ROE 변화

 상황에 따라 구성비를 달리한 포트폴리오가 굵은 적색선이다. 이 그래프를 살펴보자면, 전체적인 수준은 A종목과 B종목의 중간 수준이지만, 그 변동의 폭은 B종목에 못지않게 크다는 것을 알 수 있다. 즉, 전체적인 펀더멘털은 안정적으로 가져가되 변동을 즐길 수 있는 구조가 된 것이다.

 실제 매매를 생각해보면, 수익이 확대되고 주가가 급등하는 호황 국면에서 점차 ROE가 높은 B종목을 저PBR인 A종목으로 교체하여 포트폴리오를 보수적으로 변화시킨다. 반대로, 수익이 급감하고 주가가 급락하는 불황 국면에서는 점차 PBR 우량주인 A종목을 축소하면서 고ROE인 B종목으로 교체하여 향후 경기변동을 대비하는 것이다.

이는 경기 호황 국면에서 고ROE에 열광하고 경기 침체 국면에서 저 PBR을 매수하는 보통의 투자자들과 정반대의 매매가 된다. 일종의 역발상 투자자(Contrarian Investor)가 되는 셈이다. 이런 매매가 반복된다면 저가 매수와 고가 매도가 반복되어 상당한 매매차익이 쌓이게 될 것이다. 그러므로 최초 원금 대비로 생각한다면 위 그래프에서 적색 선은 매우 가파른 상태로 좌상향하게 될 것이다.

이와 같이 상황에 따라 종목별 구성비를 변화시키는 투자방법은 앞서 살펴보았던 정태적 합성처럼 C종목을 동원하지 않더라도 현실에 존재하지 않는 V종목으로의 접근을 달성하는 방법론이 될 수 있다. 때문에 경기와 주가의 흐름을 고려하여 합성하였다는 점에서 이를 동태적 합성(Dynamic Synthesization)이라고 부를 수 있다. 물론 여기서 A종목과 B종목이 경기에 동시에 반응하지 않고 서로 엇갈려 반응한다면, 다시 말해 상관관계가 적은 편이라면 동태적 합성의 효과는 더욱 증폭된다.

SUMMARY

불량한 종목에 공매도하는 등 투자 종목의 조합을 통해 우량한 투자 종목을 만들어내는 것을 정태적 합성이라고 한다.
경기와 주가의 흐름에 따라 종목별 구성비를 변화시켜 우량한 투자 종목을 만들어내는 것을 동태적 합성이라고 한다.

3-19 가치 가중② : 내재가치 기준의 우량기업 선별

지금까지 한국의 경제는 많은 흥망성쇠를 겪어왔지만, 과자 회사 등은 이러한 파고에도 끄떡없이 건재해 있다. 그런 회사들의 비결은 무엇인지 궁금하여 조사를 해본 결과 그 기업들은 다른 회사에 비해 가치가 우수하다는 사실을 발견한다.

이에 따라 내재가치가 우량한 회사에 투자하면 좋을 것이라는 판단으로, 시가총액 규모에 관계없이 내재가치를 기준으로 우량 기업을 선별하였다. **그렇게 선별한 우량 기업의 내재가치를 주가로 나눈 수치에 비례하여 매수한다.** 이는 '가치 가중②'라고 부를 수 있는데, 이를 실천하면 다음과 같이 투자하게 된다.

투자방법
① 코스피200 구성 종목 중에서 시가총액이 크면서도 내재가치가 우수한 10개의 종목을 선정한다.
② 내재가치 계산은 분기별로 발표되는 실적에 맞추어 업데이트한다.
③ 내재가치를 주가로 나눈 수치를 종목별로 모두 합한 다음, 이 수치가 전체에

서 차지하는 구성비만큼 종목별 투자 금액을 결정한다.
④ 매월 말 평가하여 약간의 매매를 통하여 종목별 비중을 다시 맞춘다.

💡 투자 결과

- 1996년 1월 말 투자원금 : 100,000,000원(기준가 878.82)
- 2023년 12월 말 평가금액 : 10,208,012,624원(기준가 89,710.06)
- 투자 수익 : 10,108,012,624원(투자 수익률 10,108.01%, 연복리 17.96%)
- 고점 대비 최대 손실(MDD) : -58.74%

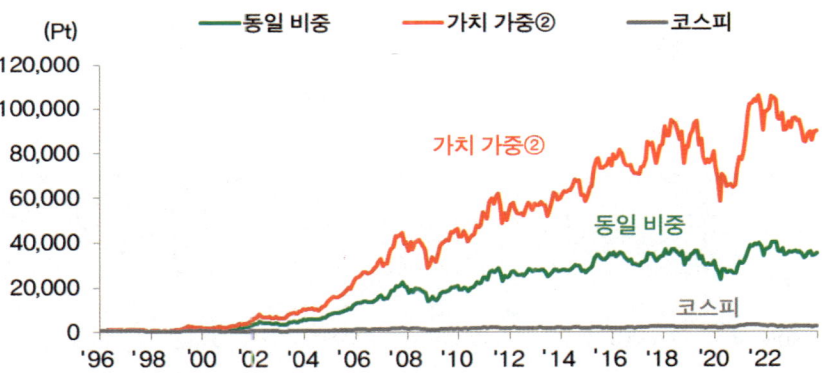

▎가치 가중② 수익률 비교

위 그래프는 가치 가중② 포트폴리오의 수익률을 비교한 것이다. 구성 종목은 구판에서 제시한 종목을 유지하려하였으나, 롯데제과는 분할 등 이슈로 인하여 연속성이 없는 문제로 롯데칠성으로 교체하였다. 특별히 높은 상승을 한 종목을 선정한 것이 아닌데도, 대체로 앞에서 살펴본 시가총액 상위 주들 대비 높은 상승을 거두었음을 관찰할 수 있다.

우량한 종목을 선정한 데에다가 가치에 근거하여 종목별 비중을 적절하게 조절하면 금상첨화이다. 이것이 가치투자의 매력이다. 그림에서 살펴보듯이 이렇게 엄청난 투자 결과도 투자 초기에는 그다지 괜찮은 편은 아니었다. 하지만 소신을 버리지 않고 장기 투자를 하며 가치투자 원칙에 따라 약간씩 조절 매매를 하였더니 상상하기 어려운 투자 결과를 손에 쥘 수 있게 된 것이다. 역시 가치투자는 장기적으로 진행되어야 제대로 맛이 나는 법이다.

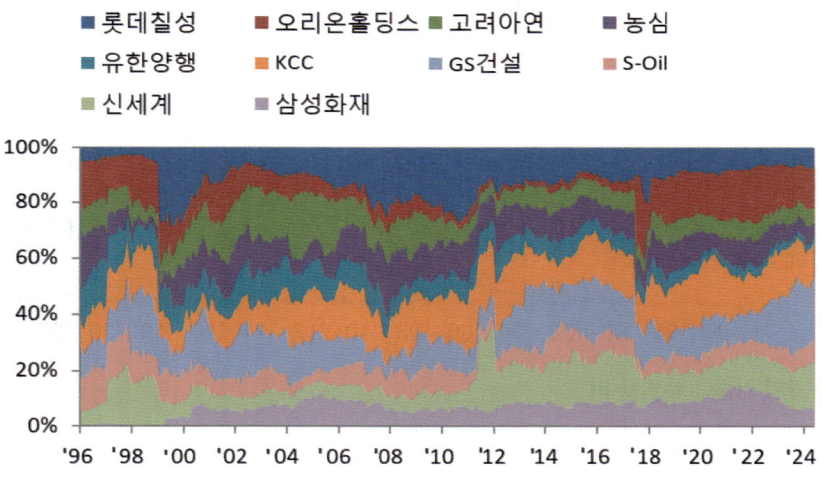

■ 가치 가중② 포트폴리오 내 종목별 비중 변화

위 그래프는 가치 가중② 포트폴리오 내의 종목별 비중 변화를 보여준다. 앞에서는 일관성을 유지하기 위하여 시가총액 가중 포트폴리오와 동일한 종목으로 연구해 보았지만, 실제적으로는 이처럼 시가총액이 큰 종목들보다는 내재가치가 우량한 종목들로 가치 가중 포트폴리오를 구성하는 것이 더욱 바람직하다.

여기서는 코스피200 지수를 구성하는 종목들 중에서 가급적 시가총액이 크면서도 당시 가치투자자들에게 선호되는 종목들로 구성해 보았다. 대부분 소비자 독점형 기업이자 이익이 꾸준히 늘어나는 우량한 기업들이다.

일반 개인투자자들이 이러한 가치 우량주를 제대로 선정해내기란 어려운 일이다. 더군다나 선정된 가치 우량주의 내재가치를 수시로 환산한다는 일은 거의 불가능할 것이다. 여기서 일반 개인투자자들도 쉽게 접근할 수 있는 방법을 소개하겠다.

워런 버핏은 가치 우량주를 선정하는 가장 우선적인 요소로 소비자 독점을 꼽았다. 내재가치를 따져보기 이전에 가장 먼저 할 일은 소비자 독점형 기업인지 여부를 선별하는 것이다. 그러므로 경쟁이 치열한 상태에 있는 기업을 제외하라. 새로운 경쟁자가 나타나도 매출액에 큰 영향을 받지 않는지 확인하라. 경쟁은 적절한 이윤을 보장하지 못하며 시장에서 도태될 위험이 상존한다.

지금의 실적을 유지하려면 끊임없는 개발 비용이 뒤따라야 하는 기업을 제외하라. 이는 자전거를 멈추지 않기 위해 쉴 새 없이 바퀴를 돌려야 하는 피곤함이 따르는 기업이다. 이를 두고 한국투자밸류자산운용의 이채원 전(前) 사장은 "페달을 밟지 않아도 넘어지지 않는 세발자전거와 같은 기업에 투자하라"고 조언한다.

노사관계가 원만하지 못한 기업을 제외하라. 노사관계가 원만하지 못하다는 것은 종업원과 경영진 및 대주주가 서로 신뢰하지 못하는 상태이다. 회사의 미래보다 자신들의 이익만 앞세우는 사람들과 동업을 할 필요는 없다.

제조원가의 변동이나 물가 상승분을 판매가에 반영할 수 있는 능력을 가졌는지 확인하라. 기업 입장에서 아무리 불리한 환경으로 변하더라도 적정한 이윤을 보장하는지 살펴보아야 한다.

불황이 닥치더라도 살아가는 데 반드시 필요한 상품 또는 서비스를 제공하는지 확인하라. 어떠한 경우에도 이를 대체할 다른 상품 또는 서비스가 없다면 안심일 것이다.

기업의 내용이 첨단 신기술에 속하는 등 본인이 이해하기 어렵다면 과감히 제외하라. 시장에는 투자할 만한 종목이 그것 말고도 많이 존재한다. 충분히 이해하는 종목으로 집중하라.

위에서 언급한 대부분의 사항은 수치로 확인하기보다는 직관적으로 느껴보는 게 더욱 낫다. 이렇게 간추려진 종목 리스트를 놓고 이제부터 할 일은 내재가치를 계산해보는 일이다. 내재가치를 계산하는 복잡하고 세련된 방식이 많지만, 앞서 매우 간편한 방법으로 계산하는 방법을 소개하였다. 혹은 5년 평균 PBR 또는 PER로 갈음하여도 무방하다.

해당 포트폴리오에 가치 가중계수를 적용할 시의 성과는 어떻게 되는지 궁금한 독자가 있을 것이다. 이에 결과물을 첨부한다.

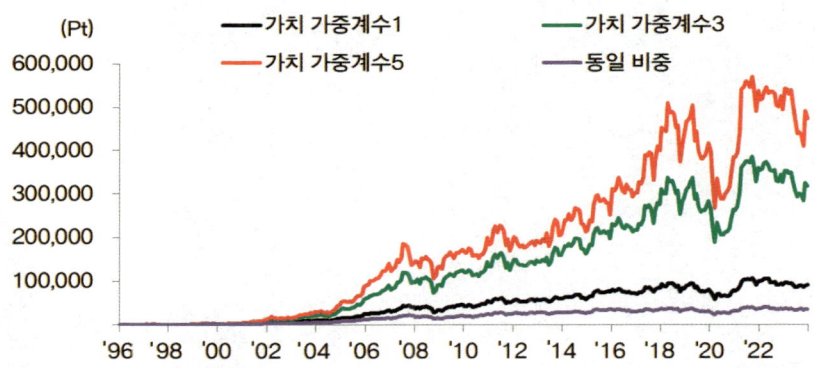

■ 가치 가중계수에 따른 수익률 비교

구 분	가치 가중계수 1	가치 가중계수 3	가치 가중계수 5	동일 비중	시가총액 가중
총 수익률	10,108.01%	36,106.36%	53,838.70%	3,945.73%	924.57%
CAGR	17.96%	23.42%	25.19%	14.13%	8.67%
MDD	-44.43%	-48.63%	-50.93%	-40.51%	-41.86%
표준편차	0.33	0.38	0.42	0.31	0.33
Sharpe	0.54	0.61	0.60	0.46	0.26

■ 가치 가중계수·동일 비중·시가총액 가중 투자 결과

SUMMARY

시가총액 규모에 관계없이 내재가치가 우량한 회사를 선별하여, 내재가치를 주가로 나눈 수치에 비례하여 매수하는 투자방법을 살펴보았다.

CHAPTER 4
세타투자전략

4-1 세타투자전략에 들어가며

'세타(θ, Theta)'는 파생상품에서 '시간 가치'를 의미하는 단어이다. 시간이 1단위 증가하였을 때, 파생상품의 가격이 얼마나 변화하는지를 나타내는 척도이다. 이 변화량을 시간 가치라고 하고, 시간이 증가할수록 시간 가치가 감소하기 때문에 옵션의 가치가 감소한다.

그런데 파생상품과 달리 주식의 시간 가치는 시간이 지날수록 감소하지 않는다. 오히려 증가한다. 시간이 흐름에 따라 기업의 가치가 우상향하기 때문이다. 단, 영업 활동을 통하여 돈을 정상적으로 번다는 전제하에서이다. 이 때문에 '장기 투자를 하라'는 말이 나오게 된다.

현 인류 최고의 부자 중 하나로 꼽히는 워런 버핏이 투자로 부자가 된 까닭은 아주 단순하다. 근로소득은 단리로 증가하지만, 투자활동으로 얻는 소득은 복리로 증가하기 때문이다.

코스피가 2008년 서브프라임모기지 사태 이후 박스권을 오래 전전하였다지만, 자산가치 자체는 분명히 우상향하고 있다. 다만 지수는 이에 대한 반영을 못하고 있다. PBR 자체가 우하향하는 흐름을 보이고 있기 때문이다.

■ 코스피·코스피 자본총계(지배주주 지분 기준) 변화 / 자료 : FnGuide

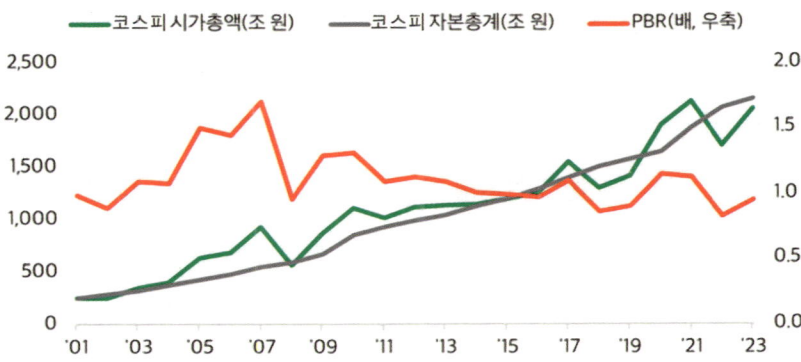

■ 코스피 시가총액·코스피 자본총계·PBR 변화 / 자료 : FnGuide

시가총액을 자본총계로 나눈 값을 PBR이라고 한다. 그런데 코스피에는 위 그림과 같이 자본총계의 상승 속도가 둔화되었을 뿐만 아니라, PBR 배수도 지속적으로 하락하고 있다. 그간 한국 증시는 PBR 1배 = 바닥이라는 공식이 적용되었으나, 2018년 및 2022년에는 PBR 1배가 지지되지 않았음을 살펴보면 상당히 우려스럽다. 앞서 말한 것과 같은 우하향이다.

이익이 늙으면 자본이 된다는 말이 있다. 배당을 가정하지 않을 시, 이익은 기업에 고스란히 쌓여 자본으로 남기 때문이다. 그러나 배당이나 재투자 등이 발생하지 않으면 가치평가를 잘 받기가 힘들어진다.

$$PER = \frac{\text{시가총액}}{\text{순이익}} = \frac{\text{시가총액}}{\text{자기자본}} \times \frac{\text{자기자본}}{\text{순이익}} = \frac{\text{시가총액}}{\text{자기자본}} \div \frac{\text{순이익}}{\text{자기자본}} = \frac{PBR}{ROE}$$

위의 식을 잘 보면, PER은 결국 PBR을 ROE로 나눈 값이다. ROE가 올라가거나 주가가 하락하면 PER이 하락하여 저평가가 된다. 그런데 한국 경제는 지난 15년간 배당 및 주주환원이 부족하였고, 타국과의 경쟁에서도 고난을 겪고 있다. 그 결과 ROE는 지속적으로 하락해왔다.

아래 그래프는 한국의 5년 평균 ROE의 추이를 나타낸 것이다. ROE의 고점이 지속적으로 하락해왔음을 볼 수 있다. 2023년 기준으로 최근 5년 평균 ROE는 6.78%이다. 2011년부터 2023년까지 ROE 10%를 돌파하였던 것은 2017년과 2021년밖에 없으므로, 구조적으로 낮아졌다고 볼 수 있다.

2007년까지는 한국의 5년 평균 ROE가 10% 정도가 나왔는데, PER을 10으로 본다면 ROE 10%에 대하여 PBR 1배는 적정하다고 할 수 있다. 그런데 현재 한국의 5년 평균 ROE가 6.78%로 약 7%인데, PER을 10배로 본다면 PBR은 0.7배가 적정하다고 보는 것이 타당하다.

ROE는 자기자본 대비 이익률이므로 배당을 하지 않는다는 가정하에 자본총계의 증가 속도라고 보아도 무방하다. 그런데 ROE가 둔화되므로 한국 주식투자로 인한 자본 증식은 점점 어려워지고 있다는 의미이다.

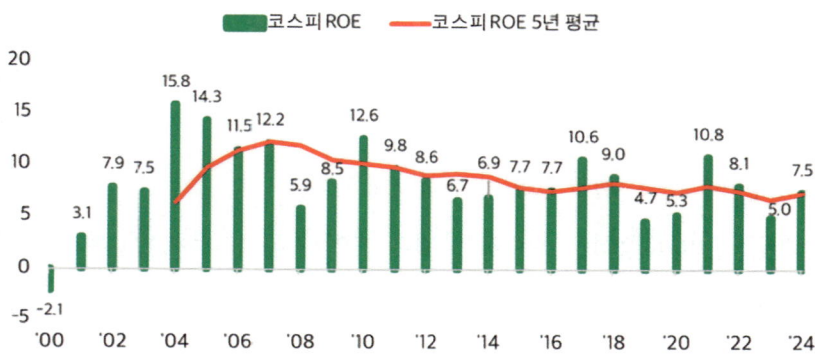

▎코스피 ROE 및 5년 이동평균

이는 노령화로 인하여 소득이 감소하는 노년층을 보는 듯한 느낌이다. 어떠한 혁신이나 구조의 변화 등이 있지 않으면 점차 한국에서 주식투자로 수익을 내기는 점점 더 힘들어질 것이라는 생각을 해볼 수 있다.

이러한 구조적 리스크에 대응하기 위하여 ROE가 높은 기업에 선별적으로 투자하거나, 성장 속도가 둔화되지 않은 국가에 투자를 하는 것을 고민해 보아야 할 것이다. 또한 미래의 투자 수익을 시뮬레이션하는 데 있어서 더 보수적인 가정을 채택할 필요가 있다. 주식은 기본적으로 우상향한다는 가정이 있으나, 그 우상향의 속도가 점점 더뎌지고 있다.

서문에서 우리는 세타투자전략의 정의를 시간이 주요 변수로 등장하는 인생 위험(Life Cycle Risk)**의 해결이라고 설명한 바 있다.** 인생 위험에는 은퇴 시점과 같은 개인적인 생애 위험도 존재하나, 국가의 성장 동력이 저하되며 기대수익이 저하되는 위험 또한 존재한다.

어쨌건 주식이라는 것은 우상향이 기본 전제이며 그 근거는 주식의 뒤에는 기업이라는 실체가 있으며, 그들은 결국 이익을 창출해내는 존재라는 이유가 있다. 차이는 충분히 싸게 사느냐 아니냐의 문제이다. 그리고 상승의 속도는 결국 ROE에 수렴하게 된다.

결국 우리가 주식을 매수하는 것은 기업과 동업을 하는 행위라는 점을 처음에 언급하였다. 포트폴리오 수익률은 곧 우리 인생의 ROE와 같다. 은퇴 자금, 혹은 결혼 자금 등을 모으기 위해 누구와 동업을 할 것이냐는 문제는 '알파투자전략'의 영역이며, 경제 상황 및 시장 상황의 유불리를 따져 비중을 조절하는 것은 '베타투자전략'의 영역이다.

이제부터 설명할 세타투자전략은 자신의 소득 주기, 은퇴 시점, 필요 자금 계획 등을 총체적으로 감안하여 투자 계획을 설정하는 것이다. 이는 재무설계사의 영역이기도 한데, 자신의 장기 투자 수익률을 보수적으로 추정하고 이를 토대로 달성 가능하고 가시성 높은 생애 계획을 짜는 것이 세타투자전략의 목적이라고 할 수 있다.

SUMMARY

세타투자전략이란 은퇴 시점과 같은 개인적인 생애 위험과 국가의 성장 동력 저하와 기대수익 저하 등 인생 위험을 투자로 해결하는 전략이다.

4-2 우리의 노후에는 얼마가 필요할까?

　NH투자증권 100세시대연구소는 2022년 「슬기로운 은퇴생활」 보고서에서, 50대 가장이 미(未)은퇴한 가구의 적정 노후생활비로 월 322만 원이 필요하다고 제시하였다. 적정 노후 생활비 월 322만 원을 단순하게 생각하여 은퇴 후 20년을 더 산다고 가정하면 대략 7억 7,280만 원이 나오며, 조금 보수적으로 30년을 가정하면 11억 5,920만 원의 노후 자금이 필요하다고 하였다.

　그런데 문제는 이조차도 보수적이지 않다는 점이다. 이유는 물가 상승을 감안하지 않았기 때문이다. 단순히 322만 원에 20년(240개월)을 곱한 값으로, 물가 상승을 감안하면 실제 필요한 금액은 이보다 더 높을 것으로 보는 게 타당하다. 만약 은퇴 이후 30년을 더 생존한다면, 추가 필요 자금은 더더욱 늘어나게 된다. 자신의 생활수준이 풍요로운 수준이라면 적정 생활비에서 +50% 정도를 한 470만 원 정도가 타당해 보인다.
　그렇다면 물가 상승률을 감안하여 은퇴에 필요한 자금을 산정할 때, 물가 상승률은 어느 정도를 기준으로 하는 것이 가장 적절할 것인가? 소

● 월평균 최소 및 적정 노후생활비 - 50대 가구주가 미은퇴한 가구 기준

(만원)

구분	노후준비 상황	월 최소생활비	월 적정생활비
수도권	아주 잘 되어 있다	384	565
	잘 되어 있다	302	430
	보통이다	257	360
	잘 되어 있지 않다	218	313
	전혀 되어 있지 않다	193	281
비수도권	아주 잘 되어 있다	295	416
	잘 되어 있다	271	369
	보통이다	234	328
	잘 되어 있지 않다	198	285
	전혀 되어 있지 않다	174	246
	전국 평균	227	322

※ 자료 : 2022 가계금융복지조사 마이크로데이타(통계청), NH투자증권 100세시대연구소

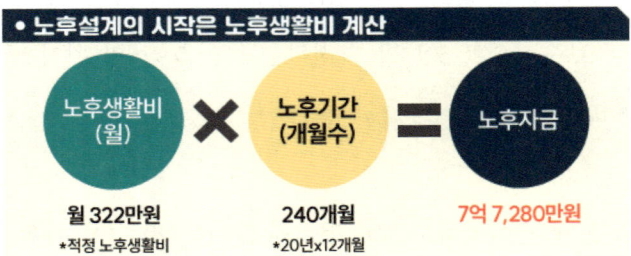

■ 100세시대연구소 노후생활비 조사 / 자료: NH투자증권

비자물가지수(CPI, Consumer Price Index)의 역사적 추이를 토대로 기본 시나리오, 최악의 시나리오, 낙관적 시나리오로 나누어 추정하는 것이 합리적이라고 보인다.

▌소비자물가지수 추이 / 자료 : 한국은행

　한국은행에서 발표하는 소비자물가지수를 살펴보면, 1981년 1월부터 2024년 4월까지 연평균 3.7%의 물가 상승률을 기록하였다. 그런데 이 수치는 1980년대 초반 오일 쇼크 등으로 인하여 물가 상승이 전 세계적으로 팽배했던 시기를 포함한 값이다. 1981년 1월 소비자물가지수는 전년 동기 대비 +28.8% 상승하는 등 이례적이었다. 1990년 1월부터 다시 조사를 해본 결과, 소비자물가지수는 연평균 3.33% 상승하였다.

　2011년부터는 이례적인 2% 이하 저물가가 지속되어 디플레이션의 공포를 겪었다. 이후 2021~2022년은 인플레이션 공포가 세계를 덮쳤던 시기다. 안정되지 못한 물가로 인하여 '벼락거지'라는 신조어가 유행하고, 선망의 직장이었던 공무원이 임금 인상의 기치를 걸고 시위를 하는 세상이 되었다. 과거 10년간 물가는 아주 안정되어 왔으나, 역사를 돌이켜보면 항상 안정되어 있지는 않았던 셈이다.

　그렇다고 해서 최악의 시나리오로 1981년처럼 물가 상승률 28%를 가정하고 계산한다면, 우리는 영원히 은퇴를 할 수 없다는 비관적인 결론만 나올 것이다. 또한 2010년대와 같이 1% 물가에 근접하는 시나리오를 가정하는 것은 지나친 낙관론이다.

■ 한국의 10년 물가 상승률 추이 / 자료 : 한국은행

그렇다면 어떻게 물가 상승률을 가정하는 것이 타당할까? 앞서 우리가 베타투자전략을 소개하며 언급하였던 전진분석(Rolling Test)을 활용해 볼 수 있다. 10년 물가 상승률을 전진분석으로 그려보고, 최악의 시나리오와 최상의 시나리오, 평균적 시나리오를 가정해 보는 것이다. 이는 일시적인 물가 상승으로 인하여 일희일비하는 경우를 줄여줄 것이다.

이렇게 조사한 바에 따르면, 한국의 10년 물가 상승률의 중윗값은 3.23%, 평균은 3.65%로 조사되었다. 또한 최악의 경우인 Worst Case는 6.48%로 조사되었으며, 가장 낙관적인 경우인 Best Case는 1.25%로 조사되었다. **즉, 우리는 은퇴 후 필요 소득을 추정할 때, 변화 가능한 물가 상승률의 범위로는 1.25~6.48%를 설정하고, 기본적으로는**

3.23~3.65%를 기준으로 계산하면 된다는 의미이다. 만약 완전 극단적인 사태만 배제하고 적극적인 범위를 잡는다면, 상위 25~75% 물가 상승률인 2.41~5.06%를 범위로 가정하면 된다.

구 분	Best	하위 25%	Base(중윗값)	평균	상위 75%	Worst
물가 상승률(%)	1.25%	2.41%	3.23%	3.65%	5.06%	6.48%
20년	89,901	101,333	110,581	115,617	134,761	157,886
30년	143,989	173,228	198,587	213,021	271,799	350,716

■ 물가 상승 시나리오별 필요 노후 자금(단위 : 만 원)

이렇게 추정한 물가 상승률 시나리오를 감안하여 시나리오별로 은퇴 후 20년, 30년 생존 시에 필요한 자금의 규모를 추정해 보았다. Best 시나리오(물가 상승률 1.25%)인 경우, 20년 생존을 가정하면 약 9억 원이 필요하며 30년 생존을 가정할 경우 14억 4,000만 원이 필요하다는 결과를 도출할 수 있었다. 반면 Worst 시나리오(물가 상승률 6.48%)인 경우 20년 생존을 가정하면 15억 8,000만 원이 필요하며, 30년 생존을 가정하면 35억 1,000만 원이 필요하다는 결과가 도출되었다.

문제는 Best 시나리오와 Worst 시나리오의 갭이 큰 것도 당연하지만, 30년 생존을 가정할 시 Base 시나리오와 Worst 시나리오의 갭도 만만치 않게 크다는 점이다. 30년 생존을 가정할 시 Base 시나리오에서 제시된 19억 9,000만 원과 달리 최악의 경우 35억 1,000만 원이 필요하다. Base 시나리오 대비 약 77% 더 높은 금액인 셈이다.

그나마 다행인 것은, 은퇴 이후 소득이 전혀 발생하지 않는다는 것 또한 어떻게 보면 보수적인 가정이라는 것이다. 은퇴 시점에 35억 원을 보유하고 있을 필요는 없다는 의미이다. 투자 수익, 임대 수익 등도 있겠지만, 노후 근로 소득도 엄연히 존재는 한다는 점을 고려해야 한다. 물론 이는 개인의 상황에 따라 이야기가 크게 달라진다. 또한 국민연금을 감안하지 않았다는 점 또한 논쟁의 대상이 될 수 있으나, 보수적으로 제외하고 생각할 필요가 있다.

또한 두 시나리오의 차이가 커서 장기 계획으로는 불확실성 문제가 해결되지 않는다는 문제가 있다. 최악의 시나리오를 감안하면 은퇴자금 부족 문제가 해결되기는 하지만, 큰 대가가 필요하다.

한국은행은 한국은행법에 의거하여 정부와 협의하여 물가안정 목표를 설정하고 있다. 한국은행의 물가안정 목표는 전년 동기 대비 소비자물가지수 상승률을 2%로 유지하는 것이다. 물가 상승률이 4%를 웃돌면, 이는 정부가 나서 어떻게든 잡으려는 노력을 하게 되는 범위이다. 때문에 6.48%라는 물가 상승률을 가정하는 것은 아주 비관적인 시나리오라고 할 수 있으며, 2000년대 이후로는 아주 일시적으로 경험한 물가 상승률이다. 때문에, Worst 시나리오는 참조는 하되 이를 기준으로 삼는 것은 바람직하지 않다고 보인다.

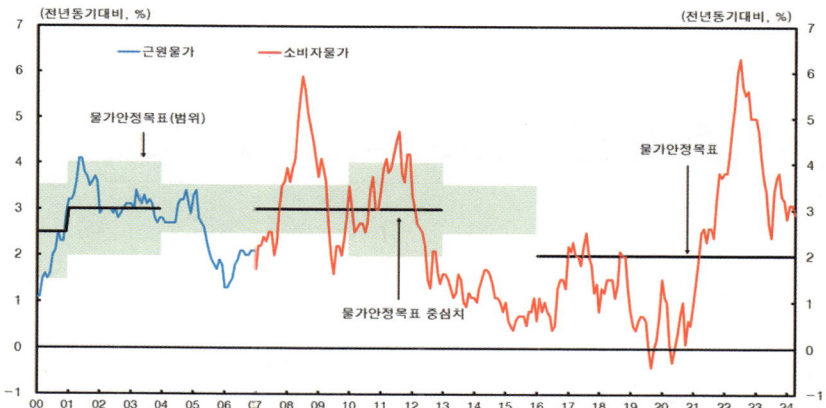

■ 물가안정 목표 및 물가 지표 상승률 / 자료 : 한국은행

SUMMARY

적정 노후 생활비를 월 332만 원이라고 가정할 시, 물가 상승률을 감안하지 않으면 현실과 동떨어진 결과를 도출할 수 있다.

물가 상승률은 지금까지 기록을 감안하여 베이스 시나리오로 3.23%, 최악의 시나리오로 6.48%를 생각할 수 있다.

4-3 소득 상승률과 투자 시나리오

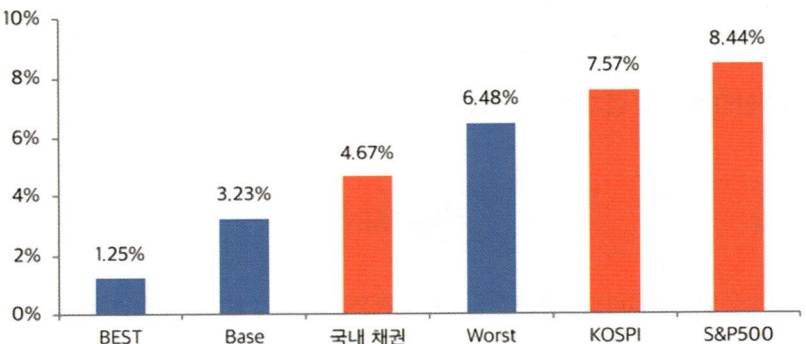

■ 자산군별 수익률 비교*

    1980년 말부터 2023년까지 코스피의 연평균 수익률(CAGR)은 7.57%로 조사되었다. 동일한 방식으로 조사한 S&P500의 연평균 수익률은 8.44% 였다. 또한 국내 채권 금리는 1995년 이래로 평균 4.67%로 조사되었다.

    앞서 조사하였던 Best, Base, Worst 시나리오를 적용해보자. Best 또는 Base 시나리오로서 물가 상승이 아주 낮다면 국내 채권 투자만으로

---

* 국내 채권은 국고채 3년물 만기 보유 가정. 국내 채권 금리는 1994년까지의 데이터 없음

물가 상승률이 방어가 된다. 그러나 Worst 시나리오를 가정할 경우 그것이 불가능하다. Worst 시나리오에서의 물가 상승률을 뛰어넘는 것은 주식과 같은 위험자산이었다. 때문에 위험자산에의 투자가 사실상 필수적이라고 보아야 한다.

구분		투자 수익률(%)			
		3%	5%	7%	9%
연간 투자액	1,000	48,226	67,948	97,454	141,843
	1,500	72,339	101,922	146,182	212,764
	2,000	96,452	135,896	194,909	283,685
	2,500	120,565	169,870	243,636	354,607
	3,000	144,678	203,844	292,363	425,528
	3,500	168,791	237,818	341,090	496,450
	4,000	192,904	271,792	389,818	567,371

■ 연간 투자액에 따른 30년 투자 결과(단위 : 만 원)

위 표를 살펴보자. 30년간 Base 시나리오로서 물가 상승률을 3.23%로 가정하면 우리가 약 20억 원이 필요하다고 언급한 바 있다. 30년간 투자를 가정하고 연간 투자액이 1,500만 원일 시 수익률은 9% 이상이 되어야 한다. 연간 투자액이 2,500만 원일 시 수익률은 7% 이상이 되어야 한다.

그런데 통상적으로 월 200만 원 이상을 저축하는 가계는 드물다는 점에서 문제가 있다. 또한 30년간 근로하며 월간 투자를 병행한다는 어려운 가정이 깔려있다. 그러나 소득 상승률을 감안하지 않았다는 문제도 있다. 소득 상승에 따라 투자액이 늘어나는 것이 적절하지 않겠냐는 이야기다. 즉, 소득 상승률이 1%이며 연간 투자액이 1,000만 원인 경우, 다음해에는 연간 투자액을 1% 증액한 1,010만 원이 되는 것이 타당하다.

그렇다면 연간 소득 증가율을 어느 정도로 잡는 것이 맞을까? 이는 직업에 따라 다른 문제이다. 그러나 대표성을 띠는 고용노동부의 「고용노동통계」를 살펴보면 대략적인 가늠을 해볼 수 있다. 명목 월 임금 총액은 2012년 253만 원에서 2023년 364만 원으로 CAGR이 3.09% 증가하였다. 가장 많이 상승한 해는 2022년으로 7.8% 상승하였으며, 가장 적게 상승한 해는 2020년으로 1.34% 상승하였다. 대략적으로 3% 상승을 가정하면 비슷할 것으로 보인다.

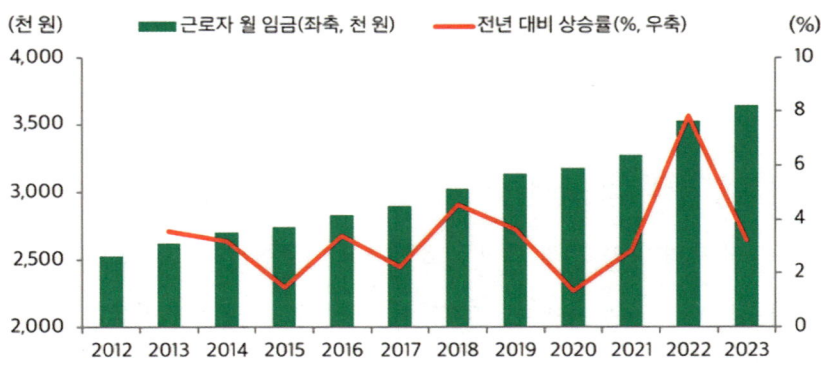

■ 근로자 월급 평균 및 전년 대비 상승률 / 자료 : 고용노동부 고용노동통계

임금이 연평균 7.8% 상승하는 시나리오는 과하게 낙관적이고, 연평균 1.34% 상승하는 시나리오 또한 과하게 비관적이라고 할 수 있다.

2020년 코로나로 인한 락다운 당시의 임금 상승률이 1.34%로 나타난 만큼, 1.34%의 임금 상승률이 지속될 것이라는 가정은 코로나 유행과 같은 사태가 지속될 것이라는 가정과 똑같아, 적절하지 못하다.

상위 25%에 해당하는 값은 2.54%였던 반면 하위 25%에 해당하는 값은 3.6%로 조사되었다. 평균과 중간값을 제시하기는 했으나, 일반적으로는 연평균 수익률을 사용하는 것이 맞다. 따라서, 2.54~3.6% 사이의 임금 상승률을 가정하는 것이 타당한데, 약 3% 정도를 사용하면 될 것이라는 결과가 나온다. 앞선 결론을 지지하는 값이기도 하다.

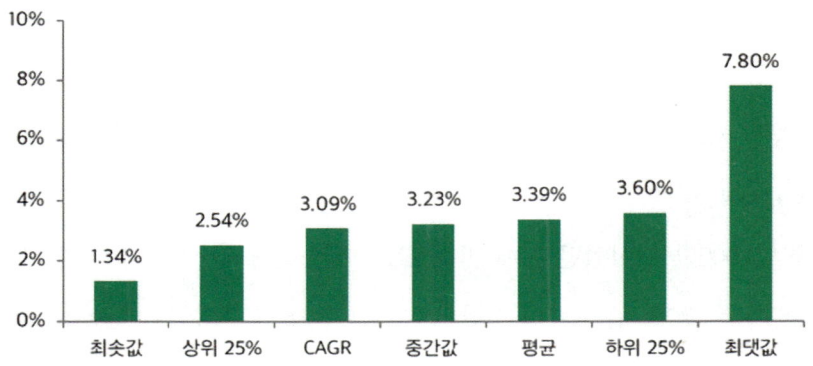

■ 근로자 월 평균 임금 총액의 상승률에 대한 통계

앞서 우리는 투자 수익률 및 연간 투자액에 따른 30년 투자 소득을 표로 살펴보았다. 그러나 그 표는 소득 상승률을 고려하지 않았다는 문제를 안고 있었음을 지적한 바 있다. 때문에 소득 상승률 연간 3%를 감안하여 새로이 추정한 연간 투자액에 따른 30년 투자 결과는 다음과 같다.

구분		투자 수익률(%)			
		3%	5%	7%	9%
연간 투자액	1,000	71,664	96,886	133,733	188,010
	1,500	107,496	145,329	200,599	282,016
	2,000	143,328	193,772	267,466	376,021
	2,500	179,160	242,215	334,332	470,026
	3,000	214,992	290,658	401,198	564,031
	3,500	250,824	339,101	468,065	658,037
	4,000	286,655	387,543	534,931	752,042

■ 소득 상승률 3%를 감안한 30년 투자 결과(단위 : 만 원)

앞선 계산 결과보다 상당히 희망적인 결과가 나왔다. 특히 연간 투자액 4,000만 원(약 월 적립 333만 원)의 경우 소득 상승률을 감안하기 전에는 56억 7,000만 원이었던 것에 비해, 소득 상승률을 감안할 시 75억 원이 나온다. 약 20억 원의 차이가 난다. 333만 원의 월 투자액이 현실성이 없다 하더라도, 또 연간 투자액 1,000만 원에 7% 투자 수익률을 상정하더라도, 소득 상승률을 반영하기 전에는 9억 7,000만 원이었으나 소득 상승률을 반영한 후에는 13억 4,000만 원으로 약 37%의 차이가 난다는 것을 알 수 있었다. **연간 3% 수준의 소득 상승률 반영이 겉보기에는 미미한 것처럼 느껴질지 몰라도, 실제 투자 계획에 반영을 하고 나면 생각보다 커진다는 것을 알 수 있다.**

SUMMARY

장기적으로 주식투자의 수익률은 부동산, 채권보다 유리하여 투자 목적이 자산의 증식인 경우 적합한 자산군이다.

4-4 빚투는 일리 있는 투자방법이다?

흔히 인터넷에서 벌어지는 논쟁 중 하나가 '빚투'이다. 대출을 내서 투자를 하는 것이 과연 건강한 투자라고 볼 수 있냐는 문제이다. 대부분의 경우는 이를 금기시하고 건강한 투자가 아니라고 비판을 하고는 한다. '레버리지는 단검을 운전대에 꽂고 운전하는 것과 같다'는 워런 버핏의 어록이 인용되고는 한다.

그러나 경우에 따라서는 '빚투'가 일리 있는 투자방법론일 수도 있다. 투기를 하듯 '신용 몰빵'을 하거나 사채를 끌어 쓰라는 이야기가 아니다. 생애 소득의 관점과 자산-부채 매칭을 기준으로 생각해보자는 이야기다. 농담 삼아 하는 이야기 중 하나로, 『삼국지』에서 옥새를 담보로 병사를 빌린 손책 또한 어릴 때 레버리지를 사용하여 일이 잘 풀린 경우라고 말한다.

워런 버핏 또한 보험사를 인수한 것이 사실상의 레버리지 투자였음을 고민해볼 필요가 있다. 보험사는 고객에게 보험료를 받고 사고가 터질 시 보험금을 지급한다. 고객에게 보험사가 줘야 할 돈은 '부채'나 마찬가지다. 그동안 이를 투자하여 돈을 불려놓아 보험금 지급을 하고도 남을 이익을 창출한다. 때문에 버핏은 보험사가 '돈을 받고 레버리지를 사용하는 모델'이라는 점을 알아차리고 보험사를 만들었다. 어떻게 보면 버핏은 보험사 오너라고 표현하는 것이 맞는 말일 수도 있다.

'현가 할인'이라는 간단한 재무관리의 개념을 먼저 짚고 넘어갈 필요가 있다. '1년 후의 100만 원은 현재 가치로 얼마에 해당하는가?'라는 질문과 관련 있는 개념이다. 물가 상승을 감안하면 현재의 100만 원의 가치와 1년 후의 100만 원 가치가 같을 리가 없다. 자장면 가격이 1970년에는 약 100원에 불과하였으나 2023년 기준으로는 6,361원까지 올라왔다. 1970년의 100원과 2023년의 6,361원은 자장면 한 그릇이라는 점에서는 거의 유사한 가치를 지닌다는 의미이다.

그렇게 생각하면, 물가 상승률을 감안하여 화폐의 가치를 따져볼 필요가 있다. 만약, 물가 상승률을 3%로 가정할 시 1년 뒤의 100만 원은 현재 몇 원 정도에 해당하는 금액일까? (1년 뒤) 100만 원 = (현재 가치)×(1+3%)와 같은 식을 세울 수 있다. 여기서 양 변을 (1+3%)로 나눠주면 100만 원의 현재 가치가 나온다.

$$\frac{(1년\ 뒤)\ 100만\ 원}{(1+3\%)} = 현재\ 가치 = 970,874$$

즉, 97만 874원이 3%의 물가 상승을 거치고 나면 100만 원이 된다는 의미로, 1년 뒤의 100만 원은 현재 약 97만 원에 해당한다는 의미이다. 이렇게 미래의 금액을 현재 시점에서 평가한 가치를 현재가치(PV :

Present Value)라고 부른다.

유사하게 2년 후의 100만 원 또한 아래 공식으로 구해진다.

$$\frac{(2년\ 뒤)\ 100만\ 원}{(1+3\%)(1+3\%)} = 현재\ 가치(PV) = 942,596$$

이상의 내용을 일반화하면 다음과 같이 정의할 수 있다.

$$\frac{p_n}{(1+할인율)} = P_0^*$$

통상 할인율은 무위험 이자율인 국채 이자율로 구한다. 이자율의 결정 요인에는 물가 상승률, 통화량, 경기의 변화 등이 내포되어 있기 때문이고, 위험 없이 얻을 수 있는 수익률의 척도이기도 하기 때문이다. 다만 이 사례에서는 단순히 물가 상승률만을 감안하였다.

물가 상승률만을 할인율로 감안하면, 물가 상승을 감안한 직업의 생애 소득 또한 구할 수 있다. 가령 예를 들어 30세에 7급 공무원으로 합격하여 60세에 정년퇴임하는 경우의 생애 소득을 살펴보자. 단, 계산의 편의상 승진은 없이 7급 1~30호봉을 산술적으로 합산하였으며, 수당은 감안하지 않았다.

---

* Pn : 미래 시점의 금액, 할인율 : 무위험 이자율, P0 : 현재 시점의 금액

1호봉	2호봉	3호봉	4호봉	5호봉	6호봉	7호봉	8호봉	9호봉	10호봉
205	213	221	230	241	252	263	274	284	294
11호봉	12호봉	13호봉	14호봉	15호봉	16호봉	17호봉	18호봉	19호봉	20호봉
303	313	321	330	338	345	353	359	366	372
21호봉	22호봉	23호봉	24호봉	25호봉	26호봉	27호봉	28호봉	29호봉	30호봉
378	384	389	394	399	404	408	412	415	419

▌2024년 일반직 공무원 호봉별 월급(단위 : 만 원) / 자료 : 인사혁신처

위 표는 일반직 7급 공무원의 봉급표이며, 수당은 감안하지 않았다. 여기에 12개월을 곱하면 연봉이 나온다. 물가 상승률 3%를 감안하여, 30년 재직한 7급 일반직 공무원의 생애 소득의 현재가치는 다음과 같다.

구 분	5급	6급	7급	8급	9급
공무원 30년 재직 시 생애 소득	97,751	83,582	75,663	68,293	62,625

▌5~9급 일반직 공무원의 생애 소득 현가할인(단위 : 만 원)*

통상 우리가 어릴 때부터 복리효과를 누려야 한다는 이야기를 많이 듣는다. 그러면 9급 공무원의 경우 생애 소득을 현가로 할인할 시 6억 2,000만 원가량이 나온다. 그렇다면 생애 소득의 20~30%인 1억 2,000만 ~1억 5,000만 원 정도의 대출을 사회 초년생 때 받아 이를 투자에 투입하는 것이 과연 이점이 없겠느냐는 질문을 해볼 필요가 있다.

이론적으로 대출 이자가 5%이고, 투자 수익률이 9%라면 우리는 매년

---

* 수당 등은 감안하지 않음

4%(투자 수익률 9%-대출 이자 5%)의 차익을 남길 수 있다. 때문에 '빚투'로서 미래에 예상되는 소득을 현가로 할인하여 투자를 한다면 매년 4%의 투자 수익률을 더 확보하는 것과 같으며, 이 차익이 30년 복리로 쌓인다면 큰 차이가 벌어진다.

보험사는 고객에게 지급할 보험료를 부채로 잡는다. 바꿔 말하면, 보험 가입자는 보험사에게 받을 부채가 있는 셈이다. 그렇다면 이를 역으로 생각하면 회사는 근로자에 대하여 월급이라는 형태의 채무가 있는 것이라고 볼 수 있다. 이 미래의 '채무'를 현재 가치로 차입해 와서 투자하는 것 또한 상황에 따라서 전략이 될 수 있다는 이야기다.

물론 투자가 변동성이 크고 위험이 잔존하기 때문에 9% 수익률을 매년 낸다는 것은 아주 안정적이어야 한다는 전제를 가진다. 또한 반대 매매가 발생하지 않는 성격의 부채여야 하며, 투자 수익률이 이자율을 월등히 초과해야 한다는 전제가 깔린다. 때문에 이 전략을 그대로 사용하는 데에 상당한 주의를 요한다.

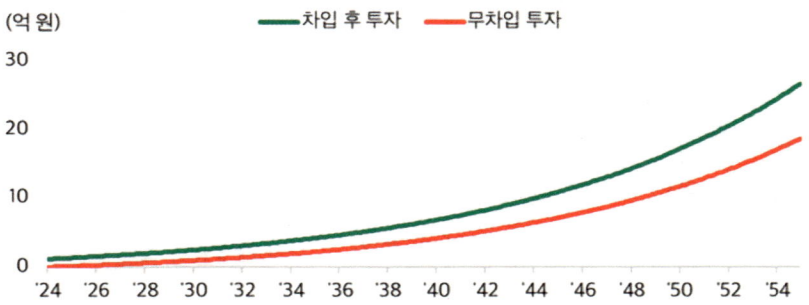

■ 30년간 차입·무차입 투자 수익률 비교(연 수익률 9%, 대출 이자 5%)

앞의 그래프는 2024년부터 2054년까지 30년간, 차입 투자와 무차입 투자의 투자 결과를 비교해본 것이다. 차입 투자는 9급 공무원 생애 소득의 20% 수준인 1억 2,000만 원을 대출받아 투자한다. 그리고 차입 투자와 무차입 투자 모두 매월 100만 원씩 투자를 한다. 연간 대출 이자는 5%이며, 투자 수익률은 9%로 가정하였다. 차입 투자는 약 26억 원 무차입 투자는 약 18억 원의 잔고를 기록했다.

결과적으로 1억 2,000만 원의 차입은 이자 비용을 감안하더라도, 무차입 투자와 비교하여 약 8억 원의 차이를 벌리는 데 성공하였다. 8억 원이라는 돈은 7급 공무원 한 명의 생애 소득과 유사하다는 점에서 더욱 의미심장하다. 사실 큰 규모의 부채를 지고 시작한다는 점에서 거부감이 충분히 들 수 있다. 그러나 생애 소득의 20~30% 수준의 부채로 인생이 크게 잘못되기도 힘들다는 점을 생각해보면 유용성이 충분히 있다고 판단된다. 또한 이 사례에서는 국민연금 등의 수령분이나 성과급을 고려하지 않았기 때문에 충분히 보수적이라 판단된다. 물론 투자 실력이 아주 부족함에도 불구하고 처음부터 레버리지를 사용한다면, 투자 성과가 부진할 시 고생할 수 있음도 충분히 우려가 된다.

때문에 하나의 방법을 생각해 볼 수 있다. 차입 투자 자금의 상당 부분을 글로벌 대표지수에 투자하고, 일부 자금만 운용하는 방법이 있다. 혹은 ETF를 활용하여 본 저서에 나오는 '베타투자전략'만을 수행해 나가는 방법 등이 있을 것이다.

공무원의 경우는 소득에 대한 명확한 표가 존재하며 직업적인 안정성이 존재하기 때문에 생애 소득에 대한 추정이 용이한 반면, 일반 사기업 직원 또는 사업가의 경우는 추정이 매우 불명확하다는 단점이 있다. 이런 이들은 보수적인 추정을 하는 수밖에 없다. 이를테면 과거 자신의 연평균 소득 상승률이 약 5%였다면 그보다 낮은 3% 정도로 추정을 하고, 은퇴 시점도 약 45세를 예상한다면 40세가량으로 줄이거나 하는 방식이다. 또한, 직장인 모두의 고민이겠으나 조기 퇴직 이후 Plan B를 일찍 고민할 필요가 있다.

SUMMARY

흔히 '빚투'가 투자의 금기어라고 생각할 수 있으나, 미래의 생애 소득을 현가로 할인하여 수익화시킨다는 점에서는 유리한 고지를 점할 수 있다는 이점이 있다.

4-5 삼성전자는 구원의 방주인가?

시중에 나온 국내 저자의 투자 서적이나 언론에 나오는 금융인들의 이야기를 들어보면, 유독 삼성전자 이야기를 많이 한다. 30년 전에 매월 커피값이나 담뱃값을 절약하여 삼성전자를 적립식으로 매수하였다면 부자가 되었을 것이라는 아름다운 이야기다.

그런데 현실 세계가 그렇게 동화같이 돌아간다면 얼마나 좋겠는가? 어릴 때 읽은 『콩쥐, 팥쥐』 동화도 원작을 살펴보면 성인에게도 잔혹한 내용이 다수인 것이 현실이다. 동화는 아름다운 이야기로 아이들에게 꿈과 희망을 주지만, 성인이 되면 동화의 다른 면에 주목하게 된다.

1989년 1월부터 매월 1만 원씩 삼성전자에 투자했다고 가정해보자. 2023년 12월까지 총 420개월간 420만 원의 원금이 투입되었다. 결과적으로 2023년 12월 말 시점에서 1억 9,478만 원이 되었고 삼성전자는 동일 기간 22,201%(연평균 수익률 16.71%)의 수익률을 거두었다.

▪ 매월 1만 원씩 삼성전자에 투자한 수익률(단위 : 만 원)

이러다 보니 일부 '주린이'들은 결국 장기로 주식투자를 하면 누구나 부자가 될 것 같은 환상을 가지게 된다. 그리고 삼성전자에 대한 절대적 믿음을 가지게 된다. 이 이야기 자체는 물론 사실이다.

그러나 1989년 당시 삼성전자의 위상이 지금과 같지 않았던 점을 생각해 보아야 한다. 1980년대 말에 현대그룹과 대우그룹을 무시하고 굳이 삼성전자를 선택할 가능성이 얼마나 되었는가의 문제다. 즉 '종목 선택(Stock Picking)'의 문제로 귀결이 된다.

동일한 방법론으로 1989년 1월부터 담뱃값과 술값을 아낀 1만 원을 매달 코스피 지수에 투자했다고 가정을 해보자. 이 경우에도 복리의 마술은 발생할까? 복리의 마술이 발생하기는 발생한다. 각이 너무 완만할 뿐이다.

코스피를 1989년 1월부터 매월 적립식으로 1만 원씩 투자한 결과,

2023년 12월 말 기준 1,063만 원이 되었다. 동 기간 코스피는 200.27% 상승하였으며, 이는 연복리 3.19% 수준이다. 사실상 인플레이션 수준을 겨우 넘어섰다는 의미로 보인다. '티끌 모아 태산'이 아니라, '티끌 모아 티끌'이 되었던 셈이다.

■ 삼성전자 적립·코스피 적립 수익률 비교(단위 : 만 원)

장기 투자 회의론을 말하고자 함이 아니다. 복리의 힘이라는 것은 분명 위대하나, 무조건적인 장기 투자 예찬론을 경계하고자 하는 의미로 언급하는 것이다.

현재는 분명 삼성전자가 부동의 시가총액 1위이기 때문에, 삼성전자가 예전에도 한국 증시의 대표주였을 것이라고 착각하기 쉽다. 이는 사실과 다르다. 1989년 10월 23일 기준, 한국전력의 시가총액은 12조 8,000억 원이었으며 삼성전자는 1조 4,774억 원, 현대차의 시가총액은 1조 1,023억 원이었다. 당시 부동의 시가총액 1등은 한국전력이었다는 점은 우리의 통념을 부정한다.

또한 1980년대 재벌 순위는 현대와 대우가 삼성보다 우위에 있었다. 삼성전자가 일본의 기술을 따라잡았다고 평가받았던 시기는 1990년 7월에나 되어서다. 당시 진대제 회장을 필두로 16MB D램 완제품을 일본보다 3~4달가량 더 빨리 선보였던 일이 있었다.

과연 1980년대에 삼성전자의 미래를 보고 장기 투자한 사람이 얼마나 될지는 고민해볼 문제다. 아마 김우중 회장과 정주영 회장의 신화에 투자한 사람이 훨씬 더 많았을 것이다. 현대자동차를 투자했다면 그나마 나았겠지만, 현대건설이나 대우에 투자한 사람은 큰 손실을 볼 수밖에 없었다.

반면 '한국에서는 장기 투자가 불가능하다'는 주장을 펼치는 이들도 있는데, 이 주장 또한 비판적으로 받아들여야 한다. 이들은 다음과 같은 논리를 펼친다.

① 기업의 신뢰도가 떨어진다.
② 한국은 미국과 달리 내수가 취약한 국가이다.
③ 경기 순환에 따른 변동성이 심하다.

결론적으로 이런 주장에는 동의하기 힘들다. 먼저 미국의 엔론 사태가 대표적인 경우이다. 믿지 못할 기업, 분식 회계, 대주주의 신뢰도 등은 한국뿐만 아니라 미국에도 존재한다. 그럼에도 불구하고 우리는 미국에서 장기 투자가 불가능하다는 이야기를 하지 않는다. '쓰레기'와 '우량주'를 걸러내는 것이 투자자의 역할이고, 수익률은 이에 대한 보상이기 때문이다. 또한 한국 기업의 신뢰도가 현저하게 떨어진다는 주장도 신뢰도가 낮다. 중국 등의 신흥시장에 비하여 한국은 제도적 성숙도가 갖춰진 시장이다. 장기 투자를 함에 있어서도 개별 기업의 위험을 충분히 인지하여야 한다.

두 번째로 국내 산업의 내수가 취약하다는 주장이다. 이 주장은 장기 투자가 내수주에만 가능하다는 전제가 필요하다. 정작 미국의 빅테크는 해외 매출 비중이 더 높으며, 한국의 내수주들의 장기 투자 성과가 그렇게 빼어나지도 않았다.

세 번째로 경기 순환이 심하여 변동성이 크다는 주장이다. 이는 단순히 장기 투자를, 오래 보유하며 종목을 '방치'하는 것으로 오해했기 때문이다. 현대차를 2010년에 매수한 투자자가, 2012년에 비중을 축소한다고 하여 장기 투자가 아니라고 할 수 없다. 현명한 투자자는 기업의 이익 사이클에 관심을 가지고 이것이 충분히 주가에 반영되는 데에 대체로 오랜 시간이 걸리기 때문에 장기 투자를 추구할 뿐, 장기냐 단기냐는 그렇게 중요하지 않다.

많은 사람들이 삼성전자의 사례를 들어 장기 투자의 이점을 이야기하고는 하나, 현실은 그렇게 녹록하지 않다. 장기 투자를 하면 무조건 부자가 될 것처럼 이야기하지만, 현실에서는 그런 사람이 드문 이유다. 때문에, 삼성전자가 일종의 '구원의 방주'처럼 이야기되는 것은 현실을 호도하는 행위다.

그러나 장기 투자를 배척한다는 의미도 아니다. 현실의 장기 투자는 투자자의 상당한 노력을 요구한다는 의미일 뿐이다. **장기 투자는 포트폴리오를 방치하라는 이야기가 아니라 오랫동안 동업을 한다는 마음으로 관심과 노력을 요하는 행위임을 명심해야 한다.**

만약, 이러한 노력을 적게 들이고 싶다면 MSCI ACWI(All Country World Index)에 장기 투자하는 것을 권한다. 23개 선진 시장과 23개 신흥시장에 골고루 분산투자하기 때문에, 사실상 '인류의 진보'에 투자하는 것과 동일하다. 이를 추종하는 ETF로는 iShares MSCI ACWI ETF(Ticker : ACWI)가 있다.

SUMMARY

일부 전문가들은 한국 대표주인 삼성전자에 장기 투자하기만 했어도 부자가 될 수 있었던 것처럼 이야기하지만, 1980년대로 돌아가보면 삼성전자를 골라 투자하기가 쉽지 않다. 그렇기에 장기 투자는 종목 선택과 비중 관리에 상당한 관심을 기울여야 한다.

4-6 실전 세타투자전략

 이상의 내용은 세타투자전략을 수립하기 위해 파악해두어야 할 정보들이었다. 인플레이션을 감안하여 은퇴 시점에 필요한 금액을 추정할 필요가 있으며, 자산군별 장기 투자 수익률을 인지하고, 소득 상승률을 계산할 필요가 있음을 알아보았다. 또한 경우에 따라 차입을 활용한 포트폴리오가 성과 달성에 도움이 됨을 알아보았다.

 한 가지 더 짚고 넘어가자면 앞서 살펴본 노후 필요 자금 계산 방식에는 한 가지 오류가 있었다. 노후 필요 자금을 은퇴 시점에 바로 확보해두어야 할 필요는 없다는 점이다. 은퇴 이후에도 전체 노후 기간 동안 투자 소득을 발생시킬 수 있으며, 또 근로소득도 발생할 수 있다. 이 금액 또한 노후 필요 자금으로 충당할 수 있다. 적어도 투자 소득은 노후 전반에 걸쳐 지속적으로 발생한다는 가정이 더 현실적이라고 할 수 있다.

 이제 본격적으로 세타투자전략을 살펴보자. 2025년 1월 사기업에 입사한 29살 남성 A군이 있다고 가정해 보겠다. 초봉은 세전 3,500만 원이며, 성과급은 없다고 가정한다. 매월 50만 원을 투자하며, 사기업임을 감안하여 은퇴 시점은 45세가 끝나는 2041년 12월로 잡는다. 소득 상승률은 3%, 물가 상승률은 3%를 가정하며 투자 수익률은 연 8%를 가정하였다. 소득 상승률을 고려하는 까닭은, 50만 원을 투자한 이후 다음해 소득 상승률만큼 증액한다고 가정하였기 때문이다. 노후 자금은 2041년 기준 월 500만 원(2025년 기준 약 320만 원)을 사용한다고 가정해 보겠다.

시뮬레이션을 해보면 2041년 12월 기준 투자 계좌 잔액은 2억 5,212만 원으로, 딱 봐도 노후 필요 자금에 비해 현저하게 부족함을 알 수 있다. 총 투입 원금이 1억 150만 원임을 감안하면 원금 대비 약 150%의 수익률을 거두었으나, 은퇴에는 턱없이 부족하다는 계산이 나온다.

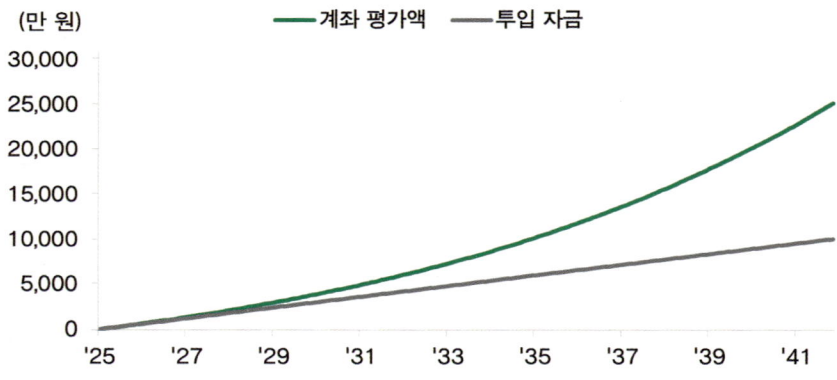

■ 매월 50만 원씩 투자하여 연 8% 수익을 낸 경우(단위 : 만 원)

노후에 월 500만 원, 연간 6,000만 원의 생활비가 필요한 사람이, 8%의 투자 수익률이 나올 시 어느 정도의 기초 자본이 필요할까? 정답은 7억 5,000만 원이다. 7억 5,000만 원의 8%는 6,000만 원이기 때문이다. 역산해 보면, 다음과 같다.

$$은퇴\ 필요\ 자본 = \frac{연간\ 생활비}{연간\ 수익률}$$

이해를 돕기 위하여 이 식을 그대로 적용하여 다른 사례를 계산해 보자. 연간 9,000만 원의 생활비가 필요한 사람이 15%의 수익률을 낼 수 있다면, 은퇴 필요 자본은 9,000만 원÷15% = 6억 원이다.

이 식은 인플레이션, 소득 상승률 등을 감안하지 않았다는 점에서 한계가 있다. 또한, 꾸준히 연 202.14%의 수익률을 기록하는 것은 대단히 힘들다는 한계가 있다. 그럼에도 이 식이 시사하는 바는 분명히 있다. **은퇴 필요 자본이 낮아지려면, 연간 수익률(분모)을 높이거나, 연간 생활비(분자)를 낮추어야 한다는 점이다.**

A군의 사례에서는 8%의 수익률과 연간 6,000만 원의 생활비가 필요하기 때문에, 최소 7억 5,000만 원의 자본이 필요하다는 결론이 나온다. 때문에 불을 보듯 뻔하게 45세 은퇴 이후 생활고에 시달릴 것이라는 점을 알 수 있다.

100세 사망을 가정하면 다음과 같은 그림이 예상된다. 2억 5,212만 원에서 연 8% 수익률을 가정하면 다음 월인 2024년 1월 증가 금액은 약 241만 원이다. 이는 500만 원에서 현저히 모자란다. 때문에 지속적인 자본 감소를 경험하고, 이로 인하여 50세가 되는 2046년 7월 시점에 총 자본을 모두 소모하여 적자로 들어선다. 60세 시점에는 약 6억 원의 부채를 지게 되는 신세가 된다.

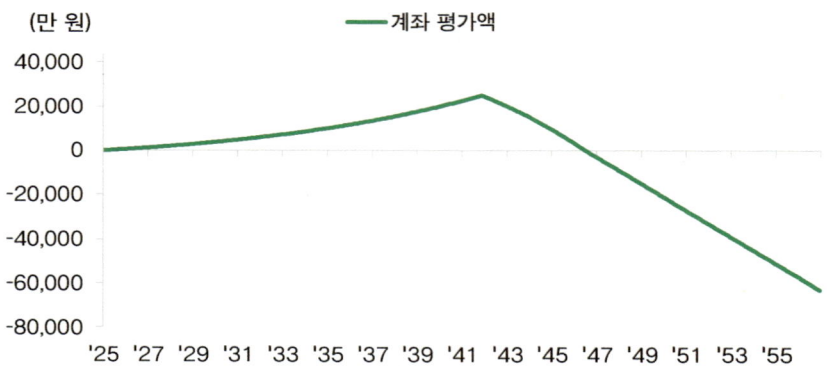

■ 2억 5,212만 원을 모은 A군의 노후 잔고(단위 : 만 원)

그렇다면 노후 준비를 위해 A군이 생각해 볼 수 있는 경우는 다음과 같다.

① 투자 수익률의 증대
② 차입을 통한 투자금 확보
③ 은퇴 시점의 연기
④ 은퇴 후 생활비 축소
⑤ 월간 투입 투자금의 증대

투자 수익률의 증대

먼저 투자 수익률의 증대를 생각해보자. 단순히 지수 투자가 아니라 종목 투자로 인하여 연간 투자 수익률을 끌어올리는 방법이다. 이 연간 수익률은 반드시 보수적으로 산정해야 하고, 10년 평균으로 산정해야 한다. 이유는, 2008년 금융위기와 2020년 코로나 사태와 같은 시장 붕괴가 반드시 한 번은 찾아오기 때문이다. 나는 연간 세 자리의 수익률을 올리던 고수들도 코로나 사태 당시 아웃되었던 경우를 많이 보았다.

연간 12%, 15%의 수익률을 가정해보자. 연간 12% 수익률을 올린다고 하더라도, 적자 시점만 늦춰질 뿐이라는 결론을 얻을 수 있었다. 2041년 은퇴 시점에서 3억 7,000만 원의 자본을 쥐고 나오게 되는데, 앞서 살펴본 은퇴 후 필요 자본을 약식으로 계산하는 방법론을 적용해 보면 6,000만 원÷12% = 5억 원이므로 필요 자본이 현저하게 부족함을 알 수 있다. 2050년 10월에 적자로 전환하게 된다. 즉, 12% 수익률로도 방법이 없다.

연간 15% 수익률이라면 어떨까? 이 경우에는 사정이 좀 낫다. 앞서 살펴본 약식 은퇴 후 필요 자본 계산법에 의하면 6,000÷15% = 4억 원이었다. 2041년 12월 시점에서는 4억 8,000만 원의 자본을 쥐고 나온다. 그런데 이는 인플레이션이 감안되지 않았다는 한계가 있다고 밝힌 바 있다. 그런 관계로 2049년 8월까지는 자본이 지속적으로 증가하지만, 이후는 자본이 점진적으로 감소함을 계산할 수 있었다. 때문에 15%의 수익률로도 45세 은퇴는 무리임을 알 수 있다.

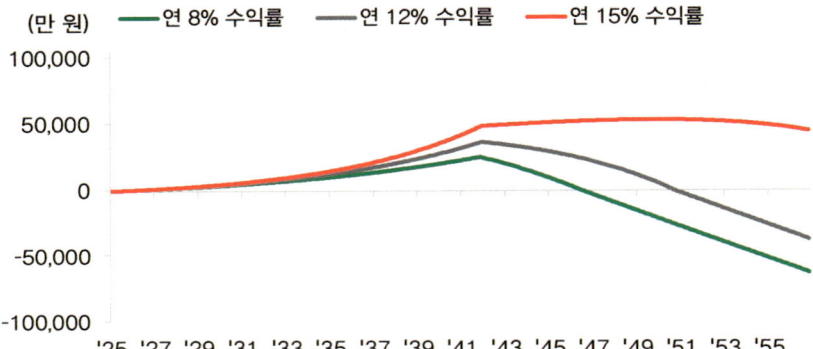

■ 연 8%·12%·15% 수익률 경과(단위 : 만 원)

여기서 우리가 알 수 있는 점은 다음과 같다. 수익률을 증대시켜 해결하려면 아예 15%를 초과하는 수익률을 기록해야 한다는 점이다. 이는 매우 도전적인 행위이다. 특히 장기간의 초과성과를 기록해야 한다는 점에서 그러하다.

차입을 통한 투자금 확보

두 번째 방법으로 차입을 통한 초기 투자금 확보를 검토해 보자. 사기업의 경우 미래 소득과 은퇴 시점의 불확실성으로 인하여 대출이 초기부터 2~3억 원씩 나오지 않는다. 그러나 이해를 돕기 위하여 1억 원의 부채를 차입한다고 가정해 보겠다. 계산의 편의를 위하여 대출 이자는 없다고 하되, 투자 수익률 면에서 더 보수적인 가정을 한다.

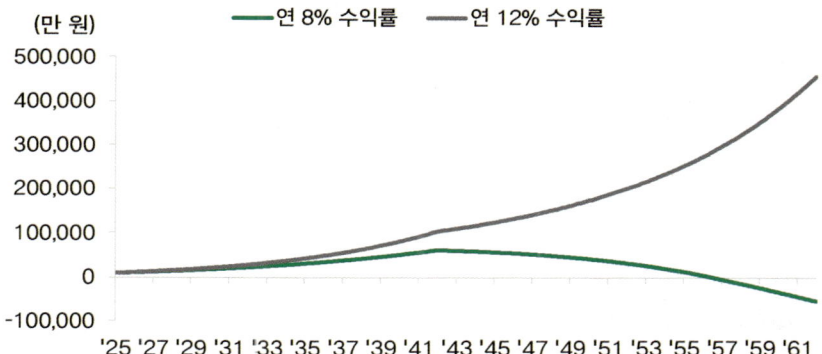

▎차입 포트폴리오 연 8%·12% 수익률 경과(단위 : 만 원)

차입 포트폴리오로 초기 자본을 확보하였음에도 불구하고, 연 8%의 수익률로는 은퇴 이후 전망이 비관적이다. 은퇴 시점인 2041년에는 자본 6억 2,000만 원을 확보하였으나 인플레이션으로 인한 생활비 부담을 이겨내지 못하고 결국 50세가 되는 2056년 8월에 계좌 잔고가 마이너스로 전환되었다. 그러나 차입 없이 8%의 수익률을 낼 경우 50세 시점에서 계좌를 모두 소진하였다는 점을 생각해보면, 차입을 고려해 볼 가치가 있다는 생각은 든다.

반면 12% 수익률을 확보하였을 시에는 명확한 차이가 드러난다. 2041년 시점에서 총 10억 5,000만 원의 자산을 확보하고 은퇴를 할 수 있었다.

앞서 무차입 포트폴리오의 경우 연 12% 수익률을 달성 시 2050년 10월에 계좌 잔고가 마이너스로 전환하였으나, 이 경우 생활비의 인플레이션을 감안하더라도 계좌 잔고가 우상향함을 알 수 있었다. 고무적인 것은 100세 수명을 감안하더라도 생활비가 부족하지 않다는 점이었다.

즉, 15% 이상의 수익률을 달성하기가 힘들 경우, 차입 포트폴리오를 활용함에 따라 12% 수익률로도 괜찮은 노후 대비를 할 수 있었음을 알 수 있다.

은퇴 시점의 연기

세 번째 방법으로 은퇴 시점의 연기를 살펴보겠다. 앞서 우리가 45세 은퇴를 가정하였으나, 요즘은 수명이 짧다는 금융기관에서도 50세 직장인은 쉽게 찾아볼 수 있다. 또한 사기업 퇴사 이후 다른 관계사나 경쟁사 등으로 이직하여 직장인으로서의 생명을 이어가는 경우는 흔하다. 때문에 사기업의 수명이 불확실하다고는 하나, 45세 이후 모두 자영업자로 변신한다는 가정은 지나친 비관론이라는 지적도 충분히 있을 수 있다.

이를 감안하여 50세, 55세, 60세 은퇴 시나리오를 살펴보겠다. 단, 차입은 사용하지 않고 연 8% 수익률과 3% 소득 상승률, 3% 인플레이션, 월 50만 원 적립식 투자, 은퇴 이후 월 생활비 500만 원을 가정한다. 이는 다른 변수를 감안하지 않고 은퇴 시점을 늦춤에 따라 어떠한 효과가 발생하는지를 살펴보기 위함이다.

또한 이번에는 100세 사망을 감안하여 좀 더 긴 시간의 그래프를 그려보기로 한다.

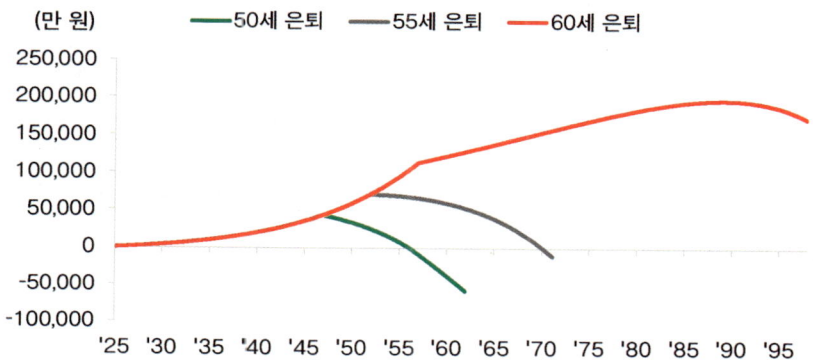
▎50세·55세·60세 은퇴 경과(단위 : 만 원)

50세 은퇴, 55세 은퇴 시에도 적자 시점이 늦추어질 뿐 크게 달라진 것은 없었다. 이전 계산에서 45세가 되는 2041년 말에는 2억 5,000만 원을 보유하게 되었는데, 50세 은퇴를 가정한 2046년 말에는 4억 4,000만 원을 보유한다. 그리고 55세 은퇴를 가정한 2051년 말에는 7억 1,000만 원을 보유하고 은퇴한다. 그러나 모두 생활비 인플레이션을 이겨내지는 못하는 모습이다.

다만, 눈에 띄는 것은 60세 은퇴를 가정할 시의 그래프이다. 해당 사례에서 은퇴 시점인 2055년 말에는 10억 4,000만 원을 보유하고 은퇴하며 100세까지의 생존을 고려하여도 충분한 자금을 보유하게 된다.

특히 그래프가 우상향하다가 2088년 20억 원을 기점으로 더 이상 자산이 증가하지 않다가 결국 하향을 시작함에 주목하길 바란다. 지속되는 자금 유출 및 생활비 인플레이션을 감당할 수 없는 구간까지 들어서게 된다는 의미이다. 그러나 100세 수명을 감안하더라도 최종적으로 약

17억 원을 보유하고 있으므로, 노후 대비로는 충분하다.

때문에 결론적으로 은퇴 시점의 5년 연장은 단순히 근로소득을 투입할 시간 5년을 더 얻는다는 의미도 있지만, 지속적인 자금 인출이 계좌에서 일어나지 않는 시점이 늦어지고 이 동안 복리 수익을 계속 누릴 수 있음을 의미한다.

은퇴 후 생활비 축소

앞서 우리는 예상 생활비를 월간 500만 원으로 계산하였다. 이는 현 시점의 332만 원이 15년 후 500만 원의 가치와 유사하다는 점을 가정하였다.

그런데 앞서 우리가 살펴본 NH투자증권의 자료에 따르면, 월평균 적정 생활비는 '적정' 기준으로 322만 원, '최소' 기준으로 227만 원이었다. 그렇다면 최소 생활비인 227만 원, 15년간 3%의 인플레이션을 감안할 시 353만 원이 매월 필요하다고 가정한다면 그래프는 많이 달라질까?

무차입 포트폴리오에 월 투자금 50만 원, 연간 수익률 8%, 45세·50세·55세 은퇴 시나리오를 시뮬레이션해보자.

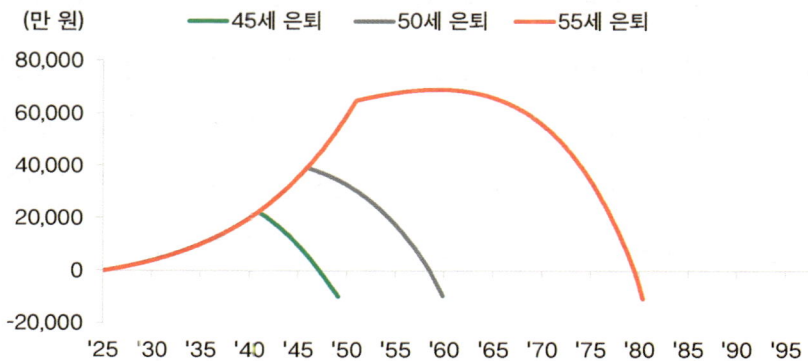

▌45·50·55세 은퇴 경과(단위 : 만 원)

먼저 45세의 경우를 살펴보자. 결국 은퇴 이후 얼마 지나지 않아 적자에 시달린다는 문제는 동일하다. 한 가지 달라진 점은 계좌가 적자로 전환하는 시점이 2046년 7월에서 2047년 4월로 늦추어졌다는 것 정도다. 결국 은퇴 후 차입 포트폴리오, 은퇴 시점의 연기 등을 종합적으로 고려하지 않을 수 없다.

50세, 55세 은퇴 시나리오는 그나마 좀 나은 편이다. 50세 은퇴의 경우, 필요 생활비를 낮춘 덕에 2058년 8월에 계좌 잔고가 마이너스로 전환한다. 원래라면 2056년 2월에 계좌 잔고가 마이너스로 전환하였으니 2년 6개월가량을 늦춘 셈이다. 55세 은퇴의 경우 필요 생활비를 낮춘 효과가 꽤 크게 나타나는데, 83세가 되는 2079년 8월에 계좌가 마이너스로 전환한다. 생활비를 500만 원으로 가정한 경우 2070년 2월에 마이너스로 전환하였다는 점을 감안하면 약 9년 6개월을 더 벌었다는 점에서 꽤 큰 의의가 있다.

이상의 내용을 통하여 투자 계획을 세우는 데 있어서 소득 상승률, 물가 상승률, 은퇴 시기, 예상 필요 생활비 등을 종합적으로 고려할 필요가 있음을 살펴봤다. 또 노후 필요 자금이 부족할 경우 투자 수익률의 증대, 차입을 통한 투자금 확보, 은퇴 시점의 연기, 은퇴 후 생활비 축소, 월간 투입 투자금의 증대 등의 방안을 고려해봐야 한다는 점도 알아보았다. 월간 투입 자금을 증대할 경우 다른 수단을 고려할 필요 없이 모든 문제를 단박에 해결할 수 있기에 따로 살펴보지는 않았다. 이는 재무설계자(Financial Planner)의 영역이긴 하나, 개인투자자들 또한 한 번쯤 계산해 보고 이를 토대로 투자 계획을 세워볼 필요가 있다.

SUMMARY

재무 관리 전문가가 아니더라도 내가 은퇴 후 얼마가 필요한지, 그에 맞춰 얼마를 벌어야 하는지를 계산해볼 필요가 있다. 이때는 소득 상승률, 물가 상승률, 은퇴 시기, 예상 필요 생활비 등을 고려할 필요가 있다.

노후 필요 자금이 부족할 경우 투자 수익률의 증대, 차입을 통한 투자금 확보, 은퇴 시점의 연기, 은퇴 후 생활비 축소, 월간 투입 투자금의 증대 등의 방안을 고려해봐야 한다.

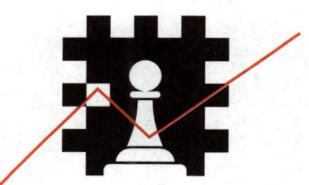

CHAPTER 5
전략적 가치투자

5-1 전략적 가치투자에 들어가며

지금까지 주식 보유 비중을 조절하는 베타투자전략과 우량주를 선별하여 포트폴리오를 구성하는 알파투자전략, 라이프사이클을 고려한 세타투자전략에 대하여 살펴보았다.

흔히 바텀업(알파투자전략) 투자자들은 숲보다는 나무에 집중하느라 시장의 커다란 변화에 대응하지 못하거나 아예 대응하지 않으려고 한다. 그런데 현실은 아무리 우량한 종목을 보유하고 있더라도 시장이 급격히 하락하는 침체 구간을 맞이하면 투자 손실을 입게 된다는 점이다. 우량주로 구성된 포트폴리오는 개별 기업에서 기인하는 비체계적 위험인, 고유 위험은 제거할 수 있어도 시장 전체적으로 발생하는 체계적 위험인 시장 위험을 제거할 방법이 없기 때문이다.

그러한 시장 위험에 적절하게 대응하는 방안으로 이 책에서는 베타투자전략을 제시하였다. 시장이 불리하게 변화할 때에는 적절한 원칙에 따라 규모를 조절하든지 파생상품을 활용하여 투자자산을 보호해둘 필요가 있기 때문이다.

또한 바텀업 투자자들은 우량주를 선별하는 데 지나치게 많은 시간과 에너지를 쏟는 경향이 있다. 물론 기업 분석은 깊이가 있을수록 좋겠지만, 모든 역량을 그 일이 집중하다 보면 각 종목별 비중을 어떻게 가져가야 하는지에 대한 계획은 소홀하기 쉽다.

실제로 바이 사이드에 근무하는 액티브 포트폴리오 매니저들의 아침 회의에서 고려되는 종목에 대한 비중은 '벤치마크 대비 +1%p, +2%p' 하며 감으로 이루어지는 경우가 99%이다. 따라서 이 책에서는 바람직한 종목별 비중을 결정하는 포트폴리오 운용 방안에 대한 원칙들을 베타투자전략 챕터에서 제시하였다.

이 책에서는 베타투자전략을 연구할 때 가장 활용하기 쉬운 코스피 지수를 대상으로 진행하였다. 하지만 독자들은 자신이 가입하고 있는 펀드, ETF, 또는 해외 지수에 베타투자전략을 적용하여도 좋다. 지금까지 살펴본 사례와 같이 정기적으로 지수를 확인하며 자신에게 알맞은 기법을 적용하면 된다.

바텀업 투자는 기업을 분석하는 수고가 따른다. 그러므로 기업을 분석할 시간이 부족하거나 분석 방법에 대하여 자신이 없을 경우에는, 괜찮은 펀드나 ETF를 활용하여 앞서 연구한 베타투자전략의 규모 조절 방법을 진행하는 것이 바람직하다.

이제부터는 코스피 지수 대신에 가치투자전략 또는 모멘텀투자전략으로 구성된 포트폴리오를 대상으로 베타투자전략을 진행하는 사례를 연구하겠다. 또한 구판에서는 담지 못한 세타투자전략을 결합한 사례를 제시하도록 하겠다. 이는 알파투자전략, 베타투자전략, 세타투자전략의 이상적 결합을 의미하며 구판에서는 이를 '전략적 가치투자(Strategic Value Investment)'라고 이름 붙였다.

> **SUMMARY**
>
> 지금까지 배운 알파투자전략, 베타투자전략, 세타투자전략을 결합시킨 전략적 가치투자를 살펴보자.

5-2 전략① : 동일 비중+정률투자법

이 책의 구판은 원저자의 친구를 위하여 동창회 게시판에 틈틈이 주식투자에 대하여 소개하던 내용을 정리한 것이었다. 이제 최종 마무리에 들어가면서, 고인의 친구들과 같이 투자 경험이 많지 않은 개인투자자들을 위해 구체적이고 안전한 주식투자 방법론을 소개할 차례가 되었다.

알파투자전략에서 살펴본 내용에 따르면, 여러 종목으로 구성된 포트폴리오의 경우 내재가치를 비교하기 어렵다면 그냥 동일하게 비중을 가져가는 것이 의외로 높은 투자 수익을 거둘 수 있다. 또한 베타투자전략에서 살펴본 내용에 따르면, 복잡한 기법을 사용하지 않고 주식과 현금을 일정 비중으로 유지하는 것만으로도 상당한 개선 효과가 있다.

부도가 날 가능성이 거의 없는 우량주를 최소 5개 이상 선택한 다음 모든 종목에 동일한 비중으로 투자하라. 그리고 전체 투자자산 중에서 주식투자 비중을 50%로 유지하라. 이 정도면 그다지 복잡하거나 어렵지 않을 것이다. 앞서 연구한 사례 중에서 우량주 포트폴리오를 기반으로 하여, 이를 실천하면 다음과 같이 투자하게 된다.

투자방법

① 우량주 다섯 개에 동일 비중으로 투자한다.
② 주식 비중은 전체 투자자산 중에서 50%로 유지한다.

투자 결과

- 1996년 1월 말 투자원금 : 100,000,000원(기준가 878.82)
- 2023년 12월 말 평가금액 : 1,268,995,470원(기준가 11,152.19)
- 투자 수익 : 1,168,995,470원(투자 수익률 1,169%, 연복리 9.50%)
- 고점 대비 최대 손실(MDD) : -31.29%

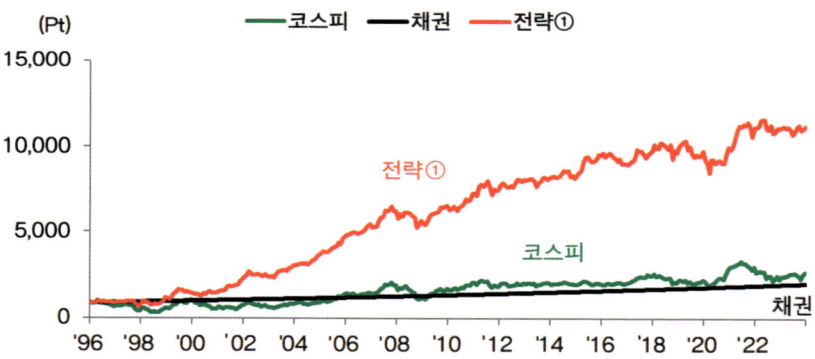

■ 전략① 수익률 비교

위 그래프는 전략①의 수익률을 보여준다. 그동안 주식시장이 상당히 침체하였는데도 불구하고 매우 높은 투자 수익률을 거두었다는 사실을 확인할 수 있다. 더구나 특별한 기법을 구사한 것도 아니라 매우 단순한 원칙을 활용했을 뿐이기에 더욱 놀라운 일이다. 다만 IMF 외환위기 때에 아무런 방어가 이루어지지 않고 있어 손실이 발생하였다는 점은 마음에 걸린다. 하지만 우량주라고 믿고 꾸준히 보유한다면 결국 시장이 회복됨과 동시에 시장보다는 월등한 투자 수익을 돌려준다는 점에서 믿음직스럽다.

베타투자전략에서 코스피 지수를 기반으로 한 정률투자법과 비교할 때 전략①의 결과는 흐름이 유사하면서도 시간이 흘러갈수록 격차가 벌어지고 있음을 알 수 있다. 시장 평균인 코스피 지수와 우량주의 차이가 실감 나게 목격되는 순간이다.

이와 같이 알파투자전략의 한 기법과 베타투자전략의 한 기법을 서로 결합하고, 더 나아가 세타투자전략을 활용하는 것이 전략적 가치투자의 방법론이다. 알파투자전략의 기법은 꼭 가치투자가 아니어도 좋다. 여기서는 가장 간단한 결합을 사례로 제시하였지만 실제로 투자 결과는 기대 이상으로 우수하게 나타났다. 이 책에서는 전략적 가치투자의 사례를 실전에서 바로 적용하기 쉽게 몇 가지만 소개하겠지만, 독자들은 본인의 상황에 따라 여러 가지 결합을 시도해 보기 바란다.

SUMMARY

우량주에 동일 비중으로 투자하여 주식 비중을 50%로 유지하라. 이를 실천하면 높은 성과를 얻을 수 있다.

5-3 전략② : 동일 비중+ 정률투자법+헤지거래

앞에서 연구한 전략①의 사례에 덧붙여서 약간의 추가 작업을 해보기로 한다. 시장의 흐름에 따라 방어를 할 수 있는 장치를 추가하는 것이다. 전략①에서는 IMF 외환위기 당시에 -23.13%의 손실이 발생하였는데 이 정도면 전문적인 투자자들에게도 상당히 위축되는 수준이므로, 개인 투자자들은 감내하기 어려워할 가능성이 높다.

시장의 급락 상황을 방어하는 장치에 대해서는 베타투자전략에서 연구한 바 있다. 그중에서도 별도로 선물을 공매도하여 방어하는 헤지거래를 활용해보도록 하겠다.

전략①을 수행하되 시장에 하락 신호가 발생할 시 선물에서 전체 투자금만큼 공매도를 하는 것이다. 코스피 지수가 3개월 이동평균을 하락 돌파하면 공매도를 하고 다시 3개월 이동평균을 상승 돌파하면 환매수한다.

주식은 50%만 들고 있으면서 선물은 100% 거래하는 것은 일종의 뒤집기(Inverse) 거래인 셈이다. 즉 전체 자산의 50%에 해당하는 주식 매수 포지션에서 그 주식 매수 포지션 50%를 모두 상쇄하고 추가로 50%의 선물 매도 포지션을 더하여 전체적으로 50%의 선물 매도 포지션으로 단번에 바꾸는 작업이다. 이를 실천하면 다음과 같이 투자하게 된다.

투자방법
① 우량주 동일 비중 포트폴리오에 전체 투자자산의 50%를 투자하고 매월 비율을 유지한다.
② 코스피 지수가 3개월 이동평균을 하락 돌파하면 전체 투자자산 규모만큼의 선물을 공매도한다.
③ 코스피 지수가 3개월 이동평균을 상승 돌파하면 공매도했던 선물을 환매수한다.

투자 결과
- 1996년 1월 말 투자원금 : 100,000,000원(기준가 878.82)
- 2023년 12월 말 평가금액 : 1,058,817,316원(기준가 9,305.10)
- 투자 수익 : 958,817,316원(투자 수익률 958.82%, 연복리 8.79%)
- 고점 대비 최대 손실(MDD) : -24.44%
- 원금 손실 -0%

앞의 사례에 비하여 투자 수익이 다소 줄어들었다. 하지만 주목할 부분은 최대 손실이 크게 줄어들었다는 점이다. 결과적으로 수익에 큰 차이가 없기에 헤지거래를 할 필요가 꼭 있는지에 대해 의문을 가질 수 있다. 하지만 투자 초기에 상당한 투자 손실이 발생하였다면 과연 주식투자를 계속할 수 있었을까 하는 점에서 투자 손실에 대한 방어는 매우 의미가 있다.

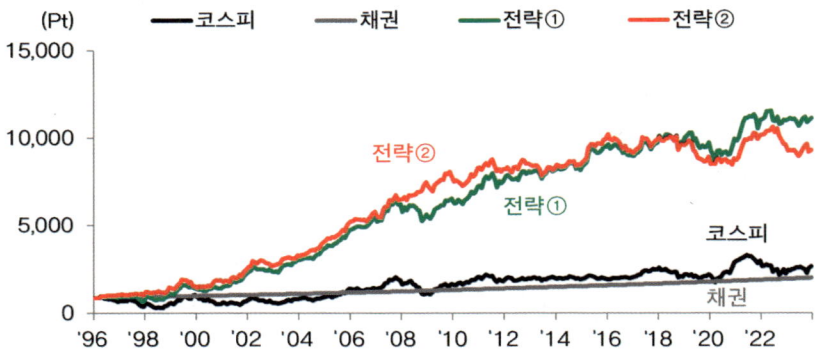

■ 전략② 수익률 비교

위 그래프는 전략②와 전략①의 수익률을 비교한 것이다. 대체적으로 전략②가 전략① 대비 수익률이 우수하였음에도 불구하고 최종 수익률은 부진하다. 그 까닭은 2023년 국면에서 선물을 매도하여 오히려 손해를 보았기 때문이다.

그러나 선물 매도는 투자 수익을 목적으로 하는 것이 아니라 투자 손실을 방어하는 목적이기 때문에 방어에 성공했다면 반드시 수익이 발생할 필요는 없다.

그러므로 본인이 시장의 모든 것을 파악하지 못하고 있다는 겸손한 자세에서 시장이 크게 변화할 때는 일단 방어적인 선물 매도가 병행되는 것이 바람직하다.

그러나 우량주의 매수 포지션을 그대로 유지하면서 공매도를 하는 것은, 단기적인 시장 흐름에 대처하기 위하여 일시적으로 비상사태를 모면하는 극단적인 방어 전략이다. 따라서 너무 빈번하게 활용하기보다는 시장 상황이 극도로 악화될 우려가 있을 경우에만 예외적으로 활용되는 것이 바람직하다.

> **SUMMARY**
>
> 하락 신호가 발생할 시 헤지거래를 통한 공매도를 하여 투자전략의 변동성을 줄일 수 있다.

5-4 전략③ : 가치 가중+정률투자법

앞에서 연구한 사례들은 가치 평가 작업이 어려운 개인투자자들이 활용 가능한 전략적 가치투자였다. 그러나 가치 가중②에서 언급하였듯 간단하게나마 가치 평가가 가능하다면 동일 비중 포트폴리오보다 유리한 가치 가중 포트폴리오를 적용해보면 좋다.

가치 가중계수3을 반영해 투자를 실천한다. 여기에 베타투자전략으로 정률투자법을 실시한다. 이를 실천하면 다음과 같이 투자하게 된다.

투자방법
① 내재가치가 높은 10대 기업에 가치 가중계수3을 반영해 투자한다.
② 전체 투자자금 중 주식 비중은 50%로 유지한다.

투자 결과
- 1996년 1월 말 투자원금 : 100,000,000원(기준가 878.82)
- 2023년 12월 말 평가금액 : 4,453,436,266원(기준가 39,137.69)
- 투자 수익 : 4,353,436,266원(투자 수익률 4,353.44%, 연복리 14.52%)
- 고점 대비 최대 손실(MDD) : -32.45%

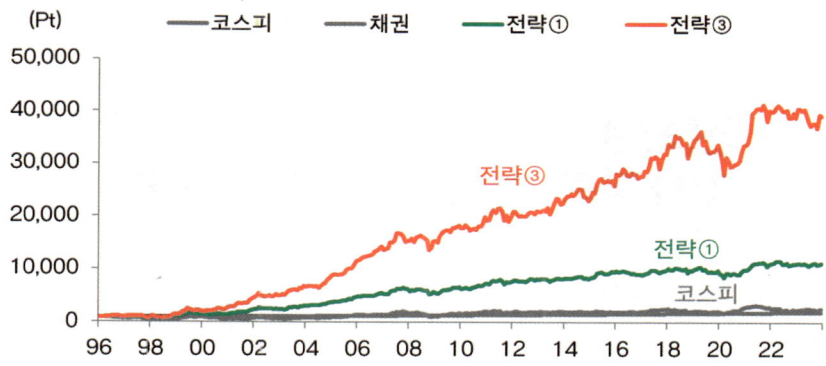

■ 전략③ 수익률 비교

　위 그래프는 전략③과 전략①의 수익률을 비교한 것이다. 그동안 주식시장이 상당히 침체하였는데도 불구하고 매우 높은 수익을 거두었다는 사실을 확인할 수 있다.

　IMF 외환위기 당시에는 아무런 방어가 이루어지지 않고 있어 -32.45%의 손실이 발생하였다는 점은 마음에 걸린다. 하지만 투자한 종목을 가치 우량주라고 믿고 꾸준히 보유한다면 결국 시장이 회복됨과 동시에 시장보다 높은 수익을 돌려준다는 점에서 믿음직스럽다. 동일한 정률투자법인데 동일한 비중으로 투자하였을 경우와, 가치 가중으로 투자하였을 경우가 이처럼 달라질 수 있다는 사실이 놀랍다.

SUMMARY

우량주에 가치 가중 형태로 투자하면 동일 비중으로 투자하는 것보다 훨씬 높은 수익을 거둘 수 있게 된다.

5-5 전략④ : 가치 가중+정률투자법+헤지거래

전략③에서는 IMF 외환위기 당시에 -32.45%의 손실이 발생했다. 투자자가 통제할 수 없는 시장 위험이 발생할 경우에는 아무리 가치투자자라고 할지라도 적절한 방어를 통하여 투자자산을 보호할 필요가 있다. 지나고 보면 별일 아닐지라도 당하는 순간만큼은 상당한 스트레스로 다가오기 때문이다.

헤지거래를 통한 방어 전략을 다시 한번 적용해보자. **가치 가중계수 3 포트폴리오를 전체 투자자산의 50%로 유지한다. 동시에 코스피 지수가 3개월 이동평균을 하락 돌파하면 전체 투자자산 규모만큼의 선물을 매도한다. 반대로 코스피 지수가 3개월 이동평균을 상향 돌파하면 매도했던 선물을 환매수 청산한다.** 이를 실천하면 다음과 같이 투자하게 된다.

투자방법

① 가치 가중계수3 포트폴리오에 전체 투자자산의 50%를 투자하고 매월 비율을 유지한다.

② 코스피 지수가 3개월 이동평균을 하락 돌파하면 전체 투자자산 규모만큼의

선물을 공매도한다.
③ 코스피 지수가 3개월 이동평균을 상승 돌파하면 공매도했던 선물을 환매수한다.

💡 **투자 결과**
- 1996년 1월 말 투자원금 : 100,000,000원(기준가 878.82)
- 2023년 12월 말 평가금액 : 3,825,849,454원(기준가 33,622.33)
- 투자 수익 : 3,725,849,454원(투자 수익률 3,725.85%, 연복리 13.90%)
- 고점 대비 최대 손실(MDD) : -27.33%

■ 전략④ 수익률 비교

위 그래프는 전략④와 전략③의 수익률을 비교한 것이다. 투자 수익은 약간 줄어들었으나 그 폭은 대단하지 않다. 반면에 최대 손실이 크게 줄어들었다.

우여곡절이 많았지만 최종적으로는 앞선 사례와 거의 유사해보인다. 하지만 투자 초기에 상당한 투자 손실이 발생하였다면 과연 주식투자를 계속할 수 있었을까 하는 점에서 투자 손실 방어는 매우 의미가 있다.

그림에서 보듯이 선물을 매도하여 오히려 손해 보는 경우도 많았다. 그러나 선물 매도는 투자 수익을 목적으로 하는 것이 아니라, 투자 손실을 방어하는 목적이기 때문에 방어에 성공했다면 반드시 수익이 날 필요는 없다. 그러므로 내가 시장의 모든 것을 파악하지 못하고 있다는 겸손한 자세에서, 시장이 크게 변화할 때는 일단 방어적인 선물 매도가 병행되는 것이 바람직하다.

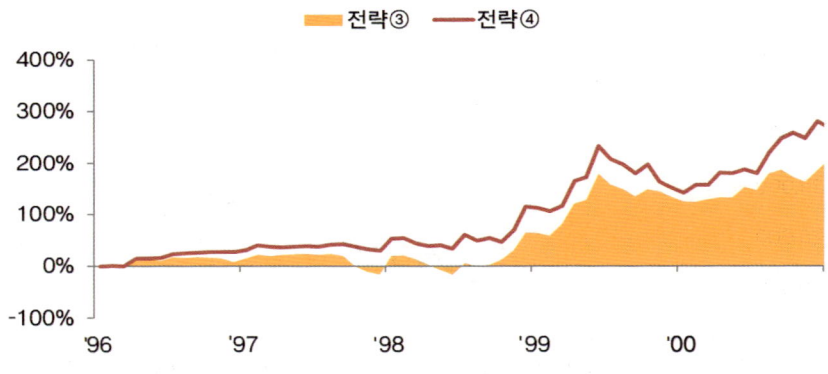

■ 전략④·전략③ 누적 수익률 비교

위 그래프는 1996~2000년 전략④와 전략③의 누적 수익률 그래프이다. MDD가 비슷해 보이지만, 헤지거래를 채택한 전략④는 IMF 외환위기 등에서도 원금을 까먹지 않았다는 것을 볼 수 있다. 이러한 전략은 특히 IMF 외환위기, 서브프라임모기지 사태 등과 같은 위기 속에서 빛을 발한다.

금융 위기는 기업의 내재가치에만 집중하는 바텀업 투자자의 입장에서는 대응하기가 쉽지 않은 위험이다. 가치에 비해 주가가 상대적으로 저렴해질수록 투자 규모를 늘려야 한다는 가치투자자의 신념은 단기적으로는 오히려 더욱 큰 손실을 초래하게 된다.

그러다보면 원칙에 대한 소신마저 잃어버리게 되고 심리적으로 패닉 상태에 빠져서 투자에 대한 의욕을 상실한 채 모든 것을 포기하게 될 수도 있다. 이런 상태에서 '가치투자는 저가에 매수하여 더욱 저가에 매도하는 예술(Value Investing is the Art of Buying Low and Selling Lower)'이라는 자조적인 말까지 유행하게 된다. 따라서 투자자 본인이 판단하기 어려운 시장 위험이 닥쳤을 때야말로 전략적 가치투자의 관점에서 접근하는 것이 매우 바람직하다.

결론적으로 투자란 처음부터 마지막까지 위험과의 싸움이며, 위험을 극복하는 그 순간부터 투자 수익이 결실을 맺는다. 투자 수익은 위험관리에서 비롯된다는 점을 명심하라.

SUMMARY

헤지거래를 통한 방어 전략은 IMF 외환위기나 서브프라임모기지와 같은 대형 시장 위험에서 빛을 발한다.

5-6 전략⑤ : 모멘텀 가중+절대모멘텀+미국 주식

이전까지의 내용은 구판을 업데이트한 것에 불과하다. 오늘날에는 가치투자의 효용성에 대한 논쟁이 벌어지고 있으며, 한국 주식에 대한 불신론도 커져 있는 상황이다. **이에 전략적 가치투자가 개인의 스타일에 따라 좀 더 다양한 방식으로 활용될 수 있음을 보여주고자 한다. 미국 주식에서 시가총액이 큰 대형주를 골라 전략적 가치투자를 테스트해보았다.**

투자를 시작하는 시점이 2006년 이전이었다면, 테슬라 또는 애플의 부상은 예측이 불가능한 후견지명에 불과하다. 따라서 오랜 기간 대기업으로서 역사와 전통을 가진 미국 기업들을 투자 대상으로 아래와 같이 선별해 보았다.

IT	커뮤니케이션	필수소비재	헬스케어	에너지
마이크로소프트	월트 디즈니	코카콜라	일라이릴리	엑슨모빌
금융	유틸리티	소재	산업재	경기소비재
JP모건체이스	듀크 에너지	알코아	록히드마틴	포드

▎미국 주식의 분야별 전통 강자

이러한 기업들을 대상으로 2000년 1월 말부터 2023년 12월 말까지 투자하는 상황을 시뮬레이션한다. 계산의 편의를 위하여 환차익은 고려하지 않고 10만 달러를 들고 투자에 나선다고 가정하였다. 종목별 비중은 섹터별로 하나씩 종목을 뽑아 모멘텀 가중계수3을 적용한다. 주식 보유 비중은 절대모멘텀 전략을 채택한다. 이를 실천하면 다음과 같이 투자하게 된다.

투자방법
① 미국 S&P500에서 우량하고 검증된 종목을 섹터별로 하나씩 선정한다.
② 12개월 상승률에 비례하여 종목의 비중을 선정한다.
③ 모멘텀 가중계수3을 채택한다.
④ 주식투자 비중은 절대모멘텀 전략을 채택하여 최근 6개월간의 절대모멘텀 값 비율을 구하여 선정한다.
⑤ 매월 말 조절 매매를 한다.

투자 결과
- 2000년 1월 말 투자원금 : 100,000달러(기준가 1,394.46)
- 2023년 12월 말 평가금액 : 670,560달러(기준가 9,350.69)
- 투자 수익 : 570,560달러(투자 수익률 570.56%, 연복리 8.25%)
- 동일 기간 S&P500 수익률 242.06%(연복리 5.26%)
- 고점 대비 최대 손실(MDD) : -29.51%

▮전략⑤ 수익률 비교

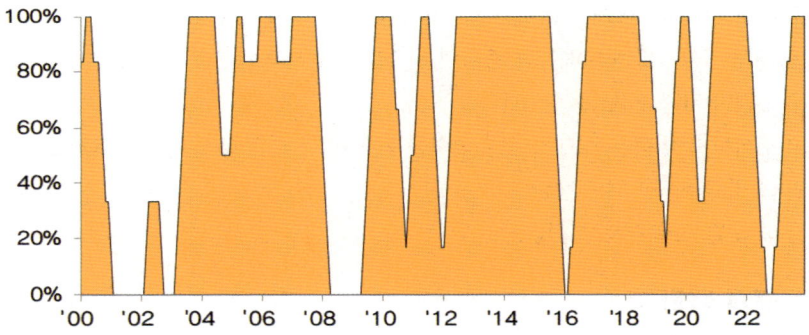

▮전략⑤ 포트폴리오 내 주식 비중

위 그래프는 전략⑤의 수익률과 해당 시기 포트폴리오 내 주식 비중을 보여준다. 전략적 가치투자의 방법론이 해외 투자에서도 적용됨을 확인할 수 있다. 특히 2008년 금융위기에 주식 비중을 완전히 없애 손실을 보지 않았다는 점은 매우 든든하다. 그러나 2020년 코로나 사태를 피하지 못하였다는 점이 아쉽다. 하지만 2022년 인플레이션으로 인한 하락장은 훌륭하게 방어하였다는 점이 고무적이다.

최근 한국 주식시장을 떠나서 미국 주식시장에 투자하려는 사람들이 늘고 있다. 미국 주식시장에 투자할 때도 전략적 가치투자의 내용을 충분히 활용할 수 있다는 사실은 긍정적이다.

해외 투자에 대한 인프라가 잘 되어 있는 세상을 맞이하였다보니 나름대로 내재가치를 계산하는 작업도 충분히 할 수 있게 되었다. 하지만 어디까지나 국내와 비교해보면 해외라는 점에서, 정보 접근성이 마냥 높다고는 할 수 없다. 이를 감안하면 일반인들이 쉽게 따라할 수 있는 전략으로서는 모멘텀 전략을 차용하는 것이 충분히 의미가 있다. 가격 데이터만 있으면 되기 때문이다.

방어 전략으로는 정률 포트폴리오, 스텝다운, 헤지거래 전략 등 원하는 것을 채택하여 연구해보아도 좋다. 혹은 해당 전략을 사용하되 2배 레버리지로 코스피를 공매도하는 것도 방법이 될 수 있다. 앞서 소개하였던 2T-A의 확장판이 되는 것이다.

SUMMARY

전략적 가치투자는 개인의 스타일에 따라 미국 주식 등 해외 주식에 투자할 때도 효과가 있다.

5-7 전략⑥ : 가치 가중+절대모멘텀+세타투자전략

세타투자전략을 결합한 전략적 가치투자의 사례를 소개해본다. 사회 초년생 및 장년층 모두에게 유용할 것이다.

지방 국립대 출신으로 서울에 상경하여 일을 하고 있는 직장인 3년 차인 28세 김초년 씨는 직장에 들어와 선배들에게 재테크에 눈을 뜨라는 조언을 받는다. 단순히 일을 열심히 해서 연봉을 올리는 데에는 한계가 있고, '흙수저'인 자신으로서는 서울의 집값을 볼 때마다 억 소리가 나기 때문이다. 무엇보다 선배들마다 자산 격차가 커진 데서 투자의 필요성을 절감한다.

2014년 1월부터 투자를 하여 2023년 12월까지의 투자 수익률을 보고, 이 결과를 기대수익률로 가정하여 100세까지의 삶을 시뮬레이션 해보자. 김초년 씨의 생애 소득은 약 10억 원가량이라고 가정하고, 은행에서 6% 금리로 대출 1억 원을 받아온다. 자신의 나이가 28세이므로 1억 원의 빚으로 인생이 잘못되지는 않을 거라 생각했기 때문이다.

투자방법은 우량주를 대상으로 한 가치 가중 포트폴리오를 가치 가중 계수3으로 실시한다. 베타투자전략으로는 절대모멘텀 전략을 적용한다.

이를 실천하면 다음과 같이 투자하게 된다.

> **투자방법**
> ① 우량주를 대상으로 가치 가중계수3을 적용한 가치 가중 투자를 한다.
> ② 절대모멘텀 전략으로 투자 비중을 조절한다.
>
> **투자 결과**
> - 2014년 1월 말 투자원금 : 100,000,000원(기준가 1941.15)
> - 2023년 12월 말 평가금액 : 230,086,697원(기준가 4,466.33)
> - 투자 수익 : 130,086,697원(투자 수익률 130.09%, 연복리 8.69%)
> - 동일 기간 코스피 수익률 36.79%(연복리 3.18%)
> - 고점 대비 최대 손실(MDD) : -23.22%

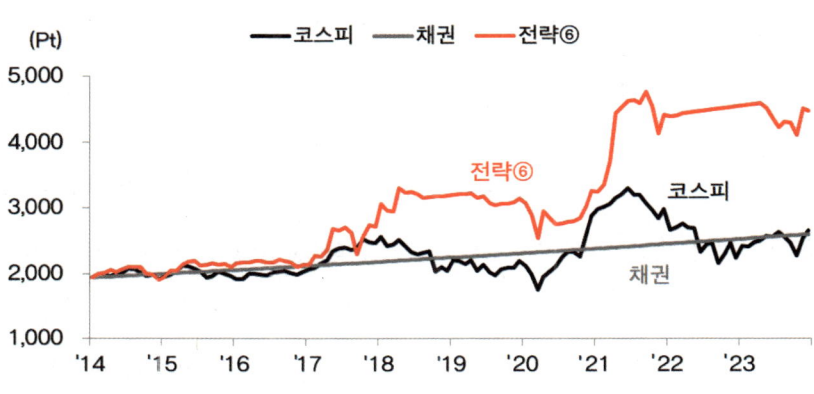

▎전략⑥ 수익률 비교

우량주 가치 가중 포트폴리오를 기반으로 절대모멘텀 전략을 채택하니 나쁘지 않은 수익을 거두었다. 특히 코스피의 연평균 수익률이

3.18%에 불과한 것 대비 8.69%로 상당히 우수하였다.

이를 기준으로 세타투자전략을 적용해보자. 김초년 씨의 은퇴 시점을 50세가 되는 2046년 12월로 가정하자. 현재의 355만 원이 2047년에는 약 700만 원에 해당한다. 즉, 2047년부터 매월 700만 원을 생활비로 쓴다고 가정한다. 물가 상승률 및 소득 상승률은 3%로 한다.

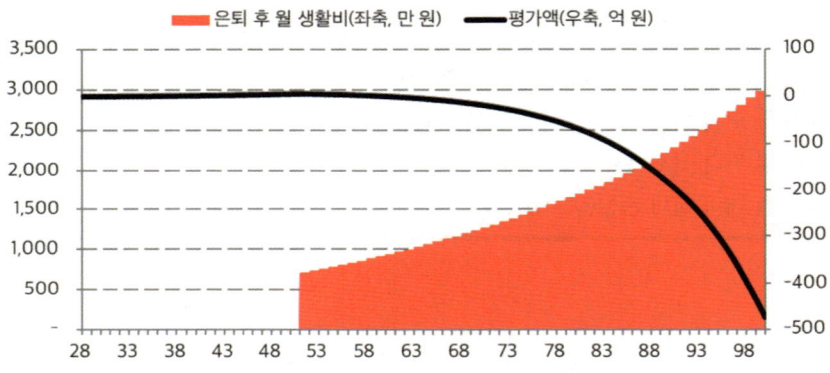

■ 김초년 씨 은퇴 시나리오 ①

기초 투자자금 1억 원을 기준으로 매년 8.69%의 투자 수익률을 가정하면 위와 같은 곡선이 만들어진다. 은퇴 시점인 2046년 12월에 6억 7,039만 원을 가지고 은퇴할 수 있으며 이후 지속적으로 700만 원을 생활비로 사용한 결과, 61세가 되는 2057년 3월 잔고가 적자로 전환한다. 즉, 성공적인 은퇴는 불가능하다는 의미이다.

그렇다면 초기자본을 늘리거나 월 적립액을 추가하는 방법을 생각해 볼 수 있다. 또는, 투자 수익률을 더 확보하는 방법이 있다. 초기 자본의 변동 없이 월 적립액을 증가시켜 100세까지 계좌 잔고가 떨어지지 않으려면, 월 얼마를 추가로 투자에 납입해야 할까? 계산 결과 월 76만 원을 저축해야 한다는 결론이 도출되었다. 그런데 이는 사회 초년생에게 다소 부담이 될 수도 있는 금액이다. 초봉 4,000만 원을 가정하더라도, 2024년 기준 실수령액은 292만 원에 불과하기 때문이다.

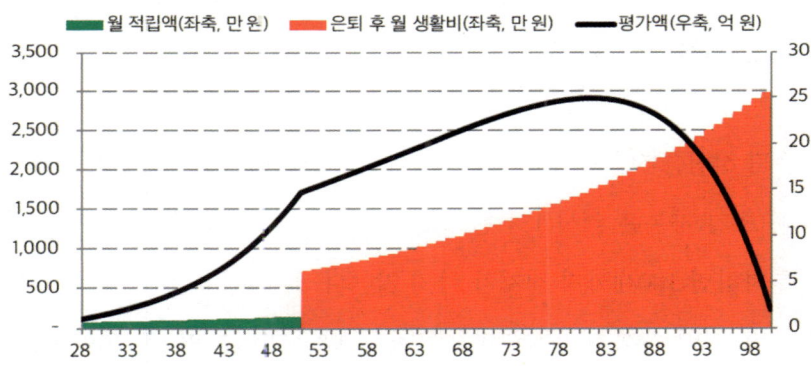

▌김초년 씨 은퇴 시나리오 ②

그렇다면 초기 자본을 1억 5,000만 원으로 증액을 한다면 어떨까? 이 경우 월 45만 원의 투자 납입으로 유사한 곡선이 만들어졌다(김초년 씨 은퇴 시나리오 ②). 은퇴를 하는 2046년 12월 기준으로 14억 7,722만 원을 최종적으로 얻게 되고, 82세 시점인 2078년 12월에 잔고가 26억 3,451만 원이 된다. 이때 필요 생활비는 월간 약 1,750만 원인데, 인플레이션 부담을 이기지 못하고 이후 잔고는 지속적으로 감소하게 된다. 그러나 100세까지 적자가 나지는 않는다.

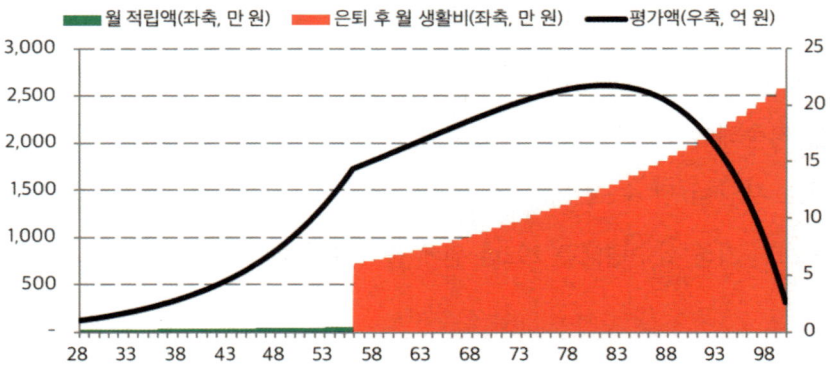

▎김초년 씨 은퇴 시나리오 ③

　은퇴 시점을 5년 연장하여 55세가 되는 시점인 2051년 12월로 가정해보자. 초기 자본은 역시 1억 원으로 가정한다. 이 경우 월 24만 원 이상을 투자하면 100세까지 적자가 나지 않는다(김초년 씨 은퇴 시나리오 ③). 만약 계좌가 100세까지 우상향하는 경우를 만들고 싶다면, 월 30만 원 이상을 투자하면 된다(김초년 씨 은퇴 시나리오 ④).

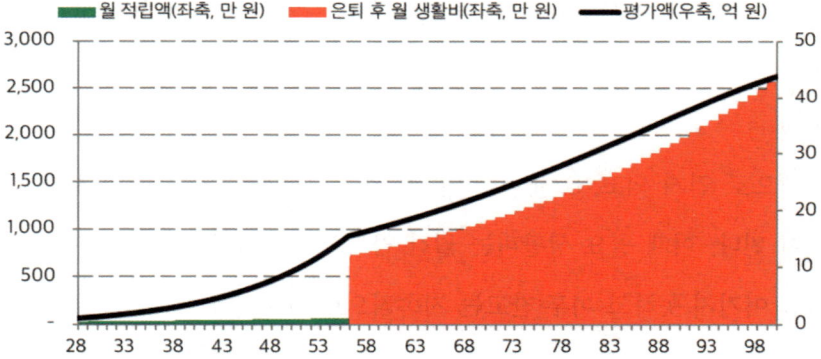

▎김초년 씨 은퇴 시나리오 ④

이 사례를 기준으로 살펴보면, 젊은 나이에 월 투자 5만 원의 차이는 노년의 억 단위의 차이로 돌아올 수 있음을 시사한다. 30년간 8.69%의 복리는 약 12.18배에 해당하기 때문이다. 또한, 매월 5만 원씩 30년간 연복리 8.69%로 투자를 한다면, 최종적으로 8,023만 원이 된다. 월 5만 원의 차이를 절대 무시할 수 없다는 이야기이다. 따라서 한 살이라도 어릴 때 투자를 시작해야 한다는 전문가들의 조언은 딱히 틀리지 않은 이야기라 생각할 수 있다.

SUMMARY

실제 효과를 거둔 투자방법을 바탕으로 생애 소득과 노후 필요 자금을 계산해보면 노후를 준비할 수 있다.

5-8 전략⑦ : 정률 7:3+ 코어&새틀라이트+세타투자전략

세타투자전략을 결합한 전략적 가치투자의 사례를 한 가지 더 소개해본다. 1978년생으로 미국의 명문 듀크대를 나와 N사와 같은 유수의 게임사를 거쳐 '해변질주'라는 촉망받는 스타트업 게임사에 근무하는 서버 프로그래머 출신 게임 디렉터 곽유지 씨는 은퇴 이후의 삶을 고민하고 있다.

이제 10년 정도 경제 활동을 더 할 수 있을 것으로 보이는데, 은퇴자금을 어떻게 확보해야 할지가 고민이고, 초등학생인 딸과 아들의 학비도 고민이 된다. 은퇴 이후 월 1,000만 원의 생활비가 필요한 것으로 판단이 되는 한편, 잊을 만하면 뉴스에 나오는 물가 상승에 대한 이야기가 근심이 된다.

그래서 곽유지 씨는 2014년 1월부터 2023년 12월까지 투자를 해보고, 보수적으로 수익률의 70% 수준을 기대수익률로 가정하여 100세까지의 삶을 시뮬레이션 해보기로 한다. 그리고 이를 바탕으로 은퇴 계획을 수립하기로 한다.

큰마음을 먹고 주식투자에 나서기로 하는데, 책임자급인 자신이 주식투자에 많은 시간을 할애하기는 아주 부담이 된다. 게다가 퇴근 이후에는 최근의 게임시장 동향 등을 공부하느라 좀처럼 시간이 나지 않는다.

자산의 대부분은 채권과 ETF에 넣기로 하되, 다행히 자신이 20년 차 게임 개발자이기 때문에 해외의 유수 게임업체의 동향은 잘 안다고 생각하는 곽유지 씨는 전체 중 일부 자금을 글로벌 게임사에 나누어 투자를 하기로 한다.

채권은 미국채에, ETF는 신흥국과 선진국을 포함한 전 세계에 투자하는 MSCI ACWI(All Country World Index)에 투자하기로 한다. 게임사는 다음과 같이 임의로 선정하였다. 단, 일본 주식은 100주 단위로 거래가 가능하나 편의상 1주 거래가 가능하다고 가정하였다.

- 일본 : 닌텐도, 캡콤, 넥슨
- 미국 : 테이크투 인터렉티브, EA
- 중국 : 텐센트
- 한국 : 엔씨소프트

위 기업에 모멘텀 가중으로 투자한다. 이를 실천하면 다음과 같이 투자하게 된다.

투자방법

① 주식 비중 70%, 채권 비중 30%로, 채권은 미국 투자등급 채권 ETF(Ticker : AGG)에 넣는다.
② 주식 비중 중 60%(전체 자산의 42%)는 전 세계를 추종하는 MSCI ACWI ETF에 투자한다.
③ 나머지 자금(전체 자산 중 28%)은 글로벌 유명 게임사에 모멘텀 가중계수 3으로 적용해 모멘텀 가중 투자를 한다.
④ 매월 말 리밸런싱한다. 결과는 원화 환산으로 평가한다.

투자 결과

- 2013년 1월 말 투자원금 : 100,000,000원(기준가 100.00)
- 2023년 12월 말 평가금액 : 525,224,208원(기준가 525.22)
- 투자 수익 : 425,224,208원(투자 수익률 425.22%, 연복리 16.27%)
- 동일 기간 MSCI ACWI 수익률 242.06%(연복리 5.26%)
- 고점 대비 최대 손실(MDD) : -8.74%

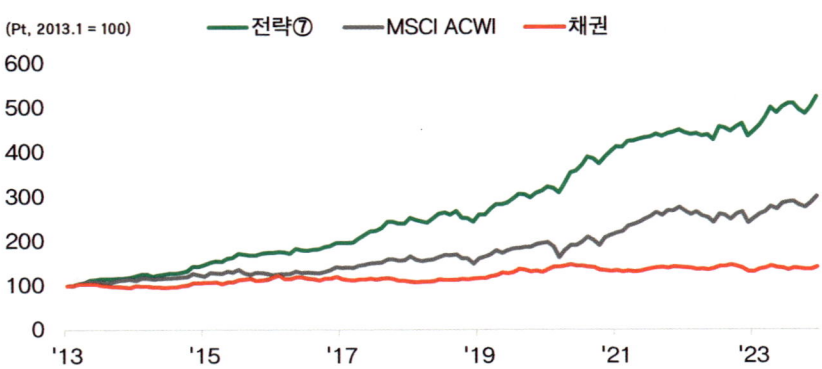

■ 전략⑦ 수익률 비교

비교적 높은 수익률을 기록하였는데, 고점 대비 하락률(MDD)이 -8.74%에 불과하다는 점이 꽤 의미심장하다. 물론 2008년 금융위기와 같은 사태를 감안하지는 않았으나, 2020년 코로나와 2022년 인플레이션 사태를 감안하고도 이러한 성과가 나왔다는 점은 매우 고무적이다.

참고로 게임사만으로 모멘텀투자를 수행한 결과는 다음과 같다.

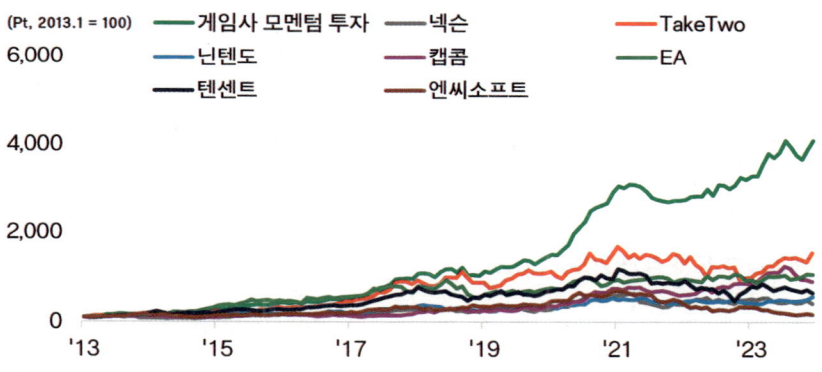

▮ 게임사 주가 변화(원화 환산)

이를 살펴보면 기본적으로 대형 게임사들의 장기 성과가 빼어났다는 점이 수익률 증가에 적지 않은 영향을 주었다. 게임 산업이 기본적으로 성장 산업일 뿐만 아니라, 현금이 많아 타 제조업에 비해 불황에 상대적으로 강하다는 점이 영향을 미쳤다. 또한 B2C 기업이라는 점에서 장기 투자를 하기에 괜찮은 대상이라고 할 수 있다.

또한 게임사마다 대작을 출시하는 타이밍이 다르기 때문에 분산투자의 효과가 나름대로 극대화되는 면이 있다. 이로 인하여, 게임사만으로 글로벌 모멘텀투자를 한 결과는 연평균 수익률(CAGR) 40%로 놀라운 성과를 거두었다.

구 분	총 수익률	CAGR	MDD	표준편차	Sharpe
게임사 모멘텀투자	3,993.0%	40.14%	-15.22%	18.00%	2.23
넥슨	304.7%	13.55%	-48.11%	34.16%	0.40
테이크투 인터렉티브	1,447.1%	28.27%	-43.95%	30.61%	0.92
닌텐도	452.2%	16.81%	-39.32%	31.06%	0.54
캡콤	792.7%	22.02%	-30.95%	29.98%	0.73
EA	951.5%	23.85%	-44.24%	29.02%	0.82
텐센트	544.8%	18.46%	-60.61%	29.69%	0.62
엔씨소프트	74.3%	5.18%	-76.65%	34.24%	0.15

▎게임사별 투자 결과(2013~2023년)

그런데 과거 10년간 글로벌 게임사에는 여러 큰 사건들이 많았다. 테이크투 인터랙티브(TakeTwo Interactive)는 「GTA5」가 2억 장을 판매하는 기록을 거두었고, 닌텐도는 「닌텐도 스위치」를 성공시키는 등의 사건이 있었다. 때문에, 과거 10년간의 투자 성과 시뮬레이션으로 나온 결과물인 16.27%의 복리 수익률이 앞으로도 지속된다고 장담은 할 수 없다.

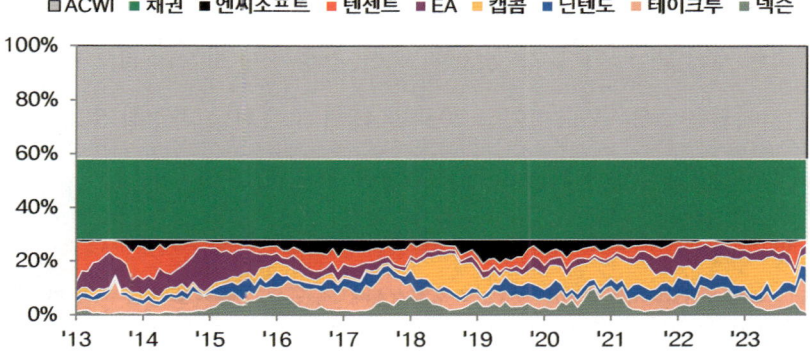

▮ 전략⑦ 포트폴리오 내 비중 변화

그러나 기본적으로 글로벌 신흥국 및 선진국에 투자하는 MSCI ACWI ETF(Ticker : ACWI)에 전체 자산의 42%를 투자하여 전 세계 주식시장에 참여하였고, 자산의 28%만 게임사에 투자하였다는 점을 감안하면 향후 수익은 상당히 안정적일 것으로 기대가 된다.

또한 이로도 안심이 되지 않아 미국의 투자등급 채권에도 30%의 비중을 투자하여 주식시장의 큰 폭락에 대비하였다. 때문에 고점 대비 하락률인 MDD가 -8.74%라는 점은 안심하고 투자에 나설 수 있게 하는 근거가 된다.

그렇다면 여기서 은퇴 후 생활비 월 1,000만 원을 확보하기 위해 어떤 계산을 해야 하는지를 살펴보자. 은퇴 시점은 10년 후이며, 연복리 수익률은 16.27%p의 70% 수준인 11.39%p로 가정하였다. 부동산 투자의 기대수익률이 8%라는 것을 감안하면 나름대로 부동산 투자에 비하여 이

점이 있었다고 볼 수 있다.

소득 상승률 3%와 물가 상승률 3%를 가정하여 계산을 해보자. 적립 시작 시점은 2024년 12월이고 2034년 12월에 은퇴를 가정하였다. 또한 사망 시점은 100세가 되는 2078년 12월로 가정하였다.

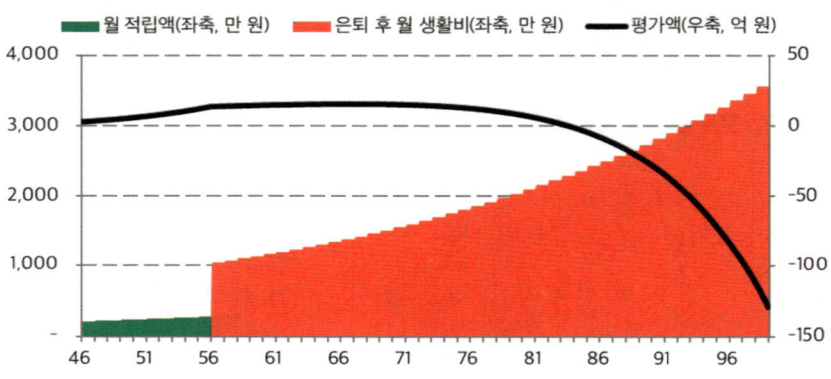

■곽유지 씨 은퇴 시나리오 ①

초기 투자자금 3억 원과 월 적립액 200만 원을 가정하여 그린 그래프이다. 이 가정을 따라 계산을 해 보면 곽유지 씨는 은퇴 시점인 2034년 12월 13억 6,765만 원을 들고 은퇴를 하게 된다(곽유지 씨 은퇴 시나리오 ①). 여기서 73세가 되는 2045년 12월까지는 잔고가 우상향하여 15억 5,861만 원이 된다.

그런데 이때부터는 잔고가 서서히 감소하게 된다. 생활비가 매년 3%의 물가 상승을 감안하여, 월 1,558만 원을 요구하게 되었기 때문이다. 이때부터는 지속적으로 잔고가 감소하게 되는데, 84세가 되는 2062년 2

월에 잔고가 적자로 전환하게 된다.

이때는 3% 물가 상승을 감안하면 월 생활비 2,575만 원이 필요하게 된다. 그래도 90세까지 잔고가 남아있다는 점은 매우 고무적이라고 할 수 있고, 아이를 독립시키고 나면 생활비가 월 1,000만 원까지는 필요하지 않을 것이라는 점에서는 어느 정도 보수적이라고 보인다.

만약 보수적으로 100세를 가정하고 잔고가 줄어들지 않는 방법을 모색하고 싶다면 어떻게 해야 할까? 은퇴 이후 필요한 월 생활비를 줄이거나, 초기 투자자금을 대출 등을 활용하여 증대시키거나, 월 적립액을 높이는 방법이 있다.

혹은 취향에 따라 앞서 살펴본 게임사의 모멘텀투자가 상당히 성과가 괜찮았던 점을 감안하여 MSCI ACWI의 투자 비중을 다소 줄여 수익률을 확보하는 방법도 있다.

5,000만 원의 차입을 통하여 초기 투자자금을 3억 5,000만 원으로 시작할 경우 극적으로 달라지는 그래프를 볼 수 있다.

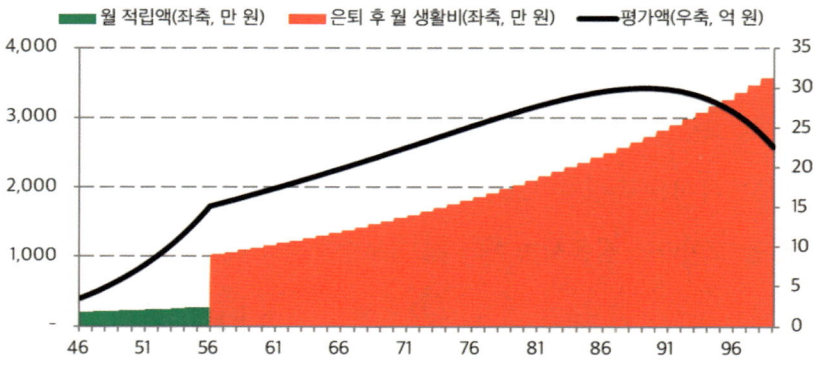
■ 곽유지 씨 은퇴 시나리오 ②

이 경우 곽유지 씨는 은퇴 시점에 15억 1,338만 원을 보유하고 은퇴하며, 100세 시점에 적자가 아닌 22억 5,883억 원을 보유하게 된다(곽유지 씨 은퇴 시나리오 ②). 고작 초기 5,000만 원의 차이가 미래에 큰 차이로 다가오게 되는 셈이다. 이것이 복리의 무서움이다.

은퇴 시점인 2034년 12월에 13억 6,765만 원을 들고 나오는 것과 15억 1,338만 원을 들고 나오는 것은 장기적으로 꽤 큰 차이가 발생함을 알 수 있다. 11.39%의 복리 수익률을 가정할 시 전자는 연간 1억 5,577만 원의 수익이 나오고, 후자는 1억 7,237만 원의 수익이 나온다. 1,660만 원의 차이다. 약 2달 치 생활비에 해당하며, 이를 다시 투자에 돌릴 수 있다는 것은 매우 큰 차이다. 약 1,600만 원 차이는 무시할 만한 수준이 아니다.

만약 초기자본이 3억 원까지 없거나, 월 200만 원의 적립이 불가능하다면 어떤 경우의 수가 있을까? 만약 초기 자본이 2억 원인 경우, 100세에도 잔고가 남아있기 위한 최소한의 월 적립액은 347만 원으로 조사되었으며, 이 경우 14억 6,000만 원을 보유하고 은퇴한다. 반면, 월 100만 원을 적립 시 100세에도 잔고가 남아있기 위한 최소한의 초기 자본은 4억 1,000만 원으로 조사되었고, 이 경우 14억 6,000만 원을 보유하고 은퇴하는 것으로 조사되었다.

결론적으로 곽유지 씨의 잔고가 100세까지 흑자를 유지하기 위해서는 은퇴 시점인 2034년 12월에 14억 6,000만 원을 만들어 놓는 것이 관건임을 알 수 있었다.

만일 포트폴리오의 수익률이 장기적으로 지속될지 의구심이 든다면, 비상장 투자, 리츠, 부동산 등 다양한 자산군을 활용하여 더 보수적인 투자를 할 수도 있다. 과거의 성과를 통하여 대략적으로 접근법이 유효한지를 살펴볼 수는 있으나, 이것이 미래에 지속된다는 보장은 없기 때문이다.

SUMMARY

본업이 바쁜 직장인이라면, 시장 대표지수를 코어(Core)로 삼고, 개별 섹터, 테마 등을 새틀라이트(Satellite)로 채택하는 코어&새틀라이트 전략을 채택해볼 수 있다. 자신이 잘 아는 분야의 기업들을 새틀라이트로 투자하고, 베타투자전략을 코어로 결합하여 수익률을 올릴 수 있다.

마치며

투자의 세계에는 많은 위험이 존재한다. 그런 의미에서 투자란 위험을 관리하고 통제하는 과정이다. 투자의 목표로 간주되는 투자 수익은 이러한 위험을 관리하는 작업에서 비롯된 결과적인 산물이다. 그러므로 투자 수익은 목표가 아닌 결과인 셈이다.

구판에서는 주식투자에 존재하는 위험을 크게 세 가지로 보았다. 첫째로, 투자의 대상인 기업의 고유 요인에서 비롯되는 위험이다. 이는 기업마다 개별적으로 존재하는 위험이기에 비체계적 위험(Non-Systemic Risk)이라고 부른다. 이러한 위험은 1차적으로 가치투자전략(알파투자전략)을 통한 종목 선정 작업을 통해 회피할 수 있다. 그다음 적절한 분산투자와 포트폴리오 관리를 통하여 거의 완벽하게 제거될 수 있다.

둘째로, 세계 대공황, 미국 서브프라임모기지 사태, 코로나 사태와 같이 각 기업의 개별적인 요인이 아니라 시장 전체적으로 영향을 받는 시장 위험이 있다. 아무리 우량주로 포트폴리오를 구성한다 하더라도 결코 제거되지 않는 위험이다. 흔히 시장이 약세를 보일 때에는 방어적 포트폴리오를 구성하라는 의견도 있으나, 시장 위험은 포트폴리오로 제거 불가능한 위험 자체를 가리킨다. 이러한 위험은 베타투자전략을 통한 주식 규모 조절 전략으로 대응할 수 있다. 완벽하게 방어할 수는 없으나 상당한 개선 효과가 있음을 이 책에서 살펴보았다.

마지막으로 시간이 주요 변수로 등장하는 인생 위험(Life Cycle Risk)이다. 이 부분은 구판에서는 분량의 문제로 등장하지 못하였으나, 이번 개정판에서는 일부 부분을 과감히 삭제하고 소개하였다. 인생에는 반드시 일어날 사건과 일어날 가능성이 높은 사건, 그리고 일어나지 않길 바라는 사건들이 뒤섞여 우리를 기다리고 있다. 주식투자는 인생 전반에 걸쳐 진행되는 행위이기에 결코 이러한 사건들과 무관하게 진행될 수 없다. 그렇다면 이러한 사건들이 일어날 경우에 대한 사전 대비책을 마련하고 진행시키는 것이 보다 현명한 투자자의 태도이다. 그중에서도 노후 생활자금 마련 및 관리는 대부분의 한국인들은 국민연금과 부동산에 지나치게 의존하는 경향이 있는데, 주식 또한 좋은 대비 수단이 될 수 있다. 이를 시간 관리 전략인 세타투자전략으로 설명하였다.

구판은 위 세 가지 위험을 통제하는 투자 원칙을 일관되게 준수할 것을 강조했는데, 이러한 투자 가치관은 시스템 트레이딩에서 가져온 것으로 보인다. 실제로 원저자가 본문의 여러 투자방법을 전개하는 방식은, 시스템 트레이딩에서 투자 원칙들을 하나씩 추가시키고 그 결과를 살펴보며 투자방법을 업그레이딩하는 절차와 유사하다. 그런 점에서 이 책에서 전략적 가치투자라는 이름으로 제시된 최종적인 투자방법들은 '완성된 투자방법'이라기보다는 투자방법을 업그레이딩한 사례에 가깝다. 원저자는 이 책의 투자방법을 그대로 따라하기보다는 투자방법을 업그레이딩해나가는 과정을 따라할 것을 권하기도 했다. 또한 구판은 예측보다는 대응에 초점을 맞추었다. 그래서 거시경제 지표나 기술적 지표를 이용하는 투자자들처럼 시장 방향에 대한 언급이나 주가 전망을 하지 않고자 하였다.

전략적 가치투자라는 방법론은 시스템 트레이딩과 계량적 투자방법론을 차용한 가치투자전략, 베타투자전략, 세타투자전략의 유기적인 결합체이다. 이번 개정판에서는 단순히 가치투자에만 국한되지 않도록 가치투자전략을 알파투자전략이라는 이름으로 소개하였다.

이 책의 전반부인 베타투자전략은 주식투자의 규모를 조절하는 방법론이다. 따라서 펀드 또는 ETF에 투자하는 독자나, 금융상품을 영업하고 상담하는 독자에게 참고가 될 수 있다. 또한 증권사나 은행의 자산관리 분야에서 활용할 만한 유용한 아이디어가 될 수 있다.

이 책의 중반부인 알파투자전략과 포트폴리오 관리 방법은 직접 투자를 하는 독자나 자산 운용을 담당하는 독자 모두에게 참조가 될 수 있다. 더 나아가 증권사의 금융상품팀에도 아이디어가 될 수 있을 것으로 기대한다. 다음으로 소개된 세타투자전략은 보험회사나 연금 관련 분야에서 종사하는 분께 도움이 될 것으로 생각한다.

이 책의 후반부인 전략적 가치투자 방법론은 직접 투자에 임하는 전문적인 투자자에게 유용할 것이라 생각한다. 포트폴리오 방법론과 베타투자전략 기법 등의 조합으로 무수한 전략을 생성해낼 수 있다.

2009년에 발간된 이 책의 구판은 많은 독자들에게 사랑받았고, 2015

년 절판된 이후 중고가 10만 원에 거래되기도 하였다. 투자 입문 도서로 내가 많이 추천해주곤 하던 책이며, 금융권 근무 당시에도 많은 아이디어를 차용한 바 있는 책이다. 금융 위기 이후 시대가 급격한 변화를 겪었고 약 15년의 세월 동안 해당 방법론에 대한 업데이트뿐만 아니라 새로운 아이디어를 공유할 필요가 있었다고 느꼈다. '리메이크(Re-Make)'라는 단어에 충실하게 원문을 최대한 존중하면서도 새로운 아이디어를 제공하고 시대 변화에 따른 논쟁들을 짚어 나가고자 하였다. 그리고 분량에 부담이 생기지 않게 일부 내용을 과감히 삭제한 바도 있으며, 고인이 카페에 남긴 토막글을 인용하기도 하였다.

    인터넷, 유튜브, 텔레그램 등의 발전으로 인하여 정보를 많이 습득하기 쉬워진 상황이 되었다. 그러나 오히려 검증되지 않은 지식과 잘못된 논리들이 범람하는 상황이 되기도 했다. 일반인이 이를 하나하나 검증하기란 매우 어려운 일이다. 때문에 좀 더 범용적이고 학계 및 산업 내에서 널리 검증되고 쓰여지는 일반론을 망라하여 소개하고자 한 것이 이번 개정판의 의도라 할 수 있겠다.

    나는 '플루토 리서치(https://contents.premium.naver.com/dohwado/strategynote)'라는 네이버 프리미엄 콘텐츠 채널을 운영하고 있다. 문의사항이든 책에 대한 토론이든 얼마든지 환영한다. 혹은, 메일로 질의를 주어도 무방하다(darksun1998@naver.com). 이 책이 투자자들에게 소중한 길잡이가 되기를 바란다. 더 나아가 구판을 기억하는 투자자들에게는 15년의 세월 동안 생긴 의문점을 말끔히 해소시켜줬길 바란다.

전략적 가치투자

개정판 1쇄 발행 2025년 9월 15일
개정판 2쇄 발행 2025년 9월 30일

지은이 신진오·이상민
펴낸이 이종문(李從聞)
펴낸곳 국일증권경제연구소
등 록 제406-2005-000029호
주 소 경기도 파주시 광인사길 121 파주출판문화정보산업단지(문발동)
사무소 서울시 중구 장충단로8가길 2(장충동1가, 2층)

영업부 Tel 02)2237-4523 | Fax 02)2237-4524
편집부 Tel 02)2253-5291 | Fax 02)2253-5297
평생전화번호   0502-237-9101~3

홈페이지   www.ekugil.com
블 로 그   blog.naver.com/kugilmedia
페이스북   www.facebook.com/kugilmedia
E-mail   kugil@ekugil.com

ISBN 978-89-5782-228-9 (13320)

* 값은 표지 뒷면에 표기되어 있습니다.
* 잘못된 책은 구입하신 서점에서 바꿔드립니다.